DIEDERICHS
GELBE REIHE

Ornament von Ernst Schneidler. Aus: Die altindische Philosophie nach den Grundworten der Upanishads. Übersetzt von Paul Deussen. Jena 1914 (Diederichs)

Upanishaden

Die Geheimlehre der Inder

Eugen Diederichs Verlag

Übertragen und eingeleitet von Alfred Hillebrandt
Mit einem Vorwort von Helmuth von Glasenapp

CIP-Titelaufnahme der Deutschen Bibliothek
Upanishaden
d. Geheimlehre d. Inder
[übertr. u. eingeleitet von Alfred Hillebrandt].
47.–49. Tsd. – München : Diederichs, 1990.
(Diederichs Gelbe Reihe ; 15 : Indien)
Einheitssacht.: Upanisad ⟨dt.⟩
Teilausg.
ISBN 3-424-00575-4
NE: Hillebrandt, Alfred [Übers.]; EST; GT

47.–49. Tausend der Gesamtauflage 1990

Umschlaggestaltung: Zembsch' Werkstatt, München
Produktion: Tillmann Roeder, München
Gesamtherstellung: Friedrich Pustet, Regensburg

ISBN 3-424-00575-4

Printed in Germany

VORWORT

Veda, d. h. heiliges »Wissen«, nennt sich die Gesamtheit der ältesten in der Sanskrit-Sprache abgefaßten religiösen Schriften der Hindus, denen ein überirdischer Ursprung zugeschrieben wird. Der Veda ist weder ein einheitliches Werk wie der Korân, noch ein zu einem Buch vereinigter Kanon autoritativer Schriften wie die Bibel, sondern eine ganze, sehr umfangreiche Literatur, welche in weit auseinander liegenden Zeiträumen entstanden ist und Jahrhunderte hindurch nur mündlich weitergegeben wurde. Die vedischen Überlieferungen weisen, chronologisch gesehen, drei Schichten von Werken auf: 1. die Sanhitâs, 2. die Brâhmanas und 3. die Âranyakas und Upanishads. Dazu kommen noch eine Anzahl von »Sûtra«-Werken, d. h. maßgebliche Lehrbücher der mit dem Religionswesen zusammenhängenden Wissenschaften, wie des Rituals, des Rechts usw., welche uns hier nicht weiter zu beschäftigen brauchen.

Die Sanhitâs sind »Sammlungen« von Liedern, Opferformeln und Zaubersprüchen. Es werden vier derartige Sammlungen unterschieden, die meist der Einfachheit halber als die »vier Veden« bezeichnet werden.

Der Rig-veda enthält die Hymnen, mit welchen der Priester die Götter zum Opfermahl einlud, der Sâma-veda die Lieder, welche in bestimmten Melodien beim Opfer gesungen wurden, der Yajur-veda die Sprüche, die bei den heiligen Handlungen herzusagen waren, der Atharva-veda vornehmlich Zaubersprüche. An jeden dieser vier Veden schließen sich Erläuterungsschriften an.

Die Brâhmanas sind meist sehr umfangreiche theologische Abhandlungen, welche die richtige Verwendung der in den Sanhitâs enthaltenen Lieder und Sprüche bei den großen Opfern angeben, die für die Ausführung der sakralen Handlungen notwendigen Anweisungen machen und eine spekulative Ausdeutung ihres mystischen und symbolischen Sinnes vermitteln.

Den Brâhmanas angehängt sind die mystischen Spekulationen zugewandten Âranyakas, die sogenannten Waldbücher, die von Waldeinsiedlern studiert werden sollten, und die zum Teil diesen eingebetteten Upanishaden. Das Wort »upanishad« bedeutet »Geheimlehre«. Die Upanishaden sind Traktate, welche höhere und deshalb nur Eingeweihten zu übermittelnde Erkenntnisse über das Wesen des Opfers, vor allem aber über Gott, Welt und Seele überliefern.

Für den frommen Hindu ist der ganze Veda eine uralte Offenbarung, die von den heiligen Sehern der Vorzeit »erschaut« wurde. Die westliche Wissenschaft sieht hingegen in dem vedischen Schrifttum den Niederschlag der Geistesarbeit eines Jahrtausends, das Werk von Generationen von Priestern, in dem die allmähliche Entwicklung der älteren indischen Religion von dem naturnahen Glauben an eine Vielheit von überirdischen Wesenheiten über ein ausgebildetes rituelles Sakralwesen und eine Opfermystik zu erhabenen theosophischen Konzeptionen zum Ausdruck kommt.

Bei dem Fehlen konkreter chronologischer Angaben läßt sich die Zeit, der die einzelnen Werke zuzuweisen sind, nur vermutungsweise feststellen. Nach der Ansicht der meisten heutigen Forscher sind die ältesten Hymnen des Rigveda zwischen 1500 und 1200 v. Chr. anzusetzen, die Brâhmanas ab 1000 v. Chr., die ältesten Upanishaden ab 750 v. Chr. Wenn auch anzunehmen ist, daß ein großer Teil der vedischen Texte um 500 v. Chr. schon vorlag, so reichen doch namentlich die Upanishaden vielfach in weit jüngere Zeiten herunter, da noch bis in unser Jahrtausend hinein Upanishaden geschrieben worden sind, welche den verschiedensten Gemeinschaften als Autorität für ihre Lehren dienen sollten.

Nach P. Deussens Vorgang lassen sich die Upanishaden in drei Gruppen teilen:

1. die ältesten Upanishaden: Brihadâranyaka, Chândogya, Taittirîya (nach ihren beiden philosophischen Hauptteilen bei Hillebrandt als »Ânandavallî« und »Bhriguvallî« aufgeführt), Aitareya, Kaushîtaki und Kena. Diese sind in der altertümlichen Sanskrit-Prosa der Brâhmana-Texte abgefaßt, mit welchen sie auch inhaltlich, namentlich durch Bezugnahme auf das Opferwesen, Berührungspunkte aufweisen. Gelegentlich sind Verse eingeschoben. Diese Werke geben Kunde von den schöpferischen Anfängen der âtman- und brahma-Spekulation, der eine Vielheit von Denkern oblagen.

2a. Die mittleren Vers-Upanishaden sind rein metrisch abgefaßt und zeigen schon durch ihren Wortschatz, daß das philosophische Denken sich sehr vervollkommnet und sich von der Verhaftung an die Vorstellungskreise des Ritualwesens weithin gelöst hat. Zu ihnen gehören: Kâthaka, Îsha, Mundaka, Shvetâshvatara (sowie die hier nicht berücksichtigte Mahânârayana-Upanishad).

2b. Die mittleren Prosa-Upanishaden, in einer dem klassischen Sanskrit nahestehenden Sprache mit eingeschobenen Versen geschrieben, verraten schon durch ihre Zitate aus den älteren Upanishaden, daß sie ihr Gedankengut in hohem Maße nicht mehr neu geschaffen, sondern aus der vorhergehenden Tradition bezogen haben. Zu dieser Gruppe gehören Prashna- und Maitrâyanî-Upanishad (ebenso wie, hier nicht übersetzt, Mândûkya).

3. Die jüngeren Upanishaden der Spätzeit. Diese erfreuen sich nicht so hohen Ansehens wie die vierzehn bisher aufgeführten. In ihnen kommen voll ausgebildete Systeme und sektarische Neigungen zu Wort. Werke dieser Gruppe sind bei Hillebrandt durch Kaivalya, Brahma, Brahmabindu und Paramahansa vertreten.

Die philosophische Lehre der Upanishaden hat ihre Vorläufer (außer in einigen Hymnen des Rig- und Atharvaveda) in einzelnen Stellen der Brâhmana-Texte, aus denen hier einige Proben übersetzt wurden. Der Hauptteil des vorliegenden Werkes ist den älteren und mittleren Upanishaden gewidmet, in denen das indische Denken aus der »Nachbarschaft von Ritual und naiver Naturanschauung« zu schönen und erhabenen Gedanken emporsteigt, »die über die irdische Welt hinaus in sehnsuchtsvoll erstrebte Fernen weisen« (Hillebrandt).

Die Upanishaden wurden dem Westen zuerst bekannt durch die »Oupnekhat«-Übersetzung des französischen Gelehrten Abraham Hyacinth Anquetil du Perron (1731–1805). Dieser hatte während eines langen Aufenthalts in Indien vergeblich versucht, bei den Brahmanen das Sanskrit zu erlernen und den Veda zu studieren. Sie lehnten seine diesbezüglichen Bitten ab, da sie ihr heiliges Wissen nicht einem unreinen Ungläubigen übermitteln wollten. Er wandte sich daher im Gangeslande dem Studium der Religion der Parsen zu und veröffentlichte nach seiner Rückkehr ein bahnbrechendes Werk über den Zoroastrismus. 1775 sandte ihm sein Freund Le Gentil, damals französischer Resident in Faisabad, ein Manuskript der persischen Übersetzung der Upanishaden, welche Mohammed Dârâ-shekoh, der ältere Bruder des Großmoguls Aurangzeb, 1656 durch Brahmanen hatte herstellen lassen. Aus dieser persischen Version übertrug Anquetil während der Schreckenstage der Französischen Revolution das »Oupnekhat« (moderne nordindische Form des Wortes Upanishad) in das Lateinische. Das in Straßburg 1801/02 in zwei Bänden veröffentlichte Werk hat auf die Philosophen der Romantik, vor allem auf Arthur Schopenhauer sehr befruchtend gewirkt. Schopenhauer hat es bis zu seinem Lebensende hochgehalten und preist es in den Worten: »Wie wird doch der, dem, durch fleißiges Lesen, das Persisch-Latein dieses unvergleichlichen Buches geläufig geworden, vom Geist (der Veden) im Innersten ergriffen. Wie ist doch jede Zeile so voll fester, bestimmter und durchgängig zusammenstimmender Bedeutung! Und aus jeder Seite treten uns tiefe, ursprüngliche, erhabene Gedanken entgegen, während ein hoher und heiliger Ernst über dem Ganzen schwebt.«

Seit der Mitte des 19. Jahrhunderts haben eine Reihe von deutschen Gelehrten sich mit den Sanskrit-Originalen der

Upanishaden beschäftigt, dieselben kritisch herausgegeben und übersetzt. Neben Louis Poley, F. H. H. Windischmann, Albrecht Weber, Otto von Böhtlingk und F. Max Müller ist hier vor allem Paul Deussen zu nennen, der 60 von ihnen (die metrischen Partien in Versen) übertragen und ihre Lehren ausführlich in seiner »Allgemeinen Geschichte der Philosophie« behandelt hat. Deussen wirkte als Professor der Philosophie an der Universität Kiel und glaubte den transzendentalen Idealismus von Kant und Schopenhauer in der Lehre des großen Hindu-Theologen Shankara (800 n. Chr.) wie in den Upanishaden, auf die sich dieser ständig beruft, wenigstens in ihren Ansätzen vorzufinden. Hermann Oldenberg, Karl F. Geldner, Johannes Hertel haben ihm in dieser Deutung nicht beigepflichtet. In der Tat läßt sich für die Zeit, in welcher die älteren Upanishaden entstanden, nicht annehmen, daß sie schon die vielheitliche Welt als eine durch den Zaubertrug der Mâyâ hervorgebrachte Illusion betrachtet haben, wie dies Shankara lehrt, vielmehr zeigen die meisten Texte, daß ursprünglich an eine reale Entfaltung des Brahma zur Welt geglaubt wurde. Ebensowenig läßt sich ein den Upanishaden mehr oder weniger zugrunde liegendes einheitliches System feststellen, vielmehr treten uns in ihnen Gedanken sehr verschiedener Prägung entgegen, die teilweise noch an die phantasievollen Spekulationen der Naturvölker erinnern. Die älteren Geheimlehren der Hindus nehmen eben noch eine Zwischenstellung ein zwischen den primitiven Vorstellungen, wie sie uns in den Brâhmana-Texten entgegentreten, und den feingeschliffenen, von hohem religiösem Schwung getragenen philosophischen Ideen der großen Mystiker der klassischen Sanskrit-Zeit.

Einer der Forscher, die dies nüchtern darzutun versuchten, war Alfred Hillebrandt, dessen zuerst 1921 erschienene Übersetzung hier wieder vorgelegt wird. Alfred Hillebrandt (1853–1927), der an der Universität Breslau als Professor der Indologie wirkte, war ein bedeutender Veda-Forscher. Seine Übersetzungen von »Liedern des Rigveda«, seine umfassenden Werke über die »Vedische Mythologie« und die vedische »Ritualliteratur« prädestinierten ihn für die Herausgabe einer wohldurchdachten Auswahl aus den wichtigsten Texten in einer klaren Prosa-Wiedergabe. Hillebrandts mit viel Beifall aufgenommenes Werk erscheint hier in einem unveränderten Neudruck, doch wurde die Umschrift der indischen Wörter vereinfacht und das Literaturverzeichnis ergänzt.

Helmuth von Glasenapp

Weiterführende Literatur

Frauwallner, Erich: Geschichte der indischen Philosophie. Bd. 1. Salzburg 1953 (S. 39ff.)

Gomperz, Heinrich: Die indische Theosophie. Jena 1925 (S. 81ff., 277ff.)

Gonda, Jan: Die Religionen Indiens. Bd. 1: Veda und älterer Hinduismus. Stuttgart 1960 (S. 174ff.)

Gonda, Jan: Vedic literature (Samhitas and Brahmanas). Wiesbaden 1975

Hertel, Johannes: Die Weisheit der Upanishaden. München 1921

Horsch, Paul: Die vedische Gatha- und Sloka-Literatur. Bern 1966 (S. 462ff.)

Keith, A. B.: The religion and philosophy of the Veda and Upanishads. Cambridge/Mass. 1925

Oldenberg, Hermann: Die Lehre der Upanishaden und die Anfänge des Buddhismus. Göttingen 1915

Radhakrishnan, Sarvapalli: Indische Philosophie. Bd. 1. Baden-Baden 1956

Ranade, R. D.: A constructive survey of Upanishadic philosophy. Puna 1926

Ruben, Walter: Die Philosophen der Upanishaden. Bern 1947

Zimmer, Heinrich: Philosophie und Religion Indiens. Zürich 1961 (S. 300ff.)

EINLEITUNG

Unsere Zeit ist geneigt, den Geist des indischen Altertums mit anderem Auge zu betrachten, als die großen Männer getan haben, die zu Anfang und Mitte des vorigen Jahrhunderts mit den Werken indischer Denker und Dichter bekannt geworden sind. Nicht viele von den Staatsmännern der Gegenwart werden W. von Humboldts Urteil unterschreiben, der in einem Briefe an Gentz Gott dankte, daß er ihn habe so lange leben lassen, um die Bhagavadgîtâ lesen zu können; Goethes Distichon über die Shakuntalâ wird den Kindern einer von der Romantik entfernten Zeit überschwenglich erscheinen; Schopenhauers Enthusiasmus, der in den Upanishads den Trost seines Lebens und Sterbens sah, wird in Deutschland nur wenige, außerhalb Deutschlands niemanden berauschen.

Wir sind nicht mehr der ersten Entdeckerfreude voll, die den überraschend auftretenden Zeugen einer unerwarteten Kultur im Fernen Osten wie einer neuen Offenbarung des menschlichen Geistes gegenüberstand. Kühlere und abwägendere Gedanken haben sich zur Geltung gebracht und einen Umschwung der Stimmung bewirkt, die die Weisheit des Ostens eher unter- als überschätzt und sie mehr dem fachwissenschaftlichen Interesse zuweist. Wenn uns gesagt wird, daß das Drama eine Schöpfung des griechischen Geistes sei und kein anderes Volk des Altertums Ähnliches hervorgebracht habe, so beweist das eine Verkennung oder Unkenntnis der originalen und feinen Werke des indischen Geistes, die sich auf heimatlichem Boden selbständig aus dem Volksschauspiel entwickelt haben, die nur hinsichtlich der inneren Erfassung menschlicher Probleme von denen des Westens verschieden gewesen sind. Das indische Epos, das Râmâyana noch mehr als das Lied vom Kampf der Bharater, verrät so feine dichterische Empfindung und

Schöpfungskraft, daß es den Anspruch auf gleichen Rang mit Ilias und Odyssee, mit Nibelungenlied und Gudrun erheben darf und für den, der in Wesen und Entstehung der epischen Dichtung Einblick zu gewinnen wünscht, nicht ohne anregende Auskunft bleiben wird. Die Upanishaden haben ihren Wert als frühe, teils vor Buddhas Auftreten liegende Zeugnisse des nach den höchsten Zielen strebenden menschlichen Geistes, und sie werden diesen Wert trotz mancher Abstriche, die ihre enthusiastische Verherrlichung sich gefallen lassen muß, bewahren. Wir haben besser gelernt, ihnen in der Geschichte des indischen Denkens selbst ihren Platz anzuweisen, und erkannt, daß von ihren mystischen Lehren sich »*ein* Gedankenstrom zieht zur Mystik des persischen Sufismus, zur mystisch-theosophischen Logoslehre der Neuplatoniker und der alexandrinischen Christen bis zu den Lehren der christlichen Mystiker Eckhart und Tauler und endlich zur Philosophie des großen deutschen Mystikers des neunzehnten Jahrhunderts, Schopenhauers«[1].

Wir begegnen im Rigveda einer kleinen Anzahl von philosophischen Liedern, welche die geistige Strömung ankündigen, die aus dem Dickicht des Götterglaubens und Rituals hervorbricht und den Fragen nach dem Ursprung von Gott und Welt sich zuwendet; die Lieder sind vielfach übersetzt und brauchen hier nicht wiedergegeben zu werden. Die Upanishaden liefern den Beweis, daß die in ihnen sich äußernde geistige Bewegung an Stärke zunahm und viele Geister Indiens in ihre Kreise zog. Sie sind nicht die Erzeugnisse einer Zeit und einer Richtung, nicht die Ergebnisse einer strengen, von Stufe zu Stufe schreitenden Logik. Die Lehrer, die den Mittelpunkt dieser Bewegung bilden, stehen noch auf dem Boden der rituellen Tatsachen und ihrer theologischen Deutung; sie knüpfen vielfach an sie an, um sie in höherem, geistigem Sinne zu deuten und sich über sie hinaus zu fernerem Gedankenfluge zu erheben und bedeutsame Gedanken auszusprechen, die auch in der späteren Zeit der systematischen Behandlung dieser Stoffe ihre grundlegende Bedeutung beibehielten. Es galt, hinter der Mannigfaltigkeit der Welt deren Einheit, hinter den

Leiden und Freuden des Lebens die Stätte der Ruhe, hinter der Vergänglichkeit das Bleibende und Ewige zu suchen.

Woher kommen, wohin gehen, wodurch leben wir? Wer hat Geist und Sinnesorgane ausgesandt? Man fragt nach dem Wesen, das die Macht hat, den Leib mit Bewußtsein zu erfüllen, aufzurichten, zu bewegen; man erörtert das Wesen des Wachens, des Traumes und des Tiefschlafes, erläutert die Physiologie des Todes und den Weg, auf dem die Wesen in die Welt zurückkehren; stellt die Frage nach dem letzten Urgrund aller Dinge und beantwortet sie in mannigfacher Weise: ›die einen sprechen von der Natur, die anderen in ihrem Irrtum von der Zeit; es ist aber die Macht Gottes, die in der Welt das Brahmarad bewegt‹, so lautet die Entscheidung der Shvetâshvatara-Upanishad. Den Kern aller Erörterungen bildet das Brahman, die Weltseele und das geheimnisvolle Verhältnis der Einzelseele zu ihr. Die Behandlung dieses Themas zeigt die Verschiedenheit der Ansichten und die Befähigung des indischen Geistes, dasselbe Problem in immer neuer Beleuchtung zu erfassen. Man erkennt, wie weit die Gedanken noch von dogmatischer Erstarrung entfernt sind und rastlos das Mysterium umspülen. Was ist das Brahman? Wer ist der geheime Lenker dieser und jener Welt mit allen ihren Wesen? Was ist die Einzelseele? Verschiedene Meister und verschiedene Zeiten versuchen ihr Rätsel zu entschleiern; bald sehen sie in ihr ein mehr körperliches, bald ein mehr geistiges Element; rein animistische Vorstellungen lösen sich mit transzendenter Betrachtungsweise ab[2]. Wie verläßt die Seele den Leib, um sich mit dem höchsten Brahman zu vereinen? Das steht in Übereinstimmung mit dem Bericht des Megasthenes bei Strabon, daß die Inder hauptsächlich vom Tode sprechen; sie glauben, daß das Leben hier nur gleichsam Vollendung der Empfängnis sei, der Tod aber Geburt zum wahren und glücklichen Leben für die Weisen.

Âtman und Brahman sind Wechselworte geworden, die in vielen Fällen füreinander eintreten, aber von Hause aus verschiedenen Ursprungs sind. Jenes bedeutet ›Atem‹, ›Seele‹ als Sitz alles Lebens; Brahman einen theologischen Begriff, der aus dem Ritual und Zauberwesen stammt und eine zur höchsten schöpferischen Potenz gewordene mystische Kraft, ursprünglich die Zauberkraft des heiligen Wortes und Ritus, bezeichnet[3]. Dieser zauberische Ursprung verrät sich in der seltsamen Erzählung der Kena-Upanishad von dem durch das Brahman hingeworfenen Strohhalm, den das Feuer nicht zu verbrennen, der Wind nicht wegzuwehen, Indra nicht zu überwinden vermag. Oldenberg[4] und L. von Schroeder[5] haben den Weg geschildert, auf dem diese beiden heterogenen Begriffe, die den Urgrund und Mittelpunkt der Welt bedeuten, sich einander nähern, um miteinander zu verschmelzen und zur Bezeichnung für das große Eine zu werden, in dem alles lebt und webt, in dem alle Verschiedenheit aufhört und alle Gegensätze verschwinden.

Für Âtman tritt häufig mit vorwiegend appellativischer Bedeutung *Prâna*, ›Hauch‹, ein. Der Atharvaveda feiert den Prâna als Gottheit, als Herrn des Alls, und die Upanishaden, besonders die Brihad-Âranyaka, Chândogya- und Kaushîtaki schildern den Wettstreit zwischen ihm und den Sinnesorganen und seinen Sieg über diese, weil alle fehlen können außer ihm. Wie die Speichen in der Nabe, so ruht alles in ihm; er schließt alles in sich; er ist der beste der Opferpriester, identisch mit den Göttern, und hält alles in seiner Hand, was im höchsten Himmel wohnt. Aber doch nur vereinzelt wächst er über die physiologische Sphäre hinaus und, im Gegensatz zu dem weiter vorgeschrittenen und in die Kreise philosophischer Begriffe emporgehobenen Âtman, bleibt er vorwiegend im Kreise sinnlicher Kräfte[6].

Es fehlt nicht an Stellen, die den Weg *zur Gleichsetzung von Brahman und Âtman* noch nicht als vollendet zeigen und beide Werte voneinander abgrenzen. Unbeachtet kann die Tatsache nicht bleiben, daß die Texte zwar oft von einer ›Brahmawelt‹, aber nie von einer ›Âtmawelt‹ sprechen und diese Brahmawelt als eine Wohnstätte schildern, zu der man gelangt. Man geht in die Brahmawelten ein und wohnt darin bis in die weitesten Fernen (Brihad-Âr. Up. 6, 1, 18); des Menschen Âtman geht in die Brahmastätte ein; Âtman selbst wohnt festgegründet in der himmlischen Brahmastadt (Mundaka 3, 2, 4; 2, 2, 7); in der Brahmawelt verehren die Götter den Âtman (Chândogya 8, 12, 6); die Brahmawelt hat das Übel besiegt und leuchtet für immer (Chândogya 8, 4, 1. 2). Man kann manche andere Stelle hinzufügen, wie Mundaka 1, 1 (am Ende), die den Âtman den Ursprung von Brahman, Name, Gestalt usw. nennt, Shvetâshvatara 6, 10, wonach Gott das ewige Brahman gibt, oder 6, 18, wonach er Gott Brahman zuerst schafft.

Im wesentlichen sind es aber jene erstangeführten Werke, in denen die Brahmawelt wie ein Paradies oder wie *das* Paradies erscheint und eine persönliche Unsterblichkeit gemeint ist im Gegensatz zu anderen Stellen derselben Texte, die die Unpersönlichkeit des zukünftigen Seins vertreten[7]. In mehr als einem Falle ist ›die Erlangung der Unsterblichkeit‹ noch nicht im vedântistischen, sondern im Sinn eines persönlichen Weiterlebens zu verstehen; die Upanishaden sind nicht durchweg dazu gelangt, in der Vereinigung mit dem Âtman oder Brahman das höchste Ziel zu sehen, sondern geben noch älteren Auffassungen Raum. Bemerkenswert ist in dieser Beziehung der Anfang der Kaushîtaki-Upanishad, die die Seele in die Welt der Götter und schließlich in die Welt Brahmans führt, wo sie von Nymphen mit Kränzen empfangen wird und über Flüsse und Seen hin zu Brahmans aus liturgischen Elementen aufgebautem Thron gelangt. Brahman ist hier ein persönlich gedachter Gott. Es wäre nicht richtig, das für eine ganz späte Auffassung zu erklären. Die buddhistische Literatur ist zwar in bezug auf Gott Brahman noch nicht eingehend behandelt; es sei aber auf eine Stelle hingewiesen, die ihn nicht in der üblichen Weise als Diener Buddhas usw. darstellt, sondern von ihm als ›dem großen Brahman‹ spricht, ›dem unübertroffenen, dem Beobachter aller Dinge, dem Vater aller Wesen, die waren und sein werden‹, und ihn als den beschreibt, der die Frage nach dem letzten Geschick der vier Elemente beantworten kann. Brahman erscheint; vor ihm geht ein helles Licht her, das sein Kommen verkündet[8].

Neben der Erörterung der Seele und ihrem Verhältnis zum Brahman oder ihrem Fortleben nach dem Tode nehmen *die*

Ordnungen der Sittenlehre nur einen untergeordneten Platz ein[9]. Die Texte besprechen zwar die Einwirkungen der Werke, des guten oder schlechten Wandels, aber doch mit einer kühlen Tonart, die, von aller Leidenschaft fern, gelassen auf die beiden Wege hinweist, die man, je nach der Beschaffenheit seiner Werke, dereinst gehen wird, sie drohen nicht, verwünschen nicht, beschwören nicht; nur vereinzelt streifen manche Lehrer, wie in der an Sektenstreitigkeiten erinnernden Maitrâyanî, die Ruhe des Geistes ab und finden den Ketzern gegenüber ein leidenschaftlicheres Wort. Es handelt sich für den Wahrheitssucher nicht um ›Gut‹ oder ›Böse‹, denn in bezug auf die letzten Ziele kommt keinem von beiden eine besondere Bedeutung zu, sondern nur um die Erkenntnis. Dem, der erkennt, haften weder gute noch schlechte Werke an; ›weder das Gute, das er vollbrachte, noch das Schlechte, das er unterließ, bedrängen ihn‹; das ist die ewige Größe des Brâhmana: ›nicht wächst sie durch Werke, nicht wird sie kleiner. Sie soll er erkunden. Wer sie erkannt hat, wird von schlechten Handlungen nicht befleckt‹[10].

Ebenso haben manche Vorstellungen der späteren Zeit in den älteren Upanishaden keine ausschlaggebende Vertretung gefunden; dazu gehört die von der auf Illusion beruhenden Existenz der Welt. Die von Jacob gegebene Concordance zeigt, daß die »Mâyâ« weder in der Brihad-Âranyaka noch in der Chândogya-Upanishad, sondern erst in späteren Texten dieser Gattung in dieser Bedeutung vorkommt[11].

Wie kann man das Brahman, den Âtman erkennen? Die Quellen beantworten die Frage in verschiedener Weise. Es gibt zwei Wissenschaften, heißt es in der Mundaka, die höhere und die niedere. ›Die niedere besteht aus Rigveda, Yajurveda, Sâmaveda, Atharvaveda, Phonetik, Ritual, Grammatik, Metrik, Kalender; die höhere ist die, durch die man das Unwandelbare erfaßt.‹ Diese höhere Wissenschaft aber ist nicht ohne weiteres zugänglich. Man soll, um sie zu gewinnen, zu einem Lehrer gehen, der gelehrt und im Brahman gefestigt ist. Nicht Opfer und gute Werke, nicht Gelehrsamkeit vermögen zur Erkenntnis zu führen. Vielen gelingt es nicht, vom Selbst auch nur zu hören; viele, obschon sie davon hören, erkennen es nicht. Ein geschickter Erklärer ist ein Wunder, und einem Wunder gleicht ein fähiger Schüler. Innerer Frieden, Läuterung des Geistes werden als Voraussetzung zur Erkenntnis gefordert. Bisweilen wird hervorgehoben, daß die Belehrung allein nicht helfen kann, auch nicht der logische Beweis, sondern die Gnadenwahl. So äußert sich die Mundaka, ähnlich die Kâthaka und die Kena-Upanishad, welche der Meinung Ausdruck gibt, daß Kenntnisse nicht nötig seien, um das Brahman zu erkennen; dem Kundigen sei es unbekannt, dem Unkundigen sei es bekannt, und wem es durch Erweckung zuteil werde, der erlange Unsterblichkeit. Wir finden in der späten Brahmabindu-Upanishad die Äußerung, daß die Kraft zur Erkenntnis in jedem, wie Butter in der Milch, verborgen liege; der Verstand diene als Quirl, die Erkenntnis als der den Quirl treibende Strick. Oder man wendet das Bild der Feuermühle an: das untere Reibholz sei das eigene Ich, das obere die Silbe Om, der Reibstock sei die Erkenntnis. Eine Upanishad nennt das eigene Ich den Pfeil, den Omlaut den Bogen, das Brahman das Ziel. Die Silbe Om, ursprünglich eine Beteuerungspartikel und noch in der Brihad-Âranyaka-Upanishad in diesem Sinne verwendet[12], entfaltet mystische Kraft und dient als Hilfsmittel zur Sammlung des Geistes oder als Gegenstand des Nachdenkens von der Chândogya-Upanishad an. Sie ist ein Teil der Yogapraxis, die in manchen unserer Texte, wie in der Shvetâshvatara, Maitrî und wohl auch in der Kaivalya, Anerkennung und Empfehlung findet.

Wir lesen an vielen Stellen von dem heiligen Schülerstand, dem sich der Wahrheitsucher zuwendet, um jahrelang darin zu verbleiben. Nicht nur Menschen, sondern auch Götter und Asuras gaben sich ihm hin, um das Selbst zu erkennen, das frei ist von allen Übeln der Erde, von Alter und Tod, Hunger und Durst. Ja die Götter wollen nicht, daß der Mensch die Erkenntnis gewinne, und verfolgen den mit Neid, der sie erstrebt[13].

Manche Erzählungen entfalten einen besonderen Reiz. Indra begibt sich als oberster der Götter, Virocana als oberster der Asuras zu Prajâpati, um von ihm Auskunft zu erlangen; er erteilt ihnen eine an sich ungenügende Antwort, aber nur um sie zu prüfen; sie ziehen erfreut von dannen. Während aber Virocana sich mit der einmal empfangenen Belehrung begnügt und den Asuras eine rein weltliche Aufklärung bringt, kehrt Indra immer aufs neue zurück, weil ihn genauere Erwägung von der Unzulänglichkeit des Gehörten überzeugt und er weitere Mitteilung erbitten will (Chândogya 8, 7–12).

Innerhalb des weiten Kreises der Heilsbeflissenen schlossen sich manche enger zusammen und suchten in derselben Schrift und derselben Tracht das Mittel zu ihrer Erlösung. Das lehrt der Name der Mundaka-Upanishad, die sich an die wendet, die das »Kopfgelübde« halten und nur den Kahlgeschorenen ihr Studium gestattet.

Unsere Quellen sagen nicht, in welchen äußeren Formen sich der Aufenthalt beim Lehrer und die Belehrung selbst vollzog. Man kann aber erkennen, daß wie sonst die Pflege der heiligen Feuer, das Einsammeln von Almosen und ähnliche mit dem brahmanischen Schülerstand verflochtene Obliegenheiten auch zu den Pflichten des Brahmabeflissenen gehörten[14]. Das erste Kapitel der Taittirîya-Upanishad gewährt einen Einblick. Es ist ein Charakteristikum all dieser Studien, daß man das Dorf verläßt und sich in die Einsamkeit, womöglich die Waldeinsamkeit begibt, um den religiösen Betrachtungen nachzuhängen. Das Ritual hat nun an einer wenig beachteten Stelle das Stadium *des* Waldeinsiedlers zur Sprache gebracht, der nach Vollziehung des Menschen- und des Allopfers[15] die Feuer durch Atemzüge in sich eingehen läßt, die Sonne verehrt und in den Wald geht, um nie mehr zurückzukehren; der Kommentar bezeichnet das als das Eintreten in einen anderen Âshrama oder Lebensstand; es ist die letzte Stufe, die der Mensch ersteigt, die Stufe des Samnyâsin. Das Ritual hat damit aber nur einen Spezialfall erwähnt. Die Sitte war allgemeiner: der weltflüchtige Büßer ist eine Lieblingserscheinung der indischen Poesie.

Durch die ganze Literatur geht die Verherrlichung dieses Typus der Frömmigkeit, und Indiens vornehmste Dichter haben nicht aufgehört, den Asketen in seiner Hingabe und Buße zu schildern[16]. Das Râmâyana erwähnt sie oft und kennt die Sonderlinge asketischer Frömmigkeit, die ungemahlenes Korn essen oder, wie der Ausdruck lautet, »ihre Zähne als Mörser brauchen«, die bis an den Hals im Wasser stehen oder auf der bloßen Erde liegen oder das Gelübde getan haben, »gar nicht zu liegen« u. a. m. Râma zeigt im 13. Gesange von Kâlidâsas Raghuvansha seiner Gemahlin die Stätte, wo einst der weise Shatakarni von fünf Nymphen versucht ward, er zeigt ihr den Asketen Sutîkshna, der inmitten von vier Feuern steht und sein Auge auf die Sonne gerichtet hält, die sengend über seinem Haupte scheint, er hat seinen linken Arm der Sonne entgegengestreckt und hält den rechten unter Neigen seines Hauptes Râma entgegen. Wichtig ist für die allgemeine Bedeutung der Askese in Indien die Bemerkung des Megasthenes (bei Strabon), der von dem τῇ ἀσκήσει πλείστῃ χρῆσθαι spricht und asketische Bräuche, wie wir sie kennen, anführt[17]. Der Büßerstand ist zu einer öffentlichen Einrichtung geworden, deren Umfang und Eigenschaften das Gesetz abzugrenzen unternimmt, indem es die Pflichten und Rechte der Büßer feststellt. Manu und andere beschreiben das Tun der weltflüchtigen Männer, die sich in die Einsamkeit des Waldes zurückziehen oder als wandernde Bettler leben; der König ist zum Schutz des Büßerstandes verpflichtet. Unter den im folgenden übersetzten Upanishads befindet sich am Schluß eine, die das Los des von allen Pflichten gelösten und aller Wünsche ledigen Sannyâsins verherrlicht, die Paramahansa-Upanishad. Im allgemeinen schenken die Upanishaden der strengeren Form der Askese keine besondere Aufmerksamkeit; wir haben zwar manche Vorschriften über die Haltung des Körpers und Wahl des Ortes, über die Yogatechnik; aber doch keine Hindeutungen auf die strengen Anforderungen der Askese, die wir aus anderen Quellen kennen. Dennoch wird Auguste Barth nicht recht haben, wenn er Œuvres I, 81 bemerkt: ›Ils prescrivent le renoncement et la contemplation;

mais les mortifications, les jeûnes prolongés, la nudité, toutes choses dès lors fort en honneur, sont en quelques sortes des pratiques serviles que leur théosophie dédaigne. Leur point de vue à l'égard de ces pratiques paraît être celui du bouddhisme, qui les condamne. Il n'est pas question davantage de ces pénitences insensées et cruelles que nous voyons glorifiées par exemple dans la poésie épique ... Et pourtant il est probable que ces aberrations avaient dès lors leurs adeptes.‹ In jedem Fall geht ›dédaigner‹ und ›condamner‹ zu weit; denn damit würden diese Texte vielmehr in das Gebiet des Buddhismus als des Brahmanismus fallen, dessen Anschauungen die Praktiken der Buße immer entsprochen haben. Das den Verfassern der Upanishaden sehr geläufige Wort *tapas* deckt alle Richtungen und selbst alle Auswüchse des Büßertums. Mir ist zweifelhaft, ob wir nicht in dem Manne mit Namen Raikva, der unter einem Karren sitzend seine Räude abkratzt und von Jânashruti Pautrâyana um Belehrung angegangen wird, einen der asketischen Sonderlinge vor uns haben; ebenso in dem Verfasser des unten als Kuriosität wiedergegebenen ›Hundegesanges‹, dessen Ursprung kaum woanders als in den Kreisen solcher Schwärmer gesucht werden kann, wie wir sie in brahmanischen und buddhistischen Schriften finden, die auch ›Hundeasketen‹ unter anderen Wunderlingen verzeichnen, d. h. solche, die nach Art der Hunde ihre Nahrung nehmen[18]. Wenn auch diese Deutung des ›Hundegesanges‹ zweifelhaft scheinen kann, so kenne ich doch keine bessere und glaube, daß es im Interesse eines objektiven Bildes von den Upanishaden liegt, solche Absonderlichkeiten nicht ganz zu übergehen.

An der Entwicklung der Upanishadlehren haben die Kshatriyas einen erheblichen Anteil genommen, wie Weber, Regnaud angedeutet haben und ausführlich *Garbe* nachgewiesen hat[19]. Wir dürfen nun aber nicht, wie wohl geschehen ist, die brahmanischen Kreise selbst von dieser Tätigkeit ausschließen und ihnen die unfruchtbare Opferwissenschaft im Gegensatz zu einer intellektuellen Richtung der Kriegerkaste zuweisen. Sehen wir sie doch in beständiger Erörterung solcher Fragen in den Upanishaden selbst begriffen und nur zu den Fürsten gehen, um sich eine klarere Einsicht zu verschaffen. Sie haben nach alter Tradition bei den großen Opfersitzungen einen Tag den philosophischen Erörterungen vorbehalten, an dem man nur in Gedanken einen Becher für Prajâpati schöpft und alle den Becher betreffenden Handlungen vollzieht. Dabei ist der Redewettstreit von Wichtigkeit, der in einer ›Betrachtung über den eigenschaftlosen Prajâpati‹, d. h. nach dem Kommentar in einer Erörterung über das höchste, eigenschaftlose Brahman bestehen kann[20], daher dieselben Themen behandelt haben wird wie die Upanishaden. Wir werden nicht zu der Annahme genötigt sein, daß diese Erörterungen dort ganz von den Kshatriyas geführt worden sind; ebensowenig wie ein Grund zu der Voraussetzung vorläge, daß die philosophischen Lieder des Rik außerhalb der brahmanischen Kreise oder nur innerhalb der Kshatriyas entstanden seien.

Die beiden Namen, welche bisher eine ganz ungefähre Datierung alter Upanishaden ermöglicht haben, sind Namen eines Kshatriya und eines Brahmanen: der eine ist Krishna, der in der Chândogya[21] erwähnte Sohn der Devakî, der von dem Begründer der Bhâgavatreligion nicht getrennt werden kann und den atheistischen Religionsstiftern Mahâvîra und Buddha ›wahrscheinlich um Jahrhunderte‹[22] voranging; der andere ist Yâjnavalkya, ein Freund und Günstling Janakas von Videha, der kurze Zeit vor Buddha lebte[23].

Der Austausch philosophischer oder theosophischer Gedanken wird sich aber nicht auf die Angehörigen dieser beiden vornehmsten Stände beschränkt haben. Pflicht, Rang und Muße mag ihnen zwar mehr als den erwerbenden oder dienenden Kreisen Indiens Gelegenheit dazu gegeben und mehr Autorität beigelegt haben; aber letztere waren gewiß nicht ausgeschlossen. Man kann es daran erkennen, daß das Wort Shûdra in den Upanishaden selten vorkommt. Jacob verzeichnet nur sechs Fälle, die auf drei zusammenschmelzen, weil von den sechs immer je zwei zusammengehören, und nur in denen, welche die Maitrâyanî VII, 8 verzeichnet, läßt sich eine Abweisung der Shûdras erkennen, nicht in den anderen; die Maitrâyanî nimmt ja aber im Kreise der

Upanishaden eine besondere Stelle ein und verteidigt die Wissenschaft gegen die Ketzer, die an ihr teilnehmen wollen. Es wird daher anzunehmen sein, daß die Frage, ob Shûdra oder nicht, für die die Upanishaden bewegenden Gedanken von geringer oder gar keiner Bedeutung war, daß der freiere Geist, der den Buddhismus auszeichnet, sich schon in seinen Vorgängern ankündigt. Die Geschichte des Satyakâma Jâbâla, dem seine Mutter den Geschlechtsnamen nicht zu sagen weiß, weil sie als Dienerin sich viel in der Jugend umhergetrieben und ihn dabei empfangen habe[24], steht zwar vereinzelt, ist aber bezeichnend.

Die Bewegung ging viel zu tief, um nicht weitere Kreise zur Anteilnahme an diesen Gedanken aufzurufen, die die philosophische Zukunft Indiens vorbereiteten und, fern vom Treiben der Märkte und Dörfer, neuen Ufern entgegenstrebten. Wer die Lösung der Rätsel des Lebens nicht findet, geht hin, andere zu fragen, und der Befragte begibt sich mit dem Wahrheitssucher zu einem kundigeren Meister. Im Beginn des Tevijjasutta begegnen wir zwei jungen Brahmanen, deren jeder den Weg zur Vereinigung mit dem Brahman gefunden zu haben glaubt, und weil sie nicht übereinkommen können, begeben sie sich auf den Weg zu Samana Gotama. So gehen in den Upanishads die Brahmasucher zu dem, den sie im Besitz der Erkenntnis wähnen. Frohen Angesichts kehrt man vom Lehrer heim. Wie Upaka Âjîvika Buddha kommen sieht, fragt er ihn: »Dein Aussehen, Freund, ist hell, deine Farbe rein und klar; in wessen Namen hast du der Welt entsagt? Oder wer ist dein Lehrer? Oder wessen Lehre bekennst du?«[25] Ganz so lesen die Brahmasucher aus den frohen Mienen des anderen die Verkündigung des erworbenen Heils. ›Dein Antlitz strahlt, mein Lieber, wie das eines Brahmakundigen. Wer ist es, der dich unterwiesen hat?‹, so fragt der heimkehrende Lehrer Satyakâma den Schüler Upakoshala, der von den Feuern inzwischen die Belehrung empfangen hatte[26]. Es ist dieselbe Atmosphäre, dasselbe Interesse, ja dieselbe Form der Belehrung, die in den Upanishaden und in den Predigten Buddhas uns entgegentritt.

Es ist gesagt worden, daß viele Erörterungen von einzelnen Dingen des Rituals ausgehen und zu einer höheren, geistigeren Deutung zu gelangen suchen. Der Fortschritt der Erkenntnis konnte ja wohl auch auf keinem anderen Wege sich vollziehen, als daß man von dem Boden der Lehrern und Hörern bekannten Tatsachen ausging. So hat es auch Buddha gehalten, der in der bekannten ›Feuerpredigt‹ an die tausend Eremiten von Uruvelâ, die dort das heilige Feuer unterhielten, an das flammende Feuer anknüpfte, und nicht nur in diesem, sondern in vielen anderen Fällen ist er von den Begriffen und Satzungen des brahmanischen Ritualwesens ausgegangen, »um sie vertiefend im Sinn innerlicherer Anschauungen umzudeuten«.[27] Wieviel mehr müssen wir das gleiche von Zeiten erwarten, die Buddhas Auftreten vorausgingen und vorbereiteten, von Lehrern, die der Ritualwissenschaft näher als Buddha standen, von Brahmanen, denen diese mit ihren Mysterien ein Gegenstand gläubigen Vertrauens war. So knüpft der Anfang der ältesten von allen Upanishads, das Brihad-Âranyaka, an das Roßopfer an und mag bei einem dort gehaltenen Redewettstreit entstanden sein: ›die Morgenröte‹, so beginnt sie, ›ist das Haupt des opferreinen Rosses, die Sonne sein Auge, der Wind sein Hauch, der Rachen das Feuer Agni Vaishvânara, der Leib das Jahr, der Himmel sein Rücken, der Luftraum sein Bauch‹. Die den Sâmasängern zugehörige Chândogya beginnt ihre Erörterungen mit der als Gesangstext des Udgâtri verwendeten Silbe Om. Sie drücke, heißt es, Einwilligung aus; denn wenn man Om sage, willige man in etwas ein. Der, der mit dieser Erkenntnis diese Silbe als den Udgîtha verehre, würde Wünsche zu gewähren imstande sein. In der Maitrâyanî wird VI, 33 das Gârhapatyafeuer in Beziehung zur Welt gesetzt. Das Feuer mit seinen fünf Ziegeln sei das Jahr, seine Ziegel seien Frühling, Sommer, Regenzeit, Herbst, Winter. Es habe Kopf und Fittich, Rücken und Schwanz, dies Feuer sei die erste Schichtung des Prajâpati, des Kenners der Seele; mit seinen Strahlen hebe es den Opferer zum Luftraum, übergebe ihn dem Winde usw.

Das alles ist nicht verwunderlich; es zeigt den Weg, auf dem das Denken in Indien sich entfaltete und über die Häupter der Ritualisten hinaus seine Schwingen zu erheben begann. Wir müssen zur Vervollständigung des Bildes hinzufügen, daß inmitten der Darlegungen sich mannigfache Äußerungen direkten Aberglaubens finden, Brihad-Âranyaka 6, 4 z. B. Liebeszauber, Kausîtaki 2, 3 Glückszauber usw.; alles verrät den Ursprung dieser Traktate aus einer von Ritual und abstruser Theologie stark beeinflußten Schicht.

Ebensowenig konnten sich die Asketen freimachen von den allgemeinen Auffassungen ihrer Zeit. Ihre Gedanken zeigen sich mit den Vorstellungen primitiver Zeiten verflochten und finden ihresgleichen in den Überlieferungen von Völkern, die noch im Banne des Animismus stehen. Ihre Äußerungen über das Traumleben, in dem die Seele umherzieht und Wonnen aller Art genießt, knüpfen an Vorstellungen an, die im Geistesleben niederer Völker ihre Stelle haben. Die Inder waren bemüht, solche Vorstellungen über den primitiven Ursprung zu erheben, im Tiefschlaf z. B. die Vereinigung von Einzelseele und Âtman sich vollziehen zu lassen; aber dennoch bleibt der animistische Ursprung unverhüllt. Wenn es Brihad-Âranyaka-Up. 4, 3, 14 heißt, daß die Seele, im Traume auf- und niedersteigend, viele Gestalten annehme, bald sich mit Frauen vergnüge, bald esse, bald sich vor Gefahr fürchte, so dürfen wir zum Vergleich auf die bei *Tylor* angeführten Grönländer hinweisen, die des Glaubens sind, daß die Seele nachts den Leib verlasse und auf die Jagd, zum Tanz und zum Besuch fahre[28]. In derselben Quelle lesen wir, daß nach Ansicht der Indianer Nordamerikas die Seele des Träumenden den Leib verlasse und nach Dingen, die ihr anziehend erscheinen, umherwandle. Wollte man dennoch an dem animistischen Ausgang dieser Ideen zweifeln, so würde es genügen, die Stelle Brihad-Âr. IV, 3, 15 (unten S. 78) heranzuziehen, nach der es verboten ist, einen Schlafenden zu wecken; denn derjenige sei schwer zu heilen, zu dem der Geist nicht zurückkehre. Das ist eine bei primitiven Völkern geläufige Anschauung[29]. Die Tagalen auf Luzon erklären, man dürfe einen Schlafenden nicht wecken, weil seine Seele abwesend sei[30].

Die Lehre von der Seele selbst enthält mancherlei Elemente, die den Vorstellungen der Naturvölker parallel gehen und von den Büßern aus den Gedankenkreisen ihrer Umwelt mit in die Waldeinsamkeit genommen wurden, um dort von ihnen vertieft und ausgebaut zu werden. Brihad-Âranyaka II, 1 spricht von dem Purusha, dem Mann = Seele, in Sonne, Mond, Blitz, Raum, Wind, Feuer, Wasser, Spiegel, Schatten, Traum, Atem usw., den man – ohne doch das Wesen des Brahman damit zu erkennen – als Brahman verehre. Ähnliche Gedanken kehren anderwärts wieder. »In merkwürdiger Übereinstimmung«, bemerkt *Winternitz*[31], »finden wir bei den Naturvölkern den Atem, das Augenmännchen, das Spiegelbild, den Schatten und die Traumbilder als Vorstufen des Seelenglaubens.« Auf dasselbe Niveau führen die hier und dort eingefügten Kosmologien, die an die Schöpfungsvorstellungen der Naturvölker erinnern.

Es ist notwendig, das hier Gesagte auszusprechen, um den Upanishaden ihre historische Stellung anzuweisen und sie vor der auf Schopenhauers überragender Autorität beruhenden Überschätzung zu bewahren. Auch so betrachtet, verbleibt in ihnen des Schönen und Erhabenen genug; auch innerhalb des verengerten Rahmens sind sie bewundernswerte Schöpfungen des menschlichen Geistes, der, selbständig seine Wege suchend, sich von alter und zwingender Überlieferung befreit; oft poetisch in ihrem Empfinden, erhaben in ihren Zielen, zart und schlicht im Ausdruck. Aus den Dschungeln des Aberglaubens und Rituals erheben sich wie schlanke Palmen die Gedanken einer neuen Zeit und wiegen ihre Kronen in dem freien Äther einer den höchsten Fragen entgegenringenden Welt. Es sind die großen Probleme, die das menschliche Herz bewegen, es ist die Frage nach dem Woher und Wohin, die durch die Wälder Indiens rauscht und auf den Lippen der Tausende schwebt, die dort der erlösenden Antwort harren.

Die *Überlieferung des Wortlautes* läßt an Sicherheit zu wünschen übrig. Er hat sich, eifrig studiert und erörtert, von Geschlecht zu Geschlecht fortgepflanzt; aber durch das mehr andächtige als kritische Lesen Fehler aufgenommen, die schon zu des gelehrten Shankara Zeit, im 9. Jahrhundert, als richtige Lesarten angesehen und mit Zuversicht erklärt worden sind. Wir bedürfen einer zuverlässigen Ausgabe; aber ohne Zuhilfenahme einer stark eingreifenden Konjekturalkritik wird sie schwerlich unseren Ansprüchen genügen, sie ist nur die Voraussetzung weiteren Eindringens. Wie ich mir diese Kritik denke, habe ich an einzelnen Fällen in kleineren Aufsätzen zu zeigen versucht[32]. Angesichts der mancherlei Verderbnisse bleibt für jetzt im Einzelfalle oft nur das Geständnis übrig, daß Grund zur Annahme einer Verderbnis vorliege.

Von größerer Bedeutung sind die vielen Zusätze, die den Text entstellen. Sie bilden die Ursache, daß er oft verschwommen und widerspruchsvoll erscheint und die dem indischen Geist eigene Klarheit und Schärfe vermissen läßt. *Garbe* hat, nach meiner Ansicht unwiderlegt, gezeigt, daß die in der Bhagavadgîtâ auftretenden, widerspruchsvollen Ansichten nicht als das Ergebnis einer ›Übergangsphilosophie‹, sondern als Überarbeitungen zu betrachten sind. Je eifriger solche Texte studiert werden, je größer ihr Ansehen, desto stärker die Neigung, sie mit Erweiterungen aus dem eigenen Schatz des Wissens zu versehen und, wenn möglich, der eigenen Richtung anzupassen. Dasselbe gilt für die Upanishads. Ihr fast jahrtausendealtes Studium wird zu Zusätzen von seiten sei es des Lehrers, sei es des Schülers geführt haben, die autoritative Bedeutung gewannen und als Bestandteil der Upanishad selbst in Manuskripte gelangten, die den Archetypus der unsrigen bilden.

Form und Stil der Traktate sind nach Möglichkeit beibehalten worden. Wer ihnen zum ersten Male gegenübertritt, empfindet die Fremdartigkeit der sich vor ihm aufbauenden Welt. Wie könnte es anders sein! Er tritt aus Arbeitszimmern und Lesezimmern unserer Bibliotheken, aus unserer reicheren und durch den Geist vieler Jahrhunderte befruchteten Welt in die stillen, anspruchslosen Büßerhaine mit ihren einfachen Hütten, ihren einfachen Menschen und ihrer einfachen Erkenntnis, die behutsam und leise ihr Licht entfaltete. Langsam, in unendlichen Wiederholungen gleitet der Gedanke dahin, um in sanft ansteigenden Stufen den

Hörer zu neuen Ausblicken zu führen. Die Reden und Belehrungen rauschen nicht in dem schönen Gewande rednerischer Kunst; sie wollen nicht erschüttern, erbauen oder glänzen, sondern bescheiden die Wahrheit in den Geist des Fragenden legen und sie darin haften lassen. Der Zuhörer geistsprühender Redner unserer Zeit geht aus Vorträgen heim, ohne viel mit sich zu tragen; die Schönheit der Form, der Aufwand rhetorischer und ethischer Kraft zieht die Aufmerksamkeit von dem Inhalt auf sich und bleibt als das Wesentliche übrig. Nichts von dem hier. Die, welche zu Pippalâda oder Yâjnavalkya oder zu anderen um ihrer Brahmakenntnis willen berühmten Meistern gingen, werden ihre Lehre, die sich in einer Form gab, die nur der Sache diente, nicht vergessen haben. Noch war der Stil zu ungelenk, um zum gewandten, leichten Verführer zu werden, noch war er zu schwer, um sich zum Herren aufzuwerfen. In langsamer Steigung windet sich die Straße ihrem Ziele zu. Die Unterweisung von Mund zu Mund, die Notwendigkeit, das Gesagte einzuprägen, ergab den Stil.

Der Übersetzer ist vor die Frage gestellt, ob er die umständliche Form der Darlegung beibehalten oder mit leichten Abstrichen modernem Geschmack näherbringen soll. Die Reden oder Erörterungen kürzen, hieße die Asketen modernisieren. Sint ut sunt aut – non sunt. So bin ich dem Original möglichst treu geblieben, um sie trotz der Einbuße, die es unter jeder Übersetzung erfährt, möglichst wie das Original wirken zu lassen. Auf metrische Form habe ich durchweg verzichtet. Ich glaube nicht, daß die bisherigen Versuche glücklich gewesen sind, und könnte sie selbst nicht verbessern.

Der Zeit der Upanishaden geht die der Brâhmanas voraus. Ihre umfangreichen Erörterungen sind nahezu ausschließlich rituellen Fragen gewidmet, sie entbehren aber nicht ganz der freieren Ausblicke und zeigen sich dem Wesen jener darin nahe verwandt. Einige Proben aus ihnen eröffnen darum dieses Buch.

AUS DER BRÂHMANAZEIT

Der Inhalt der umfangreichen Brâhmanatexte ist so ausschließlich theologischen Zwecken zugewendet, daß er nur wenig über die Anfänge des philosophischen Denkens in Indien lehrt. Sie gehen vom Ritual aus, erwähnen alles nur in dieser Beleuchtung und münden in das Ritual. Man kann ihre Darlegungen als die Lehre vom Opfer bezeichnen, über die Sylvain Lévis Schrift ›La doctrine du sacrifice dans les Brâhmanas‹ (Paris 1898) eingehender unterrichtet. Selbst die moralische Kraft Varunas, der die Sünde des Menschen rächt, erscheint dort nur in dem Netzwerk des sakrifikalen Gewebes und bleibt hineingebannt. Sylvain Lévi hat die Stellen gesammelt, die den Begriff des ›Wahren‹ erläutern. Sie sagen, daß das Heilige, Wahre das Opfer sei; die Wahrheit sei die dreifache Wissenschaft, nämlich die drei Veden, Brahman sei die Wahrheit des Wortes, die heiligen Silben *bhûr*, *bhuvar*, *svar* seien die Wahrheit. Es gebe nur zwei Dinge, kein drittes: Wahrheit und Unwahrheit, die Wahrheit als Begleiterscheinung der Götter, die Unwahrheit als das Wesen der Menschen; wer den Weg der Götter gehe, gehe den Weg der Wahrheit. Aber von solchen Äußerungen zeigt sich nur selten ein Pfad zu einer freieren und vom Ritual unabhängigen Auffassung, die die Verfasser über dessen Kreis hinausgeführt hätte; vielmehr nehmen wir wahr, daß das spekulative Interesse sich mit solchen Betrachtungen schnell erschöpft und wieder in die Opferausdeutung zurücksinkt, daß Gedanken, die hier oder da aufkeimen und wahrscheinlich in größerem Umfange, als es den Anschein hat, aufgekeimt sein werden, für sie nur insoweit Bedeutung gehabt und Aufnahme gefunden haben, als sie zum Ritual sich in engere oder losere Beziehung setzen lassen. Einige Proben sind im folgenden gegeben, die nicht ohne Tiefe der Auffassung sind.

SHATAPATHA-BRÂHMANA

Tod und Unsterblichkeit

(im Anschluß an die Darstellung des Agnihotraopfers)

Der, der dort brennt (die Sonne), ist fürwahr der Tod. Weil er der Tod ist, darum sterben *die* Wesen, die sich diesseits von ihm befinden. Jenseits von ihm befinden sich die Götter, darum sind diese unsterblich. Durch seine Strahlenzügel sind alle Wesen zum Lebenshauch erweckt. Daher erstrecken sich seine Strahlen bis auf den Lebenshauch.

Er nimmt, wem er will, das Leben und geht auf. Dieser stirbt. Wer ohne vom Tode sich ganz befreit zu haben zu jener Welt eingeht, den läßt er in jener Welt immer wieder sterben, so wie man einen, der gebunden ist, in dieser Welt nicht achtet, sondern wann immer man will, dem Tode überantwortet.

Wenn einer abends nach Sonnenuntergang zwei Spenden opfert, dann nimmt er mit diesen beiden als Vorderfüßen auf diesem Tode einen festen Stand, und wenn er früh vor Sonnenaufgang zwei Spenden opfert, dann nimmt er mit diesen beiden als Hinterfüßen auf diesem Tode einen festen Stand. Und wenn (die Sonne) aufgeht, geht sie mit ihm auf, und er befreit sich vom Tode. Das ist die Befreiung vom Tode beim Agnihotra. Der befreit sich vom abermaligen Tode, welcher diese Befreiung vom Tode beim Agnihotra kennt . . .

Tag und Nacht, in beständigem Umlauf in jener Welt, vernichten des Menschen gute Werke. Aber sie befinden sich diesseits von dem (der zum Himmel gegangen ist). Seine guten Werke vernichten Tag und Nacht dann nicht.

Wie einer, der im Inneren eines Wagens steht, von oben auf die rollenden Räder sieht, so sieht er von oben auf Tag und Nacht herab. Nicht vernichten Tag und Nacht die guten Werke dessen, der die gänzliche Befreiung von Tag und Nacht in dieser Weise kennt. (II, 3, 3, 7ff.)

Wahrheit und Unwahrheit

Die Götter und Dämonen beide, die Nachkommen des Prajâpati, traten das Erbe ihres Vaters an: die Rede, wahr und unwahr, Wahrheit und Unwahrheit. Sie sprachen beide die Wahrheit, sie sprachen beide die Unwahrheit. Weil sie beide in gleicher Weise sprachen, waren sie auch gleich.

Die Götter gaben die Unwahrheit auf und hielten sich an die Wahrheit; die Dämonen gaben die Wahrheit auf und hielten sich an die Unwahrheit.

Da überlegte die Wahrheit, die in den Asuras wohnte: ›Die Götter haben die Unwahrheit aufgegeben und sich an die Wahrheit halten wollen: wohlan, ich will dahin gehen.‹ Sie ging zu den Göttern.

Die Unwahrheit aber, die in den Göttern wohnte, überlegte: ›Die Asuras haben die Wahrheit aufgegeben und sich an die Unwahrheit halten wollen; ich will dahin gehen.‹ Sie ging zu den Asuras.

Die Götter sprachen ganz die Wahrheit, die Asuras ganz die Unwahrheit. Die Götter, die beständig die Wahrheit sprachen, wurden scheinbar geringer und ärmer. Darum wird einer, der ständig die Wahrheit spricht, scheinbar geringer und ärmer; aber schließlich gedeiht er; denn die Götter gediehen schließlich.

Hingegen die Asuras, die beständig die Unwahrheit sprachen, glänzten wie Salzboden äußerlich, wurden scheinbar reich. Darum glänzt äußerlich der, der beständig die Unwahrheit spricht, wie Salzboden, wird scheinbar reich. Aber schließlich versagt er; denn es versagten die Asuras. (IX, 5, 1, 12ff.)

Tod und Unsterblichkeit

(im Anschluß an die Erörterung des Feueraltarbaus)

Prajâpati schuf die lebenden Wesen. Aus den aufwärts gerichteten Atemzügen schuf er die Götter, aus den abwärts gerichteten die sterblichen Wesen. Danach schuf er für die lebenden Wesen den Tod als ›Verzehrer‹.

Prajâpati war zur Hälfte sterblich, zur Hälfte unsterblich. Mit seiner sterblichen Hälfte fürchtete er sich vor dem Tode, in seiner Furcht ging er in die Erde, zwiefach, zu Lehm und zu Wasser geworden.

Der Tod sprach zu den Göttern: ›Was ist aus dem geworden, der uns geschaffen hat?‹ »Er ist aus Furcht vor dir in die Erde gegangen.« Er sprach: ›Wir wollen ihn suchen; wir wollen ihn sammeln; ich will ihn nicht schädigen.‹ Die Götter sammelten ihn aus der Erde. Ein Teil von ihm war in den Wassern, den sammelten sie als Wasser; ein Teil in der Erde, den sammelten sie als Lehm. Nachdem sie beides, Lehm und Wasser, gesammelt hatten, strichen sie einen Ziegel. Darum ist ein Ziegel beides, Lehm und Wasser.

Seine fünf sterblichen Bestandteile sind: die Haare am Munde, Haut, Fleisch, Knochen, Mark; die unsterblichen: Geist, Stimme, Hauch, Auge, Ohr.

Prajâpati ist das Feuer, das geschichtet wird. Seine fünf sterblichen Bestandteile sind die Schichtungen aus Erde; seine unsterblichen Bestandteile die Schichtungen aus Ziegeln . . .

Anfänglich war Prajâpati beides, sterblich und unsterblich. Seine Lebenshauche waren unsterblich, sein Leib sterblich. Durch dieses Opferwerk, durch dieses Verfahren machte er gleichzeitig sich frei vom Alter und unsterblich. Ganz ebenso ist der Opferer beides, sterblich und unsterblich. Seine Lebenshauche sind unsterblich, sein Körper sterblich. Er macht durch dieses Opferwerk, durch dieses Verfahren sich gleichzeitig frei vom Alter und unsterblich. (X, 1, 3, 1ff.)

Der Wiedertod[33]

Die Besiegung des Wiedertodes bedeutet den Ausdruck der Hoffnung, daß der Mensch in einem zukünftigen Leben nicht mehr wie in diesem dem Tode ausgesetzt sein wird.

Die Speise im Menschen ist seine Speise; das Wasser sein Trank; die Knochen sein Heil, das ist die Natur der ›Umlegeziegel‹ (beim Altarbau); das Mark sein Licht; denn das ist die Natur der Yajushmatîsteine; Prâna ist das Unsterbliche, denn das ist die Natur des Feuers. [»Prâna ist Feuer, Prâna ist das Unsterbliche«, so sagt man.] Infolge von Nahrung weicht der Hunger, infolge von Trank der Durst, infolge von Heil das Unheil, infolge von Licht die Finsternis, infolge der Unsterblichkeit der Tod. Alles weicht von dem, den Wiedertod besiegt der, zu einem vollen Lebensalter gelangt der, der so weiß. Das ist es, was er als ›das Unsterbliche‹ in jener, als ›Leben‹ in dieser Welt verehren soll. Einige verehren es in dem Prâna mit der Behauptung: Prâna ist Feuer, Prâna ist das Unsterbliche. So soll er nicht denken. Denn der Prâna ist etwas Unsicheres. Es heißt ja in einem Spruch: ›Ich löse ihn von dir, wie aus der Mitte des Lebens.‹ Darum soll er es als das ›Unsterbliche‹ in jener, als das ›Leben‹ in dieser Welt verehren. So gelangt er zu einem vollen Lebensalter. (X, 2, 6, 18, 19)

Hauch und Wind als Sitz des Lebens

(siehe unten Chândogya IV, 1—3)

Agni ist Hauch. Wenn der Mensch schläft, geht die Stimme in den Hauch, in den Hauch das Auge, in den Hauch der Geist, in den Hauch das Ohr. Wenn er erwacht, dann entstehen sie wieder aus dem Hauch. Das gilt für die Person.

Für die Götter gilt: Die Stimme ist Agni, das Auge ist die Sonne, der Geist ist der Mond, das Ohr sind die Weltgegenden, der Hauch ist der Wind, der da weht.

Wenn Agni ausgeht, dann verweht er in den Wind. Darum sagen sie von ihm: ›Er verwehte‹; denn er verweht in den Wind. Wenn die Sonne untergeht, dann geht sie in den Wind, in den Wind der Mond, auf dem Wind beruhen die Himmelsgegenden; aus dem Wind entstehen sie wieder. Wer mit solcher Kenntnis aus dieser Welt scheidet, geht mit seiner Stimme in das Feuer ein, mit seinem Auge in die Sonne, mit seinem Geist in den Mond, mit seinem Gehör in die Himmelsgegenden, mit seinem Hauch in den Wind. Zu einem Bestandteil davon geworden, wird er zu der von diesen Gottheiten, zu welcher er will, und kommt zur Ruhe.

(X, 3, 3, 6—8)

Brahman

Der Text spricht von der mystischen Wichtigkeit der Yajus, der Opferformeln, und gibt im Anschluß daran eine kurze, für die Entwicklung des Brahmabegriffes nicht unbedeutsame Schilderung.

Voran steht der Geist. Der Geist ist der erste der Atemzüge; das Auge ist der ›Fuß‹; denn mit Hilfe des Auges wandelt dieses Selbst (Individuum) einher. Die Opferformeln samt den einleitenden Handlungen sind in bezug auf Gottheit und dieses Selbst fest begründet. Wer die Opferformeln samt den einleitenden Handlungen in bezug auf Gottheit und sein Selbst als fest begründet kennt, der erlangt, unversehrt und unverletzt, glücklich das Ende des Opfers. Der wird unter den Seinigen der Beste, ein Führer, ein Herr und Fürst, wer also weiß.

Wer einem, der also weiß, unter den Seinigen entgegenzutreten wünscht, der ist für die Untertanen nicht geeignet. Aber wer sich einem, der also weiß, anschließt und im Anschluß an ihn die Untertanen zu unterhalten sucht, der ist für die Untertanen geeignet. Das ist das größte *Brahman*. Nicht gibt es etwas Größeres als das. Der Größte und Beste unter den Seinigen wird der, der also weiß.

Das *Brahman* hat nichts vor und nichts hinter sich. Der, welcher das Brahman in dieser Weise als etwas kennt, das nichts vor und hinter sich hat, hat unter seinesgleichen keinen besseren, als er selbst ist. Die Nachkommen, die ihm geboren werden, werden immer besser. Wenn einer größer als er wäre, so soll er die Himmelsgegenden östlich von ihm verehren. Dann tut er ihm nichts.

Von diesen Opferformeln ist die Geheimlehre (die Upanishad) der Kern. Wie klein auch die Opferformeln sein mögen, mit denen der Adhvaryu einen Becher Soma schöpft, er durchdringt Rezitationen und Gesänge, er durchsetzt Rezitationen und Gesänge. Wie klein auch die Essenz einer Speise ist, sie würzt die ganze Speise, sie durchzieht die Speise. (X, 3, 5, 7ff.)

Der Tod und die Götter

Die kleine Erzählung, die in der den Brâhmanas eigenen Weise die Einsetzung von rituellen Bräuchen zu begründen sucht, ist auch hier nicht ohne Interesse, weil sie von der Schichtung eines Altarfeuers spricht und damit gewissen Anschauungen entspricht, die unten in der Kâthaka-Upanishad zum Ausdruck kommen.

Das Jahr ist der Tod; denn es schmälert durch Tag und Nacht das Leben der Menschen, und sie sterben. Darum ist dies der Tod. Wer in dem Jahr den Tod erkennt, dessen Leben schmälert es nicht durch Tag und Nacht vor dem Alter. Er gelangt zu vollem Alter.

Es ist der ›Beender‹; denn es bereitet den Menschen durch Tag und Nacht ein Ende, und sie sterben. Darum ist es der Beender. Wer in dem Jahr den Tod-Beender erkennt, dessen Leben beendet es durch Tag und Nacht nicht vor dem Alter. Er gelangt zu vollem Alter.

Die Götter waren in Furcht vor diesem Beender, dem Tode, dem Jahre, dem Herren der Geschöpfe: daß es uns nur nicht durch Tag und Nacht das Leben beende.

Sie spannten die Opfergewebe aus: das Agnihotra, das Neu- und Vollmondsopfer, die Quartalsopfer, das Tieropfer und

Somaopfer. Sie opferten damit, aber sie erlangten nicht Unsterblichkeit.

Sie schichteten einen Feueraltar und setzten in unbestimmter Zahl die Umfassungsziegel ein, in unbestimmter Zahl die *yajushmatî* genannten, in unbestimmter Zahl die *lokamprina* genannten, so wie jetzt einige die Ziegel in dem Gedanken einsetzen, daß so die Götter taten. Sie erlangten die Unsterblichkeit nicht.

Sie zogen betend und sich kasteiend, um die Unsterblichkeit zu gewinnen, umher. Prajâpati sprach zu ihnen: ›Ihr setzt nicht alle meine Formen ein; ihr nehmt zu viel oder zu wenig. Darum seid ihr nicht unsterblich.‹

Sie sprachen: ›Sage du uns, wie wir alle deine Formen einsetzen sollen.‹

Er sprach: ›Setzet 360 Umfassungsziegel ein; 360 Yajushmatîziegel und dazu 36; sodann 10800 Lokamprinaziegel. Dann werdet ihr alle meine Formen einsetzen, dann werdet ihr unsterblich sein.‹ Die Götter setzten in dieser Weise ein; daher wurden die Götter unsterblich.

Der Tod sprach zu den Göttern: ›So werden alle Menschen unsterblich sein; aber was für ein Anteil wird mir sein?‹ Diese sagten: ›Hinfort wird keiner zusammen mit seinem Körper unsterblich sein. Wenn du diesen Anteil dir nehmen willst, dann wird, abgesehen von seinem Körper, der unsterblich sein, welcher, sei es durch sein Wissen, sei es durch sein Werk, unsterblich wird.‹ Wenn sie sagten, sei es durch sein Wissen, sei es durch sein Werk, so ist Agni (der Feueraltar) sein Wissen, Agni sein Werk. (X, 4, 3, 1ff.)

Schöpfungsmythe im Anschluss an die Feuerschichtung

Nicht war diese Welt am Anfange nicht; nicht war sie. Diese Welt war am Anfange, und sie war nicht: es war nur der Geist, der existierte (Manas).

Darum wurde von einem Propheten gesagt: ›Nicht gab es damals Sein noch Nichtsein‹; denn der Geist war nicht Sein und war nicht Nichtsein.

Dieser Geist war geschaffen und wünschte sichtbar zu werden, deutlicher, körperlicher. Er suchte nach einem Selbst, er tat Buße und wurde körperlicher. Er sah seine 36000 Arkafeuer[34], die aus Geist gebildet, aus Geist geschichtet waren. Sie wurden nur im Geiste angelegt, nur im Geiste geschichtet; im Geist wurden bei ihnen die Somabecher geschöpft; im Geist sang und rezitierte man; welche Handlung man beim Opfer vollzieht, welche Opferhandlung, die wurde bei diesen aus Geist gebildeten, im Geist geschichteten im Geist rein geistig vollzogen ...

Dieser Geist schuf die Stimme. Die Stimme war geschaffen und wünschte sichtbar zu werden, deutlicher, körperlicher. Sie suchte nach einem Selbst. Sie tat Buße und wurde körperlicher. Sie sah ihre 36000 Arkafeuer, die aus der Stimme gebildet, aus der Stimme geschichtet waren. Sie wurden nur mit der Stimme angelegt, nur mit der Stimme geschichtet; nur mit der Stimme wurden bei ihnen die Becher geschöpft; mit der Stimme sang und rezitierte man; welche Handlung man beim Opfer vollzieht, welche Opferhandlung, die wurde bei diesen aus Stimme gebildeten, aus Stimme geschichteten nur mit der Stimme rein stimmhaft vollzogen ...

Die Stimme schuf den Hauch. Der Hauch war geschaffen und wünschte sichtbar zu werden ...[35]

Der Hauch schuf das Auge. Das Auge war geschaffen und wünschte sichtbar zu werden ...

Das Auge schuf das Ohr. Das Ohr war geschaffen und wünschte sichtbar zu werden ...

Das Ohr schuf das Werk. Das Werk verdichtete sich zu Lebenshauchen, zum Gefäß, zum Speisebehälter (?). Das Werk ist unvollständig ohne die Lebenshauche; die Lebenshauche sind unvollständig ohne das Werk.

Das Werk war geschaffen und wünschte sichtbar zu werden ...

Das Werk schuf das Feuer. Das Feuer ist sichtbarer als das Werk; denn durch das Werk bringen sie das Feuer hervor, durch das Werk zünden sie es an.

Das Feuer war geschaffen und wünschte sichtbar zu werden . . .

Diese Feuer sind durch Wissen geschichtet. Alle Wesen schichten sie immerdar für den, der die Feuer in dieser Weise kennt, auch für den, der schläft. Durch Wissen allein sind sie für den, der so weiß, geschichtet. (X, 5, 3, 1ff.)

Es folgt die Identifikation des Feueraltars mit Erde, Luftraum, Himmel, Sonne, Gestirnen usw.

Die Lehre des Shândilya

(Eine andere Version Chândogya-Upanishad 3, 14)

Er soll als die Wahrheit das Brahman verehren. Der Mensch besteht aus Wollen, und so groß wie das Wollen ist, mit dem er aus dieser Welt scheidet, so groß ist das Wollen, mit dem er nach dem Tode in jene Welt eingeht.

Er soll so das Selbst verehren: Verstand ist sein Stoff, der Hauch sein Leib, Glanz seine Erscheinungsform, der Äther [der Raum] sein Selbst. Es wandelt nach Belieben seine Gestalt, ist schnell wie der Geist, ist wahrhaften Entschlusses, wahrhaften Verhaltens, voll jeglichen Geruches und voll jeglichen Geschmackes, nach allen Himmelsrichtungen sich weitend, alles erfüllend, wortlos, achtlos. Wie ein Reis- oder Gersten- oder Hirsekorn oder eines Hirsekorns Korn, ist im Innern der Purusha [das Selbst], golden wie ein rauchloses Licht, größer als der Himmel, größer als der Luftraum, größer als die Erde, größer als alle Wesen. Es ist das Selbst des Hauches, es ist mein Selbst. Zu diesem Selbst werde ich beim Scheiden von hier gelangen. Wem solche Gewißheit ist, dem bleibt kein Zweifel. So sagt Shândilya; so ist es. (X, 6, 3)

Schöpfungsmythe

Die Welt war anfangs Wasser, eine wogende Flut. Es wünschte sich fortzupflanzen, kasteite sich und tat Buße. Als es Buße tat, entstand ein goldenes Ei. Es gab damals noch kein ›Jahr‹. Das goldene Ei schwamm solange umher, als die Zeit eines Jahres beträgt.

Daraus entstand in einem Jahre ein Mann, der Prajâpati. Darum gebiert innerhalb eines Jahres eine Frau oder Kuh oder Stute; denn innerhalb eines Jahres entstand Prajâpati. Er durchbrach das goldene Ei, fand aber keinen Halt. Da trug ihn, umherschwimmend, für die Dauer eines Jahres das goldene Ei. Nach Jahresfrist wünschte er zu sprechen. Er sagte *bhûr*, da entstand die Erde; er sagte *bhuvar*, da entstand der Luftraum; er sagte *suvar*, da entstand der Himmel. Darum wünscht ein Kind nach Jahresfrist zu sprechen; denn nach Jahresfrist sprach Prajâpati.

Als er zum erstenmal sprach, sagte Prajâpati ein und zwei Silben; darum sagt ein Kind, wenn es zum erstenmal spricht, ein und zwei Silben.

Die fünf Silben (*bhûr* usw.) machte er zu den fünf Jahreszeiten. Das sind diese fünf Jahreszeiten. Prajâpati erhob sich nach Jahresfrist so über diese entstandenen Welten; darum wünscht ein Kind nach Jahresfrist sich zu erheben; denn nach Jahresfrist erhob sich Prajâpati.

Er wurde tausend Jahre. Wie einer zum anderen Ufer eines Flusses hinübersieht, so sah er zum anderen Ufer seines Lebens.

Singend und sich kasteiend wandelte er, sich Nachkommenschaft wünschend, umher. Er legte in sich Zeugungskraft; er schuf mit dem Munde die Götter (*deva*); diese Götter wurden für den Himmel (*div*) geschaffen, darum sind die Devas Devas. Als sie für den Himmel geschaffen wurden, war es für den, der sie geschaffen hatte, wie Tag. Darum sind die Devas Devas, weil es für den, der sie geschaffen hatte, wie Tag war.

Mit seinem abwärts gehenden Hauch schuf er die Asuras; diese wurden für die Erde geschaffen. Für ihn, der sie erschaffen hatte, war es gleichsam dunkel.

Er wußte: ›Ich schuf ein Übel, weil es für mich nach ihrer Erschaffung gleichsam dunkel wurde.‹ Daher durchbohrte er sie mit Unheil, daher gingen sie zugrunde. Darum sind die Geschichten von den Göttern und Asuras, die man teils im Epos, teils in der Sage erzählt, nicht wahr. Denn ›daher durchbohrte Prajâpati sie mit Unheil, daher gingen sie zugrunde‹. Das hat ein Prophet in dem Verse ausgesprochen: ›Nicht hast du irgendeinen Tag gekämpft, nicht lebt dir, Herr, ein Feind. Eine Täuschung nur ist es, was man von deinen Kämpfen sagt: nicht heut noch früher hast du einen Feind bekämpft.‹[36]

Was für ihn nach Schaffung der Götter wie Tag war, das machte er zum Tage; was für ihn nach Schaffung der Asuras wie dunkel war, das machte er zur Nacht. Das ist Tag und Nacht. (XI, 1, 6, 1ff.)

Das Brahman und die Götter

Brahman dringt Name und Gestalt gebend in die Welten ein. Diese Vorstellung wird später in bestimmterer Form in der Chândogya-Upanishad VI, 2 entwickelt, wonach das als Gottheit gedachte Sein die von ihm zuerst geschaffenen drei Elemente Feuer, Wasser, Nahrung mit seinem Selbst durchdringt und Name und Gestalt, d. h. Individualität schafft. In dem Buddhismus erscheint Name und Gestalt als drittes Glied, das aus dem Erkennen entsteht und selbst wieder Ausgang der sechs Organe wird (*Oldenberg*, Buddha[5] S. 270ff.).

Die Welt war anfangs Brahman. Es schuf die Götter und nach ihrer Schöpfung setzte es sie einzeln in die Welten ein, in diese Welt den Agni, den Vâyu in den Luftraum, an den Himmel die Sonne.

In die Welten, welche höher als diese (drei) waren, setzte es die Götter ein, welche höher als diese (drei) waren. So wie hier die Welten sichtbar sind und ihre Götter, so sind jene Welten und deren Götter, welche er in sie einsetzte, sichtbar.

Das Brahman aber selbst ging nach der entgegengesetzten Seite. Nach der entgegengesetzten Seite gegangen, überlegte es: ›Wie möchte ich in diese Welten wieder hinabgehen?‹ Es ging mittels zweier Dinge, nämlich mittels Name und Gestalt in sie wieder hinab. Was immer einen Namen trägt, das ist eben Name; was aber keinen Namen trägt und, indem man sich sagt, ›diese Gestalt ist das‹, an seiner Gestalt erkennbar ist, das ist Gestalt. So weit reicht diese Welt, wie Name und Gestalt.

Das sind die beiden großen Mächte Brahmans. Wer diese beiden Mächte Brahmans kennt, wird zur großen Macht.

Das sind die beiden großen Geheimkräfte Brahmans. Wer diese beiden großen Geheimkräfte Brahmans kennt, wird zur großen Geheimkraft. Von diesen beiden ist eins das wichtigere, die Gestalt. Denn auch was Name ist, ist Gestalt. Wer das wichtigere von beiden kennt, wird wichtiger als der, dem er überlegen zu werden wünscht.

Die Götter waren anfangs sterblich. Als sie durch das Brahman es erreichten, wurden sie unsterblich. Wenn er dem Geist ein Gußopfer bringt – Geist ist Gestalt, durch den Geist erkennt er: ›das ist diese Gestalt‹ –, dadurch erlangt er die Gestalt. Wenn er der Rede ein Gußopfer bringt – Rede ist Name, durch die Rede erfaßt er den Namen –, dadurch erlangt er den Namen. So weit reicht dies All, wie Name und Gestalt. Das alles erlangt er. Das alles ist unvergänglich. Dadurch wird ihm unvergängliches gutes Werk, unvergängliche Welt zuteil. (XI, 2, 3, 1ff.)

Was ist besser als Opfer für die Götter?

Da sagt man: ›Wer steht höher, der, welcher sich selbst, oder der, welcher den Göttern opfert?‹ Darauf soll man erwidern: ›Der, welcher sich selbst opfert.‹ Sich selbst opfert der, welcher weiß: ›Dieser mein Leib wird hierdurch bereitet, dieser mein Leib wird dadurch angelegt.‹ Wie eine Schlange die Haut, so legt er diesen sterblichen, schlechten Leib ab. Aus Versen, Opfersprüchen, Spenden bestehend, erlangt er die Himmelswelt.

Der opfert den Göttern, welcher weiß: ›Den Göttern opfere ich hier, die Götter verehre ich.‹ Wie ein Geringerer einem Höheren Tribut bringt oder wie ein Vaishya einem Könige Tribut bringt, so ist dieser. Eine solche Welt, wie der andere, gewinnt er nicht. (XI, 2, 6, 13)

Lob des Studiums

Erwünscht sind Studium und Unterricht. Man wird aufmerksam, unabhängig, erwirbt Tag für Tag Vermögen, schläft gut und wird sein eigener bester Arzt: Selbstbeherrschung, Zielbewußtsein[37], Wachstum der Erkenntnis, Ansehen, Reifen der Menschheit (sind damit verbunden). Wachsende Erkenntnis entwickelt in dem Brahmanen vier Pflichten: Brahmanenwürde, entsprechendes Verhalten, Ansehen, Reifen der Menschheit (durch Belehrung). Die reifende Menschheit lohnt dem Brahmanen durch vier Pflichten: Ehrerbietung, Freigebigkeit, Sicherheit gegen Vergewaltigung und gegen Mord.

Was immer die Mühen zwischen Himmel und Erde sein mögen, deren höchste Stufe ist das Studium; das Ziel dessen, der so wissend sein Studium betreibt. Darum soll einer sein Studium betreiben.

Was immer er vom Veda studiert, das hat er als ein Opfer dargebracht, wer so wissend sein Studium betreibt. Darum soll er sein Studium treiben.

Wenn einer auch gesalbt, geputzt, behaglich auf bequemem Lager liegend sein Studium treibt, bis in die Fingerspitzen kasteit er sich, wer so wissend sein Studium treibt. Darum soll einer sein Studium treiben.

Honig sind die Verse des Rigveda, Butter die Verse des Sâman, Ambrosia die Sprüche des Yajus; wenn er die

Dialoge studiert, so ist das Reis mit Milch und Reis mit Fleisch.

Mit Honig erfreut der die Götter, wer so wissend die Verse des Rigveda Tag für Tag als Studium treibt. Erfreut erfreuen ihn diese mit allen Wünschen, mit allen Genüssen.

Mit Butter erfreut der die Götter, der so wissend die Verse des Sâman als Studium Tag für Tag treibt. Erfreut erfreuen ihn diese mit allen Wünschen, mit allen Genüssen.

Mit Ambrosia erfreut der die Götter, der so wissend die Sprüche des Yajus als Studium Tag für Tag treibt. Erfreut erfreuen ihn diese mit allen Wünschen, mit allen Genüssen.

Mit Milchreis und Fleischreis erfreut der die Götter, der so wissend die Dialoge, die Erzählungen aus Mythe und Geschichte als Studium Tag für Tag treibt. Erfreut erfreuen ihn diese mit allen Wünschen, mit allen Genüssen.

Dahin wandeln die Wasser, es wandelt die Sonne, es wandelt der Mond, es wandeln die Sterne. Als wollten diese Gottheiten nicht wandeln, nicht wirken, so wäre an dem Tage ein Brahmane, an dem er sein Studium nicht treibt. Darum soll einer sein Studium treiben. Darum soll man wenigstens einen Vers des Rigveda, einen Spruch des Yajurveda, einen Vers des Sâmaveda, eine Gâthâ oder eine Episode (?) sagen, um das Gelübde nicht zu unterbrechen. (XI, 5, 7)

Eine Opferunterredung über die Götter

Janaka, der Videha, brachte ein Opfer mit großen Opferlöhnen dar. Tausend Rinder hielt er zurück und sprach: ›Der Beste unter euch, ihr Brahmanen, soll sie sich heimtreiben.‹

Yâjnavalkya sprach: ›Her mit ihnen!‹ Sie sprachen: ›Bist du denn, Yâjnavalkya, unter uns der größte Brahmane?‹ Er sprach: ›Verehrung dem größten Brahmanen. Ich wünsche die Rinder.‹

Sie sprachen: ›Wer von uns wird diesen fragen?‹ Da sprach

der kluge Shâkalya: ›Ich.‹ Den erblickte er und sprach: ›Haben dich, Shâkalya, die Brahmanen zur Feuerzange gemacht?‹

Er sprach: »Wieviel gibt es Götter, Yâjnavalkya?« ›303 und 3003.‹ »Ja«, sprach er. »Ich frage[38], wieviel Götter gibt es, Yâjnavalkya?« ›Dreiunddreißig!‹ »Ja«, sprach er. »Ich frage, wieviel Götter gibt es, Yâjnavalkya?« ›Drei!‹ »Ja«, sprach er. »Ich frage, wieviel Götter gibt es, Yâjnavalkya?« ›Zwei!‹ »Ja«, sprach er. »Ich frage, wieviel Götter gibt es, Yâjnavalkya?« ›Eineinhalb!‹ »Ja«, sprach er. »Ich frage, wieviel Götter gibt es, Yâjnavalkya?« ›Einen!‹ »Ja«, sprach er. »Welches sind die 303 und 3003?«

›Soviel sind deren Kräfte. Der Götter sind drei und dreißig.‹ »Welches sind die drei und dreißig?« ›Acht Vasus, elf Rudras, zwölf Âdityas: das sind einunddreißig, Indra und Prajâpati sind die zwei- und dreiunddreißigsten.‹

›Wer sind die Vasus?‹ »Agni und die Erde, Vâyu und der Luftraum, Âditya und der Himmel, Mond und Sterne. Diese beherbergen alles. Weil sie alles beherbergen, darum heißen sie Vasus[39].«

›Wer sind die Rudras?‹ »Die zehn Hauche im Menschen hier, die Seele (Âtman) ist der elfte. Wenn sie aus diesem sterblichen Leib ausziehen, dann lassen sie weinen. Weil sie weinen lassen, darum heißen sie Rudras[39].«

›Wer sind die Âdityas?‹ »Die zwölf Monate des Jahres, das sind die Âdityas. Diese gehen dahin, indem sie alles an sich nehmen. Weil sie alles an sich nehmend dahingehen, darum sind sie die Âdityas.«

›Wer ist Indra, wer Prajâpati?‹ »Indra ist der Donner, Prajâpati das Opfer.« ›Wer ist der Donner?‹ »Der Blitz.« ›Wer ist das Opfer?‹ »Die Tiere.«

›Wer sind die drei Götter?‹ »Die drei Welten; in diesen sind alle diese Götter.« ›Wer sind diese beiden Götter?‹ »Speise sowohl als Atem.« ›Wer die anderthalb?‹ »Der, der hier weht.« ›Wer der eine Gott?‹ »Der Atem.«

Er sprach: ›Du hast mich nach einer Gottheit gefragt, nach der man nicht fragen darf. Du wirst vor dem soundsovielten Tage sterben. Nicht werden deine Gebeine in deine Wohnung gelangen.‹ Er starb in dieser Weise. Räuber schleppten, ihn verwechselnd, seine Gebeine fort. Darum soll einer nicht durch Reden herausfordern. Und wer so weiß, steht ja am höchsten. (XI, 6, 3, 1ff.)

TAITTIRÎYA-BRÂHMANA

Schöpfung

Aus dem Nichtseienden entstand das Manas; das Manas schuf den Prajâpati, Prajâpati schuf die Geschöpfe. Alles, was besteht, ist im Manas zuoberst gegründet. Das ist *das* Brahman, welches den Namen ›Morgen reicher‹ führt. Jeder neue Morgen leuchtet für ihn reicher auf. Er pflanzt sich fort in Kindern und Vieh. (II, 2, 9, 10)

Gespräch anlässlich der Schichtung des Sâvitra genannten Feuers

Atyanha, der Sohn des Aruna, teilte einem Schüler einige Fragen mit und sandte ihn aus: ›Gehe und frage den Plaksha Daiyâmpâti: »Kennst du das Sâvitrafeuer oder kennst du es nicht?« Er ging zu ihm und fragte ihn: ›Der Meister schickte mich: Kennst du das Sâvitrafeuer oder kennst du es nicht?‹ Der sprach: »Ich kenne es.«

›Worauf ist es gegründet?‹ »Auf dem, der jenseit des Dunstkreises[40] liegt.« ›Wer ist das?‹ Er sprach: »Der, der dort brennt, das ist der, der jenseit des Dunstkreises liegt.« ›Der liegt diesseit des Dunstkreises; worauf aber ist jenes gegründet?‹ »Auf die Wahrheit.« ›Was ist die Wahrheit?‹ »Kasteiung.« ›Worauf ist die Kasteiung gegründet?‹ »Auf die Kraft.« ›Welche Kraft ist das?‹ »Der Hauch.« ›Nicht frage weiter nach dem Hauch, sagte zu mir der Meister.‹ Da sprach Plaksha Daiyâmpâti: »Hättest du, Schüler, weiter nach dem Hauche gefragt, wäre dein Kopf abgesprungen und ich würde höher als der Meister sein, der über das Sâvitrafeuer sich mit mir zu unterreden wünschte.« Darum soll man über das Sâvitrafeuer sich nicht unterreden. Wer über das Sâvitrafeuer mit einem dessen Kundigen sich unterredet, legt in ihn den Erfolg. Jenes, das dort brennt, gewährt ihm den Erfolg; Erfolg gewährt ihm Kasteiung; Kasteiung gewährt ihm Kraft; Kraft gewährt ihm Hauch.

(III, 10, 9)

Brahman

Die ersten Weltschöpfer hielten eine Opfersitzung, die tausend Jahre währte, indem sie Soma preßten. Daraus wurde der Hüter der Welt geboren, der goldene Vogel, Brahman mit Namen. Durch ihn brennt die Sonne, von seiner Macht entzündet ... Diesen hohen, alles durchdringenden Âtman versteht der bei seinem Tode nicht, der nicht den Veda kennt. Er ist die beständige Macht des Brahmakenners. Er wächst durch Werke nicht und wird dadurch nicht kleiner. Der Âtman findet für ihn den Weg. Hat er ihn gefunden, so wird er durch schlechtes Tun nicht befleckt. (III, 12, 9, 7)

AUS DER UPANISHADZEIT

BRIHAD-ÂRANYAKA-UPANISHAD

(MÂDHYANDINAREZENSION)

Gedanken über die Entstehung der Schöpfung aus dem Âtman[41]

Am Anfang war hier nur das Selbst; es war wie ein Mensch. Es blickte um sich und sah nichts anderes als sich selbst. ›Das bin ich‹, war sein erstes Wort. Daher erhielt es den Namen ›Ich‹. Darum sagt auch jetzt jemand, der begrüßt worden ist, zuerst, ›ich bin der‹ und nennt dann den andern Namen, den er führt.

Weil es aller Welt zuvor alle Übel verbrannte, darum ist es ein ›purusha[42]‹. Der, wer so weiß, verbrennt wahrlich den, der ihm voraus sein will.

Es fürchtete sich. Darum fürchtet sich einer, der allein ist. Er überlegte: ›Wenn es nichts anderes gibt als mich, vor wem fürchte ich mich denn da?‹ Da wich seine Furcht; denn vor wem hätte es sich fürchten sollen? Man fürchtet sich doch nur vor einem Zweiten.

Es empfand keine Freude. Darum empfindet ein Einsamer keine Freude. Es wünschte sich einen Zweiten. Es war so groß wie Mann und Frau bei der Umarmung.

Es ließ sich in zwei Teile zerfallen. So entstanden Gatte und Gattin. ›Darum sind wir beide hier nur wie ein Halbstück[43]‹, sprach Yâjnavalkya. Darum wird dieser Raum durch die Frau ausgefüllt. Er nahte ihr. Darauf entstanden die Menschen.

Sie überlegte: ›Wie kann er mir nahen, nachdem er mich aus sich selbst geschaffen hat? Wohlan, ich will mich verbergen.‹

Sie wurde eine Kuh, er ein Stier. Wieder nahte er ihr, darauf entstanden die Rinder.

Sie ward zu einer Stute, er zu einem Hengste, sie zu einer Eselin, er zu einem Esel. Wiederum nahte er ihr. Darauf entstanden die Einhufer.

Sie wurde eine Ziege, er ein Bock; sie eine Schafmutter, er ein Widder. Wieder nahte er ihr, darauf entstanden Ziegen und Schafe. In dieser Weise erschuf es alles, was sich paart, bis hin zu den Ameisen ...

Wenn sie nun hier in bezug auf den einzelnen Gott sagen, opfere ›diesem oder jenem‹, so ist der nur eine Einzelschöpfung von ihm; denn es begreift alle Götter in sich...

Daß es die höheren Götter schuf, ist eine Überschöpfung Brahmans. Weil es als ein Sterblicher die Unsterblichen schuf, darum ist es eine Überschöpfung. Wer so weiß, ist in dieser seiner Überschöpfung enthalten.

Die Welt war damals noch nicht (nach Name und Gestalt) geschieden. Sie schied sich nach Name und Gestalt: ›Er heißt soundso und hat die und die Gestalt.‹ So unterscheidet sich auch jetzt noch diese Welt nach Name und Gestalt: ›Er heißt soundso und hat die und die Gestalt.‹

Das (Selbst) ist (in alles) bis in die Nagelspitzen eingegangen. Wie das Messer in der Scheide verborgen liegt, wie das Feuer im Reibholz, so nimmt man es nicht wahr. Denn es ist zerteilt.

Wenn es atmet, ist ›Atem‹ sein Name; wenn es spricht, ist ›Rede‹ sein Name; wenn es sieht, ist ›Auge‹ sein Name; wenn es hört, ist ›Ohr‹ sein Name; wenn es denkt, ist ›Verstand‹ sein Name. All das sind nur Namen für seine Tätigkeiten. Der weiß das nicht, der nur die Einzelerscheinung verehrt. Denn es ist zerteilt und tritt nur als Einzelerscheinung auf.

Er soll nur den Âtman verehren; denn in ihm werden all diese Einzelerscheinungen (Atem, Rede, Auge) zur Einheit. Darum ist der Âtman ein Weg zu allem. Denn man erkennt durch ihn alles, wie man mit Hilfe der Fußspur (jemanden) findet. Wer so weiß, gewinnt Ehre und Ruhm.

Dieser selbige ist lieber als ein Sohn, lieber als Besitz, lieber als alles andere. Das Vertrautere ist der Âtman. Wollte man von dem, der einen anderen als den Âtman für lieb erklärt, sagen, daß er das Liebe beeinträchtige, so wäre man dazu berechtigt. Nur den Âtman soll man als Liebes verehren. Wer nur den Âtman als Liebes verehrt, dem wird Liebes nicht verkümmert.

Da sagt man: ›Wenn Menschen mit Hilfe der Wissenschaft vom Brahman glauben, zum All werden zu können, was wußte denn das Brahman, dadurch es zur ganzen Welt wurde?‹

Nur das Brahman war hier am Anfang. Dies kannte nur sich selbst: ›Ich bin Brahman.‹ Darum wurde es zu der ganzen Welt. Wer immer von den Göttern das erkannte, der wurde dazu (zur ganzen Welt). Ebenso ist es bei den Rishis, ebenso bei den Menschen.

Vâmadeva, der Rishi, erkannte das und vergegenwärtigte sich: ›Ich war Manu einst und Sûrya (RiV. IV, 26, 1)[44]. Darum wird auch jetzt der, der so weiß: ›ich bin Brahman‹, zur ganzen Welt. Auch die Götter sind nicht imstande, dies Werden zu verhindern. Denn er ist ihr Âtman. Aber wer eine andere Gottheit verehrt und denkt: ›sie ist etwas anderes als ich‹, der hat kein Verständnis. Er ist wie ein Nutztier für die Götter. Wie viele Tiere dem Menschen zum Nutzen dienen, so dient der einzelne Mensch den Göttern zum Nutzen. Wenn nur ein einzelnes Tier ihnen genommen wird, so ist das ihnen schon nicht angenehm, geschweige denn, wenn viele ihnen genommen werden. Darum ist es ihnen nicht lieb, wenn die Menschen zu dieser Erkenntnis gelangen.

Am Anfang war hier nur das Brahman; es war allein. Da es allein war, entfaltete es sich nicht. Es schuf als höhere Form darüber den Kriegerstand, nämlich die Fürsten unter den Göttern: Indra, Varuna, Soma, Rudra, Parjanya, Yama, Mrityu, Îshâna. Daher gibt es nichts Höheres als den Kriegerstand; daher verehrt bei dem Fest der Königsweihe der Brahmane, indem er unter ihm steht, den Kshatriya; dem Kriegerstand verleiht er damit Ruhm. Das Brahman ist die Geburtsstätte des Kriegerstandes. Darum stützt der König, auch wenn er zur höchsten Höhe schreitet, sich am Ende doch auf das Brahman. Wer den Brahmanen verletzt[45], der schädigt seine eigene Geburtsstätte damit. Der ist schlechter noch, als wenn er einen Vornehmen verletzt hätte.

Es war noch nicht entfaltet; es schuf das Volk, die Göttergeschlechter nämlich, die man in Gruppen aufzählt: die Vasus, Rudras, Âdityas, Allgötter und Maruts.

Es war noch nicht entfaltet; es schuf die Kaste der Shûdras (Knechte), den Pûshan. Diese Erde ist Pûshan. Diese Erde nährt alles, was da ist.

Es war noch nicht entfaltet; es schuf als höhere Form darüber das Recht. Das Recht ist die Herrschaft über die Herrschaft. Darum gibt es nichts Höheres als das Recht. Durch das Recht beherrscht[46] der Schwächere den Stärkeren wie durch den König. Das Recht ist gleich mit Wahrheit. Darum heißt es von einem, der die Wahrheit sagt, daß er Recht spreche, oder von einem, der Recht spricht, daß er die Wahrheit sage. Beides ist ein und dasselbe.

Dasselbe ist Brahman, Herrschaft, Volk, Knecht. Durch Agni erschien es als Brahman unter den Göttern, als Brahmane unter den Menschen, durch den Kshatriya als Kshatriya, durch den Vaishya als Vaishya, durch dnn Shûdra als Shûdra. Darum begehrt man unter den Göttern eine Stätte bei Agni, unter den Menschen eine bei einem Brahmanen. Denn in diesen beiden Formen zeigte sich das Brahman[47].

Wer aus dieser Welt scheidet, ohne seine eigentliche Welt erkannt zu haben, dem nützt diese, weil sie nicht erkannt ist, so wenig wie der Veda, den man nicht studiert hat, oder eine Arbeit, die man unterlassen hat. Welch großes, verdienstliches Werk ein in dieser Weise Unkundiger auch vollbringen mag, es wird am Ende doch zunichte. Nur den Âtman soll er als die Welt verehren. Das Werk dessen, der nur den Âtman als die Welt verehrt, wird nicht zunichte. Denn aus diesem Âtman schafft er sich alles, was immer er nur begehrt.

Dieses Selbst ist eine Stätte für alle Wesen. Wenn man opfert, wenn man verehrt, dann ist es die Stätte für die Götter; wenn man lernt, dann ist es die Stätte für die Rishis; wenn man Nachkommen wünscht, wenn man den Manen hinstreut, dann ist es die Stätte für die Manen; wenn man Menschen beherbergt, wenn man ihnen Speise gibt, dann für die Menschen; wenn man für die Nutztiere Gras und Wasser sucht, dann für die Nutztiere; wenn wilde Tiere, Vögel bis hin zu den Ameisen, in seiner Behausung ihren Unterhalt finden, dann ist es die Stätte für sie. Wie einer seiner Stätte Heil wünscht, so wünschen dem, der so weiß, alle Wesen immer Heil. Das ist es, was man erkannt und erwogen hat.

Nur das Selbst war hier am Anfang; es war allein. Es wünschte, ›möchte mir eine Gattin sein, dann würde ich mich fortpflanzen, dann würde mir Reichtum sein, dann würde ich Werke verrichten‹. So war sein Wunsch. Trotz aller Wünsche möchte einer nicht mehr als das erreichen. Darum wünscht auch jetzt ein Lediger: ›Möchte mir doch eine Gattin sein, dann würde ich mich fortpflanzen, dann würde mir Reichtum sein, dann würde ich Werke verrichten.‹ Solange einer jedes Einzelne von diesen Dingen nicht erlangt, hält er sich für unvollkommen. Darin besteht jemandes Vollkommenheit:

Der Verstand ist sein Selbst, die Rede seine Frau, der Hauch seine Nachkommenschaft; sein Auge das menschliche Vermögen; denn mit dem Auge gewinnt er es; das Ohr sein göttliches Vermögen; denn mit dem Ohr vernimmt er es; sein Ich ist sein Werk, denn mit seinem Ich vollzieht er es.

Fünffach ist das Opfer (an Götter, Rishis, Manen, Menschen, Tiere); fünferlei sind die Opfertiere (Mensch, Roß, Rind, Schaf, Ziege); fünffach ist der Mensch (Verstand, Rede usw.). Fünffach ist das alles, was da ist. Alles erreicht der, der so weiß. (I, 4)

Was ist das Brahman?

Driptabâlâki war ein gelehrter Gârgyasproß. Er sprach zu Ajâtashatru von Kâshî (Benares): ›Ich will dir das Brahman erklären.‹ Ajâtashatru sprach zu ihm: ›Ich gebe dir tausend für diese Rede; die Leute laufen herbei mit dem Rufe: ‚ein Janaka, ein Janaka'[48]‹.

Gârgya sprach: ›Den Purusha[49] in der *Sonne*, den verehre ich als Brahman.‹ Ajâtashatru sprach: ›Rede nicht mit mir von diesem, er überragt alle Wesen, ist ihr Oberhaupt, ihr König. Als den verehre ich ihn.‹ Wer ihn in dieser Weise verehrt, überragt alle Wesen, wird ihr Oberhaupt, ihr König.

Gârgya sprach: ›Den Purusha in dem *Monde*, den verehre ich als Brahman.‹ Ajâtashatru sprach: ›Rede nicht mit mir von diesem. Er ist der große, in ein weißes Gewand gekleidete König Soma. Als den verehre ich ihn.‹ Wer ihn in dieser Weise verehrt, für den wird er Tag fürTag gepreßt und weiter gepreßt; seine Speise versiegt nicht.

Gârgya sprach: ›Den Purusha im *Blitz*, den verehre ich als Brahman.‹ Ajâtashatru sprach: ›Rede nicht mit mir von diesem. Als den ‚Leuchtenden' verehre ich ihn. Wer ihn in dieser Weise verehrt, wird leuchten, dessen Nachkommenschaft wird leuchten.‹

Gârgya sprach: ›Den Purusha im *Raum*, den verehre ich als Brahman.‹ Ajâtashatru sprach: ›Rede nicht mit mir von diesem; als den Vollen, Unbeweglichen verehre ich ihn.‹ Wer ihn in dieser Weise verehrt, der erreicht Fülle an Nachkommenschaft und Nutzvieh. Seine Nachkommenschaft schwindet nicht aus dieser Welt.

Gârgya sprach: ›Den Purusha im *Winde*, den verehre ich

als Brahman.‹ Ajâtashatru sprach: ›Rede nicht mit mir von diesem. Als ‚Indra Vaikuntha', als das unbesiegbare Heer, verehre ich ihn.‹ Wer ihn in dieser Weise verehrt, ist siegreich, unbezwinglich und bezwingt die anderen.

Gârgya sprach: ›Den Purusha im *Feuer* verehre ich als Brahman.‹ Ajâtashatru sprach: ›Rede nicht mit mir von diesem. Als den ‚Allgewaltigen' verehre ich ihn.‹ Wer ihn in dieser Weise verehrt, wird allgewaltig. Allgewaltig wird seine Nachkommenschaft.

Gârgya sprach: ›Den Purusha in den *Wassern*, den verehre ich als Brahman.‹ Ajâtashatru sprach: ›Rede nicht mit mir von diesem. Als das Gegenbild verehre ich ihn.‹ Wer ihn in dieser Weise verehrt, dem begegnet Entsprechendes, nicht Widersprechendes. Ein ihm Entsprechender wird ihm geboren.

Gârgya sprach: ›Den Purusha im *Spiegel*, den verehre ich als Brahman.‹ Ajâtashatru sprach: ›Rede nicht mit mir von diesem. Als den Strahlenden verehre ich ihn.‹ Wer ihn in dieser Weise verehrt, der wird strahlend. Strahlend wird seine Nachkommenschaft. Er überstrahlt alle, mit denen er zusammenkommt.

Gârgya sprach: ›Den Purusha in den *Weltgegenden*, den verehre ich als Brahman.‹ Ajâtashatru sprach: ›Rede nicht mit mir von diesem. Ich verehre ihn als den unzertrennlichen Gefährten.‹ Wer ihn in dieser Weise verehrt, der hat einen Gefährten, und seine Gefolgschaft weicht nicht von ihm.

Gârgya sprach: ›Den *Schall*, der hinter dem Schreitenden her sich erhebt, den verehre ich als Brahman.‹ Ajâtashatru sprach: ›Rede nicht mit mir von diesem. Als das Leben verehre ich ihn.‹ Wer ihn in dieser Weise verehrt, der erreicht in dieser Welt ein volles Alter. Nicht verläßt ihn der Hauch vor der Zeit.

Gârgya sprach: ›Den Purusha, der als *Schatten* erscheint, verehre ich als das Brahman.‹ Ajâtashatru sprach: ›Rede nicht mit mir von diesem. Als den Tod verehre ich ihn.‹

Wer ihn in dieser Weise verehrt, der erreicht in der Welt ein volles Alter. Nicht naht ihm der Tod vor der Zeit.

Gârgya sprach: ›Den Purusha in der *Person* (*âtmani*), den verehre ich als Brahman.‹ Ajâtashatru sprach: ›Rede nicht mit mir von diesem. Als den Persönlichen (mit einem individuellen Selbst Behafteten) verehre ich ihn. Wer ihn in dieser Weise verehrt, wird mit Persönlichkeit erfüllt, dessen Nachkommen sind mit Persönlichkeit erfüllt.‹ Da schwieg Gârgya.

Da sprach Ajâtashatru: ›Ist das alles?‹ ›Das ist alles!‹ ›Damit ist aber nichts erkannt.‹ Da sprach Gârgya: ›Ich will zu dir in die Lehre kommen.‹

Da sprach Ajâtashatru: ›Es ist gegen die Natur, daß ein Brahmane zu einem Kshatriya in die Lehre geht in dem Gedanken: er wird mir das Brahman verkünden. Doch will ich es dir auseinandersetzen.‹ Er nahm ihn bei der Hand und erhob sich. Sie gingen beide zu einem schlafenden Mann. Ihn rief er mit den (oben angegebenen) Bezeichnungen wie: ›Großer, in ein lichtes Gewand gekleideter König Soma.‹ Der stand nicht auf. Er weckte ihn, indem er ihn mit der Hand anstieß. Da stand er auf.

Ajâtashatru sprach: ›Als der hier eingeschlafen war, wo war da der aus Erkenntnis bestehende Geist? Woher kam er jetzt?‹ Gârgya wußte das nicht.

Ajâtashatru sprach: ›Als der hier eingeschlafen war, da nahm der aus Erkenntnis bestehende Geist die Erkenntnis durch Erkenntnis der Hauche an sich und liegt in dem Raum, der im Herzen sich befindet.

Wenn er sie[50] ergreift, dann heißt es, daß der Purusha schläft. Dann hat er den Hauch, die Stimme, das Auge, das Ohr, den Verstand ergriffen.

Wenn er dann im Traum umherwandelt, so sind sein die Welten, scheint er ein großer König, ein großer Brahmane zu sein, scheint er auf und nieder zu steigen.

Wie ein großer König mit seinen Leuten in seinem Lande

nach Belieben umherzieht, zieht dieser mit den Hauchen in seinem Körper nach Belieben umher.

Aber wenn er im Tiefschlaf sich befindet, wenn er von nichts etwas weiß, dann ziehen die zweiundsiebzigtausend *Hitâ* genannten Adern aus dem Herzen zum Herzbeutel. Auf diesen schleicht er heran und ruht im Herzbeutel. Wie ein Prinz, wie ein großer Brahmane auf einem Gipfel der Wonne angelangt ruhen würde, ruht er dort.

Wie eine Spinne den Faden aus sich herausspinnt, wie von einem Feuer kleine Funken ausgehen, so gehen von diesem Selbst alle Hauche aus, alle Welten, alle Götter, alle die einzelnen Selbste. Die Upanishad (die heilige, geheime Lehre) davon ist die Wahrheit der Wahrheit. Die Hauche sind Wahrheit und von diesen ist das Selbst die Wahrheit.‹ (II, 1)

Die beiden Formen des Brahman

Das Brahman hat zwei Erscheinungsformen, eine körperhafte und eine körperlose, eine sterbliche und eine unsterbliche, eine stehende und eine gehende, eine seiende (sat) und eine jenseitige (tyam).

Auf die Welt angewendet:

Alles mit Ausschluß von Wind und Luftraum ist die körperhafte, die sterbliche, die stehende, die seiende Erscheinungsform. Von dieser körperhaften, dieser sterblichen, dieser stehenden, dieser seienden ist der, der dort glüht, (die Sonne), die Essenz; denn er ist die Essenz von dem Seienden.

Wind und Luftraum, das sind die körperlose, unsterbliche, gehende, jenseitige Erscheinungsform. Von dieser körperlosen, dieser unsterblichen, dieser gehenden, dieser jenseitigen ist der Geist (der Purusha) in der Sonnenscheibe die Essenz; denn er ist die Essenz von dem Jenseitigen. Soviel hinsichtlich der Gottheit.

Auf den Menschen angewendet:

In bezug auf die Person heißt es: Alles mit Ausschluß des Hauches und des Raumes im Herzen ist die körperhafte, sterbliche, stehende, seiende Erscheinungsform. Von dieser körperhaften, dieser sterblichen, dieser stehenden, dieser seienden ist das Auge die Essenz; denn es ist die Essenz des Seienden.

Hauch und Raum im Herzen, das ist die körperlose, unsterbliche, gehende, jenseitige Erscheinungsform. Von dieser körperlosen, dieser unsterblichen, dieser gehenden, dieser jenseitigen ist der Geist (der Purusha) im rechten Auge die Essenz; denn es ist die Essenz von dem Jenseitigen.

Die Gestalt dieses Geistes (Purusha) ist wie ein safrangefärbtes Gewand, wie ein weißes Schafsfell, wie ein Indragopakäfer, wie eine Feuerflamme, wie eine Lotusblüte, wie ein einmaliges Aufblitzen. Wer so weiß, dem wird wie ein einmaliges Aufblitzen Glück zuteil.

Der Hinweis darauf ist: *na, na.* Es gibt nichts anderes, das über diesem *iti na* stände[56]. Aber sein Name ist ›die Wahrheit der Wahrheit‹. Die Hauche sind die Wahrheit (Realität); es ist deren Wahrheit. (II, 3)

Vom Tode und vom Karman

Das Karman, die Tat, welche die Seele von Dasein zu Dasein führt und die Ursache der Wiedergeburt wird. Das Thema wird in den Upanishaden zwar öfter berührt, doch, abgesehen von zwei Stellen, nicht eingehender behandelt und stand noch nicht in demselben Maße wie später im Mittelpunkt des Denkens, noch wird es als Quelle des Unglücks derart wie in buddhistischen Texten geschildert. Unsere Stelle betrachtet das Wissen davon noch als Geheimnis. Siehe aber unten IV, 4 und VI mit dem Zitat aus der Chândogya-Upanishad.

›Yâjnavalkya‹, sprach Jâratkarâva Ârtabhâga, ›wenn hier ein Mensch stirbt, was verläßt ihn nicht?‹ »Der Name. Der Name hat kein Ende; die Allgötter haben kein Ende; kein Ende hat die Welt, die er durch ihn ersiegt.«

›Yâjnavalkya‹, sprach er, ›wenn hier ein Mensch stirbt, ziehen die Hauche da aus ihm aus oder nicht?‹ »Nein«, sprach Yâjnavalkya, »sie fließen in ihm zusammen, er schwillt an, bläst sich auf. Aufgeblasen liegt der Tote da.«

›Yâjnavalkya‹, sprach er, ›wenn nun die Stimme des verstorbenen Menschen ins Feuer eingeht, sein Odem in den Wind, sein Auge in die Sonne, sein Geist in den Mond, sein Gehör in die Himmelsgegenden, sein Leib in die Erde, sein Selbst in den Raum, sein Körperhaar in die Pflanzen, sein Kopfhaar in die Bäume, sein Blut und Same ins Wasser, wo bleibt dann der Mensch?‹ »Reiche mir deine Hand, lieber Ârtabhâga«, sprach er. »Wir beide wollen darum allein wissen. Nicht gehört unser Wissen vor die Leute.« Sie gingen beide hinaus und unterredeten sich. Was sie besprachen, davon sprachen sie als von dem Karman; was sie verkündeten, das verkündeten sie als Karman. Gut wird einer durch gute, schlecht durch böse Tat. Darauf schwieg Jâratkarâva Ârtabhâga. (III, 2, 11ff.)

Kahoda und Yâjnavalkya

Da fragte ihn Kahoda, der Sproß des Kaushîtaka: ›Yâjnavalkya‹, sprach er, ›das Brahman, das vor Augen liegt, das sich unseren Augen nicht mehr entzieht, das Selbst, das allem innewohnt, erkläre mir.‹ »Es ist dein Selbst, das allem innewohnt.« ›Was für eins ist das, Yâjnavalkya, das allem innewohnt?‹ »Das, was jenseits von Hunger und Durst, von Kummer, Irrtum, Alter und Tod steht, darin sehen die Brahmanen das Selbst, lassen ab von dem Wunsch nach Kindern, von dem Wunsch nach Besitz, von dem Wunsch nach der Welt und ziehen als Bettler hinaus. Denn der Wunsch nach Söhnen ist ein Wunsch nach Besitz, der Wunsch nach Besitz ist ein Wunsch nach der Welt. Wunsch ist beides. Darum soll ein Gelehrter, der Gelehrsamkeit überdrüssig geworden, in Einfalt verharren. Der Einfalt wie der Gelehrsamkeit überdrüssig geworden, wird er ein schweigender Asket. Des Nichtschweigens wie des Schweigens überdrüssig geworden, wird er ein echter Brahman. Auf welche Weise ist er ein Brahman? So wie er ist, dadurch ist er ein solcher. Alles andere ist leidvoll.« Darauf schwieg Kahoda, der Sproß des Kaushîtaka. (III, 4)

Ushasta Câkrâyana und Yâjnavalkya

Da fragte ihn Ushasta Câkrâyana: ›Yâjnavalkya‹, sprach er, ›das Brahman, das vor Augen liegt, das unseren Augen sich nicht entzieht, das Selbst, das allem innewohnt, erkläre mir.‹ »Es ist dein Selbst, das allem innewohnt.« ›Was für eins ist das, das allem innewohnt?‹ »Das, was durch den Einhauch einatmet, das ist dein Selbst, das allem innewohnt; das, was durch den Aushauch ausatmet, das ist dein Selbst, das allem innewohnt; das, was durch den Zwischenhauch zwischenatmet, das ist dein Selbst, das allem innewohnt...«[51]

Da sprach Ushasta Câkrâyana: ›Damit ist soviel erklärt, wie wenn man sagen wollte: das ist ein Rind, das ist ein Pferd. Das Brahman, das vor Augen liegt, das unsern Augen sich nicht entzieht, das Selbst, das allem innewohnt, erkläre mir.‹ »Es ist dein Selbst, das allem innewohnt.« ›Was für eins ist das, Yâjnavalkya, das allem innewohnt?‹ »Nicht kannst du den Seher des Sehens sehen, nicht den Hörer des Hörens hören, nicht den Denker des Denkens denken, nicht den Erkenner des Erkennens erkennen. Das ist dein Selbst, das allem innewohnt. Alles andere ist leidvoll.« Darauf schwieg Ushasta Câkrâyana. (III, 5)

»Der geheime (innere) Lenker«

Da fragte ihn Uddâlaka Âruni: ›Yâjnavalkya‹, sprach er. ›Wir hielten uns im Lande der Madrer, im Hause des Patancala Kâpya auf zum Studium des Opfers. Dessen Gattin war vom Dämon gepackt. Wir fragten ihn: ›Wer bist du?‹ Er sprach: ›Kabandha Âtharvana.‹

»Der sagte zu Patancala Kâpya und den Opferpriestern: ›Kennst du den Faden, durch den diese und jene Welt und alle Wesen miteinander verknüpft sind?‹ Patancala Kâpya sagte: ›Den weiß ich nicht, Ehrwürdiger.‹«

»Der sprach zu Patancala Kâpya und den Opferpriestern: ›Kennst du, Kâpya, den geheimen Lenker, der diese und jene Welt und alle Wesen innerlich lenkt?‹ Patancala Kâpya antwortete: ›Den weiß ich nicht, Ehrwürdiger.‹«

»Der sprach zu Patancala Kâpya und den Opferpriestern: ›Wer diesen Faden kennt und den geheimen Lenker, der ist kundig des Brahman, kundig der Welt, kundig der Götter, kundig des Veda, kundig des Opfers, kundig der Wesen, kundig des Âtman, kundig des Alls.‹ Er erklärte es ihnen, und ich weiß es. Wenn du, Yâjnavalkya, des Fadens und des geheimen Lenkers unkundig, die für den (gelehrtesten) Brahmanen ausgesetzten Kühe eintreibst, dann wird dein Haupt zerspringen.«[52]

›Ich weiß, Gautama, diesen Faden und den geheimen Lenker.‹ »Jeder kann sagen, ›ich weiß, ich weiß‹. Sage uns nur, wie.«

›Dieser Faden, Gautama, ist der Wind; durch den Wind als Faden, Gautama, ist diese und jene Welt, sind alle Wesen verknüpft. Von einem toten Menschen sagt man darum, daß seine Glieder sich lösen. Denn durch den Wind [=Hauch] als Faden sind sie zusammengeknüpft.‹ »So ist es, Yâjnavalkya. Beschreibe den geheimen Lenker.«

›Der, welcher in der *Erde* wohnend von der Erde verschieden ist, den die Erde nicht kennt, dessen Leib die Erde ist, der die Erde von innen lenkt, das ist dein Âtman, der heimliche Lenker, der unsterbliche.[53]

Der, welcher in den *Gewässern* wohnend von den Gewässern verschieden ist, den die Gewässer nicht kennen, dessen Leib die Gewässer sind, der die Gewässer von innen lenkt, das ist dein Âtman, der heimliche Lenker, der unsterbliche.

Der, welcher im *Feuer* befindlich vom Feuer verschieden ist, den das Feuer nicht kennt, dessen Leib das Feuer ist, der das Feuer von innen lenkt, das ist dein Âtman, der heimliche Lenker, der unsterbliche.

Der, welcher im *Äther* wohnend vom Äther verschieden ist, den der Äther nicht kennt, dessen Leib der Äther ist, der den Äther von innen lenkt, das ist dein Âtman, der heimliche Lenker, der unsterbliche.

Der, welcher im *Winde* wohnend vom Wind verschieden ist, den der Wind nicht kennt, dessen Leib der Wind ist, der den Wind von innen lenkt, das ist dein Âtman, der heimliche Lenker, der unsterbliche.

Der, welcher in der *Sonne* wohnend von der Sonne verschieden ist, den die Sonne nicht kennt, dessen Leib die Sonne ist, der die Sonne von innen lenkt, das ist dein Âtman, der heimliche Lenker, der unsterbliche.

Der, welcher im *Monde und den Sternen* wohnend von Mond und Sternen verschieden ist, den Mond und Sterne nicht kennen, dessen Leib Mond und Sterne sind, der Mond und Sterne von innen lenkt, das ist dein Âtman, der heimliche Lenker, der unsterbliche.

Der, welcher in den *Himmelsgegenden* wohnend von den Himmelsgegenden verschieden ist, den die Himmelsgegenden nicht kennen, dessen Leib die Himmelsgegenden sind, der die Himmelsgegenden von innen lenkt, das ist dein Âtman, der heimliche Lenker, der unsterbliche.

Der, welcher im *Blitz* wohnend vom Blitz verschieden ist, den der Blitz nicht kennt, dessen Leib der Blitz ist, der den Blitz von innen lenkt, das ist dein Âtman, der heimliche Lenker, der unsterbliche.

Der, welcher im *Donner* wohnend vom Donner verschieden ist, den der Donner nicht kennt, dessen Leib der Donner ist, der den Donner von innen lenkt, das ist dein Âtman, der heimliche Lenker, der unsterbliche. Das in bezug auf die *Götter*. In bezug auf die *Welten* aber gilt:

Der, welcher in *allen Welten* wohnend von allen Welten verschieden ist, den die Welten alle nicht kennen, dessen Leib alle Welten sind, der alle Welten von innen lenkt, das ist dein Âtman, der heimliche Lenker, der unsterbliche.

Soviel in bezug auf die *Welten*. In bezug auf die *Veden* aber gilt:

Der, welcher in allen *Veden* wohnend von allen Veden verschieden ist, den die Veden alle nicht kennen, dessen Leib alle Veden sind, der alle Veden von innen lenkt, das ist dein Âtman, der heimliche Lenker, der unsterbliche.

Soviel in bezug auf die *Veden*. In bezug auf die *Opfer* aber gilt:

Der, welcher in allen *Opfern* wohnend von allen Opfern verschieden ist, den die Opfer alle nicht kennen, dessen Leib alle Opfer sind, der alle Opfer von innen lenkt, das ist dein Âtman, der heimliche Lenker, der unsterbliche.

Soviel in bezug auf die *Opfer*. In bezug auf die *Wesen* aber gilt:

Der, welcher in allen *Wesen* wohnend von allen Wesen verschieden ist, den die Wesen alle nicht kennen, dessen Leib alle Wesen sind, der alle Wesen von innen lenkt, das ist dein Âtman, der heimliche Lenker, der unsterbliche.

Soviel in bezug auf die *Wesen*. In bezug auf die *Person* (âtman) aber gilt:

Der, welcher im *Hauch* wohnend vom Hauch verschieden ist, den der Hauch nicht kennt, dessen Leib der Hauch ist, der den Hauch von innen lenkt, das ist dein Âtman, der heimliche Lenker, der unsterbliche.

Der, welcher in der *Stimme* wohnend von der Stimme verschieden ist, den die Stimme nicht kennt, dessen Leib die Stimme ist, der die Stimme von innen lenkt, das ist dein Âtman, der heimliche Lenker, der unsterbliche.

Der, welcher im *Auge* wohnend vom Auge verschieden ist,

den das Auge nicht kennt, dessen Leib das Auge ist, der das Auge von innen lenkt, das ist dein Âtman, der heimliche Lenker, der unsterbliche.

Der, welcher im *Ohr* wohnend von dem Ohr verschieden ist, den das Ohr nicht kennt, dessen Leib das Ohr ist, der das Ohr von innen lenkt, das ist dein Âtman, der heimliche Lenker, der unsterbliche.

Der, welcher im *Verstande* wohnend vom Verstande verschieden ist, den der Verstand nicht kennt, dessen Leib der Verstand ist, der den Verstand von innen lenkt, das ist dein Âtman, der heimliche Lenker, der unsterbliche.

Der, welcher im *Gefühl* (in der ›Haut‹) wohnend vom Gefühl verschieden ist, den das Gefühl nicht kennt, dessen Leib das Gefühl ist, der das Gefühl von innen lenkt, das ist dein Âtman, der heimliche Lenker, der unsterbliche.

Der, welcher in der *Wärme* (»Glut«) wohnend von der Wärme verschieden ist, den die Wärme nicht kennt, dessen Leib die Wärme ist, der die Wärme von innen lenkt, das ist dein Âtman, der heimliche Lenker, der unsterbliche.

Der, welcher im *Dunkel* wohnend von dem Dunkel verschieden ist, den das Dunkel nicht kennt, dessen Leib das Dunkel ist, der das Dunkel von innen lenkt, das ist dein Âtman, der heimliche Lenker, der unsterbliche.

Der, welcher im *Samen* wohnend vom Samen verschieden ist, den der Same nicht kennt, dessen Leib der Same ist, der den Samen von innen lenkt, das ist dein Âtman, der heimliche Lenker, der unsterbliche.

Der im (individuellen) *Selbst* wohnend vom Selbst verschieden ist, den das Selbst nicht kennt, dessen Leib das Selbst ist, der das Selbst von innen lenkt, das ist dein Âtman, der heimliche Lenker, der unsterbliche.

Er ist der Seher, den man nicht sieht, der Hörer, den man nicht hört, der Denker, den man nicht denkt, der Erkenner, den man nicht erkennt; es gibt keinen anderen Seher, es gibt keinen anderen Hörer, es gibt keinen anderen Denker, es gibt keinen anderen Erkenner, das ist dein Âtman, der heimliche Lenker, der unsterbliche. Leidvoll ist alles andere.‹ Darauf schwieg Uddâlaka Âruni. (III, 7)

Zwei Fragen an Yâjnavalkya

Da sprach Vâcaknavî Gârgî: ›Ehrwürdige Brahmanen! Wohlan, ich will Yâjnavalkya zwei Fragen vorlegen. Wenn er sie mir beantwortet, wird keiner von euch ihn jemals im Wettstreit besiegen; wenn er sie mir nicht beantwortet, wird sein Haupt zerspringen.‹ »Frage, Gârgî!«

Sie sprach: ›Wie ein Herr aus dem Lande der Kâshî oder Videha, der seinen sehnenlosen Bogen wieder mit der Sehne bezieht, zwei Pfeile zur Durchbohrung des Gegners nimmt und sich gegen ihn aufmacht, so habe ich mich mit zwei Fragen gegen dich aufgemacht, Yâjnavalkya, beantworte mir diese.‹ »Frage, Gârgî!«

Sie sprach: ›Was, Yâjnavalkya, jenseits des Himmels und unterhalb der Erde, was zwischen Himmel und Erde ist, was Vergangenheit, Gegenwart und Zukunft heißt, wohinein ist das fest verwoben?‹

Er sprach: »Was, o Gârgî, jenseits des Himmels und unterhalb der Erde, was zwischen Himmel und Erde ist, was Vergangenheit, Gegenwart und Zukunft heißt, in den Raum ist das fest verwoben.«

Sie sprach: ›Verehrung dir, Yâjnavalkya, der du mir diese Frage beantwortet hast. Mach dich auf die andere gefaßt.‹ »Frage, Gârgî.«

Sie sprach: ›Was, o Yâjnavalkya, jenseits des Himmels und unterhalb der Erde, was zwischen Himmel und Erde ist, was man Vergangenheit, Gegenwart und Zukunft nennt, sage[54], wohinein ist es fest verwoben?‹

Er sprach: »Was, o Gârgî, jenseits des Himmels und unterhalb der Erde, was zwischen Himmel und Erde ist, was man Vergangenheit, Gegenwart und Zukunft nennt, in den Raum, sage ich, ist es fest verwoben.«

›Wohinein ist denn der Raum fest verwoben?‹

Er sprach: »Es ist das, was die Brahmanen das Unversiegliche nennen, Gârgî. Es ist nicht dick, nicht dünn, nicht kurz, nicht lang, ohne Blut, Fett, Schatten, Dunkel, ohne Wind, Raum, ohne Adhäsion, Gefühl, Geruch, Geschmack, Auge, Ohr, Stimme, Verstand, Wärme, ohne Hauch, ohne Mund, ohne Name und Geschlecht, frei von Alter, Tod, Gefahr, es ist das Unsterbliche; es ist ohne Staub, ohne Laut, nicht offen, nicht verdeckt, es hat nichts vor, nichts hinter sich, nichts innen, nichts außen. Es verzehrt niemanden und keiner verzehrt es.

Auf das Geheiß dieses Unversieglichen bleiben, Gârgî, Erde und Himmel geschieden, auf das Geheiß dieses Unversieglichen, Gârgî, bleiben Sonne und Mond geschieden, auf das Geheiß dieses Unversieglichen, Gârgî, bleiben Tag und Nacht, Halbmonat, Monat, Jahreszeit und Jahr geschieden; auf das Geheiß dieses Unversieglichen, Gârgî, fließen einige Ströme von den weißen Bergen nach Osten, andere nach Westen in dieser oder jener Richtung; auf das Geheiß dieses Unversieglichen, Gârgî, preisen die Menschen den Freigebigen, hängen die Götter an dem Opferer, die Manen an der Löffelspende.

Der, welcher, ohne dieses Unversiegliche zu kennen, Gârgî, in dieser Welt opfert, schenkt, Kasteiung übt, wäre es auch durch Jahrtausende, dem wird nur die endliche Welt zuteil. Der, welcher, ohne dieses Unversiegliche zu kennen, aus dieser Welt scheidet, wohnt im Elend. Aber der, der das Unversiegliche kennend aus dieser Welt scheidet, ist ein Brahmane.

Dieses Unversiegliche, o Gârgî, ist das Sehende, das man nicht sieht, das Hörende, das man nicht hört, das Denkende, das man nicht denkt, das Erkennende, das man nicht erkennt. Es gibt nichts anderes, was sieht; nichts anderes, was hört, nichts anderes, was denkt, nichts anderes, was erkennt. Das ist das Unversiegliche, o Gârgî, in das der Raum fest eingewoben ist.«

Sie sprach: ›Schätzt es hoch, ehrwürdige Brahmanen, wenn ihr euch von diesem mit einer Verneigung löset; niemals wird ihn einer von euch im Wortkampf besiegen.‹ Darauf schwieg Vâcaknavî. (III, 8)

Unterredungen Yâjnavalkyas mit König Janaka

Yâjnavalkya kommt an den Hof des Königs der Videha, um zu disputieren, und erfährt von ihm die verschiedenen Ansichten anderer Lehrer über das Wesen des Brahman, die einen sagen, es sei der Lebenshauch, andere, es sei die Stimme usw. Yâjnavalkya kritisiert diese und stellt sie als äußerliche Auffassungen dar. Er will in den einzelnen Dingen, in Lebenshauch, Stimme usw., nur eine Lebensäußerung des Brahman sehen, eine Teilerscheinung, die an ihm das Liebe resp. das Erkennen, das Wahre, das Unendliche, die Freude, das Beharrliche und andere Seiten zum Ausdruck bringt. All diese einzelnen Erscheinungen sind aber nicht das Brahman, sondern dienen nur als Mittel, als Anhalt, sein Wesen zu offenbaren. So verstanden, deckt teilweise jede von ihnen sich mit dem höchsten Brahman. Man kann an I, 4 desselben Textes erinnern, oben S. 54 und an Chând.-Up. 8, 12, 4. 5: ›Wenn das Auge sich in den Raum richtet, so ist es der Geist im Auge usw.‹.

Janaka, der Fürst der Videha, veranstaltete eine Sitzung. Da kam Yâjnavalkya, und Janaka, der Fürst der Videha, sprach: ›Yâjnavalkya, warum wandertest du? Wünschest du Vieh oder eine kluge Unterredung?‹ »Beides wünsche ich, Großkönig. Laß hören, was dir irgend ein anderer schon gesagt hat.«

›Mir sagte Udanka Shaulbâyana: Brahman ist der *Hauch.*‹ »Wie einer, der Mutter, Vater und Lehrer hat, reden möchte, so hat Shaulbâyana gesagt, ›Brahman ist der Hauch‹, denn, was wäre mit einem, der nicht atmet? Hat er dir auch von dessen Stütze und Unterlage gesprochen?« ›Nein, davon sprach er nicht.‹ »Dann ist die Erklärung nur halb (»einfüßig«).«

›So sag du es uns, Yâjnavalkya.‹ »Der *Hauch* ist die Stütze, der Äther seine Unterlage. Als etwas *Liebes* soll man es verehren.« ›Worin besteht an ihm das Liebe, Yâjnavalkya?‹ »Eben in dem Hauch, Großkönig«, sprach er. »Dem Hauch [= Leben] zuliebe opfert man für einen, der nicht opferwürdig ist, empfängt man Gaben von einem, der nicht des Annehmens würdig ist; auch Todesfurcht tritt, wohin man auch gehe, o Großkönig, aus Liebe zum Hauch ein. *Der Hauch*, Großkönig, ist das höchste Brahman. Nicht verläßt den der Hauch, dem strömen alle Wesen zu; ein Gott wird er und gelangt unter die Götter, wer mit solcher Kenntnis es verehrt.«

›Tausend Elefanten und Stiere gebe ich dir‹, sagte Janaka, der Fürst der Videha.

Yâjnavalkya sprach: »Mein Vater meinte, nicht solle einer, ohne eine Belehrung erteilt zu haben, etwas annehmen. Wer sagte dir noch etwas?«

›Mir sagte Jitvan Shailina: Das Brahman ist die *Stimme.*‹ »Wie einer, der Mutter, Vater und Lehrer hat, reden möchte, so sagte Shailina: ›Brahman ist die Stimme‹; denn was wäre mit einem, der nicht spricht? Hat er dir auch von dessen Stütze und Unterlage gesprochen?« ›Nein, davon sprach er nicht.‹ »Dann ist seine Erklärung nur halb, Großkönig.«

›So sage du es uns, Yâjnavalkya.‹ »Die *Stimme* ist die Stütze, der Äther ist die Grundlage. Als Erkenntnis soll man es verehren.« ›Worin besteht an ihm das Erkennen?‹ »In der Stimme, Großkönig«, sprach er. »An der Stimme erkennt man den Verwandten, an der Stimme erkennt man Rik, Yajurveda, Sâmaveda, Atharvaveda, Itihâsa, Purâna, die Wissenschaften, Upanishaden, Shloken, Sûtren, Anuvyâkhyas und Vyâkhyas, Großkönig. Die Stimme, Großkönig, ist das höchste Brahman. Nicht verläßt den die *Stimme*, dem strömen alle Wesen zu; ein Gott wird er und gelangt unter die Götter, wer mit solcher Kenntnis es verehrt.«

›Tausend Elefanten und Stiere gebe ich dir‹, sagte Janaka, der Fürst der Videha.

Yâjnavalkya sprach: »Mein Vater meinte, nicht solle man,

ohne eine Belehrung erteilt zu haben, etwas annehmen. Wer sagte dir noch etwas?«

›Mir sagte Varku Vârshna: Das Brahman ist das *Auge*.‹ »Wie einer, der Mutter, Vater und Lehrer hat, reden möchte, so sagte Vârshna: ›Brahman ist das Auge‹; denn was wäre mit einem, der nicht sieht? Hat er dir aber auch von dessen Stütze und Unterlage gesprochen?« ›Nein, davon sprach er nicht.‹ »Dann ist seine Erklärung nur halb, Großkönig.«

›So sage du es uns, Yâjnavalkya.‹ »Das *Auge* ist die Stütze, der Äther ist die Grundlage. Als das ›*Wahre*‹ soll man es verehren.« ›Worin besteht bei ihm das Wahre, Yâjnavalkya?‹ »Im Auge, Großkönig«, sprach er. »Denn von dem, der mit dem Auge schaut, sagt man: ›Du sahst‹, und er sagt: ›Ich sah.‹ Das ist das Wahre. Das Auge, Großkönig, ist das höchste Brahman. Nicht verläßt den das *Auge*, dem strömen alle Wesen zu; ein Gott wird er und gelangt unter die Götter, wer mit solcher Kenntnis es verehrt.«

›Tausend Elefanten und Stiere gebe ich dir‹, sagte Janaka, der Fürst der Videha.

Yâjnavalkya sprach: »Mein Vater meinte, nicht solle man, ohne eine Belehrung erteilt zu haben, etwas annehmen. Wer sagte dir noch etwas?«

›Mir sagte Gardabhîvipîta Bhâradvâja: Das Brahman ist das *Ohr*.‹ »Wie einer, der Mutter, Vater und Lehrer hat, reden möchte, so sagte Bhâradvâja: ›Brahman ist das Ohr‹; denn was wäre mit einem, der nicht hört? Hat er dir auch von dessen Stütze und Grundlage gesprochen?« ›Nein, davon sprach er nicht.‹ »Dann ist seine Erklärung nur halb, Großkönig.«

›So sage du es uns, Yâjnavalkya.‹ »Das *Ohr* ist die Stütze, der Äther ist die Grundlage. Als das ›*Unendliche*‹ soll man es verehren.« ›Worin besteht seine Unendlichkeit, Yâjnavalkya?‹ »In den Weltgegenden, Großkönig«, sprach er. »Darum, o Großkönig, nach welcher Richtung einer geht, er kommt da nicht ans Ende. Unendlich sind die Weltgegenden. Das Ohr sind die Weltgegenden. Das Ohr, Großkönig, ist das höchste Brahman. Nicht verläßt den das *Ohr*, dem strömen alle Wesen zu; ein Gott wird er und gelangt unter die Götter, wer mit solcher Kenntnis es verehrt.«

›Tausend Elefanten und Stiere gebe ich dir‹, sagte Janaka, der Fürst der Videha.

Yâjnavalkya sprach: »Mein Vater meinte, nicht solle man, ohne eine Belehrung erteilt zu haben, etwas annehmen. Wer sagte dir noch etwas?«

›Mir sagte Satyakâma Jâbâla: Das Brahman ist das *Manas* (Verstand).‹ »Wie einer, der Mutter, Vater und Lehrer hat, reden möchte, so sagte Satyakâma: ›Das Brahman ist das Manas‹; denn was wäre mit einem, der ohne Manas ist? Hat er dir auch von dessen Stütze und Grundlage gesprochen?« ›Nein, davon sprach er nicht.‹ »Dann ist seine Erklärung nur halb, Großkönig.«

›So sage du es uns, Yâjnavalkya.‹ »Das *Manas* ist die Stütze, der Äther ist die Grundlage. Als ›*Freude*‹ soll er es verehren.« ›Worin besteht seine Freude, Yâjnavalkya?‹ »Im Manas, o Großkönig«, sprach er. »Durch das Manas erfreut er sich der Frau. Von ihr wird ein ihm ähnlicher Sohn geboren. Darin besteht die Freude. Manas, Großkönig, ist das höchste Brahman. Nicht verläßt den das *Manas*, dem strömen alle Wesen zu; ein Gott wird er und gelangt unter die Götter, wer mit solcher Kenntnis es verehrt.«

›Tausend Elefanten und Stiere gebe ich dir‹, sagte Janaka, der Fürst der Videha.

Yâjnavalkya sprach: »Mein Vater meinte, nicht solle man, ohne eine Belehrung erteilt zu haben, etwas annehmen. Wer sagte dir noch etwas?«

›Mir sagte Vidagdha Shâkalya: Das *Herz* ist das Brahman.‹ »Wie einer, der Mutter, Vater und Lehrer hat, reden möchte, so sagte Shâkalya: ›Das Herz ist das Brahman‹; denn was wäre mit einem, der kein Herz hat? Hat er dir auch von dessen Stütze und Unterlage gesprochen?« ›Nein, davon sprach er nicht.‹ »Dann ist seine Erklärung nur halb, Großkönig.«

›So sage du es uns, Yâjnavalkya.‹ »Das *Herz* ist die Grundlage, der Äther ist die Stütze. Als ›*Beharrlichkeit*‹ soll man es verehren.« ›Worin besteht seine Beharrlichkeit, Yâjnavalkya?‹ »Im Herzen, o Großkönig«, sprach er. »Das Herz, o Großkönig, ist Unterlage aller Wesen, durch das Herz finden alle Wesen ihren Halt. Das Herz, o Großkönig, ist das höchste Brahman. Nicht verläßt den das *Herz*, dem strömen alle Wesen zu; ein Gott wird er und gelangt unter die Götter, wer mit solcher Kenntnis es verehrt.«

›Tausend Elefanten und Stiere gebe ich dir‹, sagte Janaka, der Fürst der Videha.

Yâjnavalkya sprach: »Mein Vater meinte, nicht solle man, ohne eine Belehrung erteilt zu haben, etwas annehmen.«

(IV, 1)

Da kam Janaka, der Videhafürst, von seinem Kissen ehrerbietig herbei und sprach: ›Verehrung dir, Yâjnavalkya, lehre mich.‹

Der sprach: »Wie jemand, o Großkönig, der auf eine Reise ausziehen will, einen Wagen oder ein Schiff nimmt, so hast du dich mit diesen Upanishaden versehen. So über alle hervorragend, reich, wie du bist, vedenkundig und in den Upanishaden belehrt: Wohin wirst du gehen, wenn du von hier abscheidest?«

›Ich weiß es nicht, Ehrwürdiger, wo ich hingehen werde.‹

»Dann will ich es dir sagen, wo du hingehen wirst.«

›Sage es, Ehrwürdiger.‹

Der sprach: »Indha mit Namen heißt der Purusha [Mann] im rechten Auge[55]. Ihn nennt man, obwohl er Indha [ein Entflammer] ist, heimlich Indra. Denn die Götter lieben das Heimliche und scheuen das Offene.

Die menschliche Gestalt im linken Auge ist seine Gattin Virâj. Der Ort ihrer Unterhaltung ist der Raum im Inneren rzens; ihre Speise der Blutklumpen im Herzen, ihre as Netzähnliche im Herzen; der Weg, der ihnen zum Wandeln dient, die Ader, die aus dem Herzen emporsteigt.

Die Adern des Herzens, Hitâ benannt, sind wie ein tausendfach gespaltenes Kopfhaar. Auf ihnen fließt ihm das Flüssige zu. Darum hat er feinere Nahrung als der Âtman im Körper.

Der von diesem Purusha nach Osten gehende Hauch ist der Osten, der nach Süden gehende der Süden, der nach Westen gehende der Westen, der nach Norden gehende der Norden, der nach oben gehende die obere Region, der nach unten gehende die untere Region, alle Hauche sind alle Weltgegenden.

Dieser Âtman heißt: ›*na, na*‹[56]. Unfaßbar, wird er nicht gefaßt; unzerstörbar, wird er nicht zerstört; nicht haftend, nicht gebunden, haftet er nicht, schwankt er nicht. Freiheit von Gefahr hast du, Janaka, erreicht«, so sagte Yâjnavalkya. Da sprach Janaka, der Fürst der Videha: ›Verehrung sei dir, Yâjnavalkya. Freiheit von Gefahr möge dir, Ehrwürdiger, zuteil werden, der du uns die Freiheit von Gefahr kennen lehrst. Hier sind die Videher; hier bin ich.‹ (IV, 2)

Das wahre Licht des Menschen ist der Purusha

Yâjnavalkya kam zu Janaka, dem Fürsten der Videha, in der Absicht, sich mit ihm zu unterreden. Als Janaka, der Fürst der Videha, und Yâjnavalkya bei dem Agnihotra sich unterredeten, sagte Yâjnavalkya[57] diesem die Erfüllung eines Wunsches zu. Janaka wählte die Erlaubnis, nach Belieben Fragen zu stellen. Diese gewährte er ihm. Da befragte ihn zuerst der Großkönig:

›Yâjnavalkya, was dient dem Menschen als Licht?‹

»Die Sonne, Großkönig, dient dem Menschen als Licht«, sprach er; »denn beim Licht der Sonne sitzt er, geht er umher, arbeitet er, kehrt er zurück.«

›So ist es, Yâjnavalkya.‹

›Wenn aber, Yâjnavalkya, die Sonne untergegangen ist, was dient dem Menschen als Licht?‹

»Der Mond, Großkönig, dient dem Menschen als Licht«, sprach er; »denn beim Licht des Mondes sitzt er, geht er umher, arbeitet er, kehrt er zurück.«

›So ist es, Yâjnavalkya.‹

›Wenn aber die Sonne untergegangen ist, Yâjnavalkya, wenn der Mond untergegangen ist, was dient dem Menschen als Licht?‹

»Das Feuer, Großkönig, dient dem Menschen als Licht«, sprach er; »denn beim Licht des Feuers sitzt er, geht er umher, arbeitet er, kehrt er zurück.«

›So ist es, Yâjnavalkya.‹

›Wenn aber die Sonne untergegangen ist, wenn der Mond untergegangen ist, wenn das Feuer erloschen ist, was dient dann dem Menschen als Licht?‹

»Die Stimme, Großkönig, dient dem Menschen als Licht«, sprach er; »denn beim Licht der Stimme sitzt er, geht er umher, arbeitet er, kehrt er zurück. Daher geht man, Großkönig, wenn man nicht einmal seine Hand erkennen kann, dorthin, wo eine Stimme ertönt.«

›So ist es, Yâjnavalkya.‹

›Wenn aber die Sonne untergegangen ist, wenn der Mond untergegangen ist, das Feuer erloschen ist und die Stimmen schweigen, was dient dann dem Menschen als Licht?‹

»Das Selbst, Großkönig, dient dem Menschen als Licht«, sprach er; »denn beim Licht des Selbst sitzt er, geht er umher, arbeitet er, kehrt er zurück.«

›Was ist das für ein Selbst?‹

»Es ist der aus Erkenntnis bestehende, inmitten der Hauche[58] drinnen im Herzen leuchtende Purusha[59]. Dieser durchwandert, immer sich gleichbleibend, beide Welten. Er scheint nachzusinnen, er scheint sich zu bewegen. Voller Gedanken, zum Traum geworden, überschreitet er diese Welt.

Wenn dieser Purusha bei seiner Geburt in einen Leib gelangt, verbindet er sich mit allerlei Übel. Wenn er auszieht und stirbt, verläßt er die Übel, des Todes Gestalten.

Dieser nämliche Purusha hat zwei Standorte; den in dieser und den in jener Welt; dazwischen einen dritten, den im Traum. Wenn er auf diesem Zwischenstandort steht, übersieht er beide, den in dieser und den in jener Welt.«

Traum

»Da dies der Anstieg zu dem Standort in jener Welt ist, betritt er diesen Anstieg und überblickt die Übel wie die Freuden. Wenn er da in Schlaf versinkt, so sondert er ein Teilchen der alles enthaltenden Welt ab, zerspaltet es selbst, baut es selbst auf und versinkt beim eigenen Glanz, beim eigenen Licht in Schlaf. Hier ist dann der Purusha sein eigenes Licht. Nicht gibt es dort Wagen, Wagengespanne und Wege; sondern Wagen, Wagengespanne und Wege schafft er; nicht gibt es dort Freude, Lust und Scherz, sondern Freude, Lust und Scherz schafft er; nicht gibt es dort Teiche, Flüsse, Seen, sondern Teiche, Flüsse, Seen schafft er; er ist ein Schöpfer.

Das sagen auch die Verse:

›Im Traum streift er alles Körperliche ab. Schlaflos überschaut er die Schläfer [die Sinne]. Mit dem Licht kehrt der goldene einzige Geistesschwan wieder heim.‹

›Das niedere Nest [den Leib] mittels des Hauches beschützend[60], schweift der Unsterbliche außerhalb des Nestes umher; es eilt nach seinem Wunsch der unsterbliche, goldene, einzige Geistesschwan [Purusha] dahin.‹

›Im Traum auf- und niedersteigend, nimmt der Gott vielerlei Gestalt an; bald vergnügt er sich mit Frauen, bald ißt er, bald sieht er Gefahr.‹

Sein Ergötzen sieht man[61]; ihn aber sieht keiner.

Darum sagt man, man solle einen (schlafend) Hingestreckten nicht wecken[62]; denn der ist schwer zu heilen, zu dem (der Geist) nicht zurückkehrt.

Aber einige sagen: ›Das ist für ihn die Stätte des Wachens. Denn was er beim Wachen erblickt, das erblickt er auch im Schlaf.‹ Hierin ist der Purusha sein eignes Licht.«

›So ist das, Yâjnavalkya. Ich schenke dem Ehrwürdigen Tausend. Sprich mir weiter von dem, was zur Erlösung dient.‹

»Er erfreut sich im Traum[63], wandert umher, sieht Gut und Böse, und wenn er es gesehen hat, kehrt er nach Ordnung und Herkunft zum Zustand des Wachens zurück. Was immer er sieht, davon bleibt der Purusha unberührt; denn er hängt an nichts.«

›So ist das, Yâjnavalkya. Ich gebe dem Ehrwürdigen hier Tausend. Sprich mir weiter von dem, was zur Befreiung dient.‹

»Wie ein großer Fisch an beiden Ufern entlangschwimmt, an dem diesseitigen und jenseitigen, so eilt der Purusha entlang an den beiden Zuständen, an dem des Traumes und dem des Wachens.«

Tiefschlaf

»Wie ein Falke oder Adler, der im Luftraum umhergeflogen ist und ermüdet die Flügel zusammengefaltet hat, sich zum Niedersetzen anschickt, so eilt der Purusha zu diesem Zustand, in dem er schlafend keinen Wunsch wünscht und kein Traumgesicht sieht[64].

Seine Hitâ genannten Adern sind von derselben Feinheit wie ein tausendfach gespaltenes Haupthaar und mit Weiß, Blau, Gelb, Grün, Rot gefüllt. Wo man ihn zu töten, zu quälen scheint, wo ein Elefant ihn zu verjagen[65] scheint, wo er in eine Grube zu fallen scheint: alle Schrecken, die er im wachen Zustande gesehen hat, bildet er sich in Unwissenheit auch hier zu sehen ein. Und wenn er, als wäre er ein König, als wäre er ein Gott, sich einbildet: ›*ich* bin das alles‹, dann ist dieses seine höchste Stätte.

Wenn er schlafend keinen Wunsch wünscht und kein Traumgesicht sieht, dann ist das ein Zustand, in dem das Selbst sein Wunsch ist, seine Wünsche alle sich erfüllen und kein Wunsch vorhanden ist. Wie ein von einer lieben Frau umfangener Mann kein Bewußtsein von draußen oder drinnen hat, so hat dieser in dem Körper wohnende Âtman, von dem erkennenden Âtman umfangen, kein Bewußtsein von draußen oder drinnen.

Dieser Zustand liegt jenseits alles Verlangens, ist frei von Übel und Gefahr und kennt keine Sorge im Inneren. Darin ist der Vater nicht Vater, die Mutter nicht Mutter, die Welt nicht Welt, sind die Götter nicht Götter, die Opfer nicht Opfer; darin ist der Dieb nicht Dieb, der Vernichter der Leibesfrucht nicht Vernichter der Leibesfrucht, der Paulkasa nicht Paulkasa, der Cândâla nicht Cândâla[66], der Bettelmönch nicht Bettelmönch, der Asket nicht Asket; er ist nicht vom Guten berührt und nicht berührt vom Bösen; denn er hat alle Sorgen des Herzens überwunden.

Wenn einer dann nicht sieht, so nimmt er, obschon sehend, Sichtbares nicht wahr. Der Sehende kommt zwar nicht um sein Gesicht, weil dies nicht schwindet, aber es gibt kein Zweites, Anderes, Verschiedenes, das er sehen könnte.

Wenn einer dann nicht riecht, so nimmt er, obschon riechend, Riechbares nicht wahr. Der Riechende kommt zwar nicht um seinen Geruch, weil dieser nicht schwindet, aber es gibt kein Zweites, Anderes, Verschiedenes, was er riechen könnte.

Wenn einer dann nicht schmeckt, so nimmt er, obwohl schmeckend, den Geschmack nicht wahr. Der Schmeckende kommt zwar nicht um seinen Geschmack, weil dieser nicht schwindet, aber es gibt kein Zweites, Anderes, Verschiedenes, was er schmecken könnte.

Wenn einer dann nicht redet, so redet er, obschon redend, das zu Redende nicht. Zwar kommt der Redende nicht um die Rede, weil diese nicht schwindet; aber es gibt kein Zweites, Anderes, Verschiedenes, was er reden könnte.

Wenn einer dann nicht hört, so nimmt er, obschon hörend, das Hörbare nicht wahr. Der Hörende kommt zwar nicht um sein Gehör, weil dieses nicht schwindet, aber es gibt kein Zweites, Anderes, Verschiedenes, was er hören könnte.

Wenn einer dann nicht denkt, so denkt er, obschon denkend, das zu Denkende nicht. Zwar kommt der Denkende nicht um sein Denken, weil dieses nicht schwindet; aber es gibt kein Zweites, Anderes, Verschiedenes, was er denken könnte.

Wenn einer dann nicht fühlt, so fühlt er, obschon fühlend, das zu Fühlende nicht. Zwar kommt der Fühlende nicht um sein Gefühl, weil dieses nicht schwindet, aber es gibt kein Zweites, Anderes, Verschiedenes, was er fühlen könnte.

Wenn einer dann nicht erkennt, so erkennt er, obschon erkennend, das Erkennbare nicht. Zwar kommt der Erkenner nicht um sein Erkennen, weil dieses nicht schwindet; aber es gibt kein Zweites, Anderes, Verschiedenes, was er erkennen könnte.

Das fürwahr[67] ist der einzige Seher, der neben sich nichts anderes hat. Das ist die Brahmawelt, Großkönig«, sprach er zu ihm. »Das ist seine höchste Vollendung, seine höchste Welt, seine höchste Freude. Von dieser Freude genießen die anderen Wesen ein Teilchen.

Wenn einer unter den Menschen erfolgreich ist und glücklich, ein Oberherr über andere, überhäuft mit allen Gegenständen menschlicher Wünsche, das ist die höchste Freude der Menschen.

Hundert Freuden der Menschen sind nur gleich einer Freude der Väter, die ihre Stätte errungen haben.

Hundert Freuden der Väter, die ihre Stätte errungen haben, sind nur gleich einer Freude derer, die durch Werke die Stellung von Göttern errungen haben.

Hundert Freuden derer, die durch Werke die Stellung von Göttern errungen haben, sind nur gleich einer Freude der

Götter von Geburt [und eines Schriftgelehrten, der ohne Falsch und von Wünschen nicht bezwungen ist[68]].

Hundert Freuden der Götter von Geburt sind nur gleich einer Freude in der Welt der Götter [und eines Schriftgelehrten, der ohne Falsch und von Wünschen nicht bezwungen ist].

Hundert Freuden in der Welt der Götter sind nur gleich einer Freude in der Welt der Gandharven [und eines Schriftgelehrten, der ohne Falsch und von Wünschen nicht bezwungen ist].

Hundert Freuden in der Welt der Gandharven sind nur gleich einer Freude in der Welt Prajâpatis [und eines Schriftgelehrten, der ohne Falsch und von Wünschen nicht bezwungen ist].

Hundert Freuden in der Welt Prajâpatis sind nur gleich einer Freude in der Welt Brahmans [und eines Schriftgelehrten, der ohne Falsch und von Wünschen nicht bezwungen ist]. Das ist, Großkönig, die Brahmawelt«, so unterwies er ihn, »das ist das Unsterbliche.«

›Ich gebe dem Ehrwürdigen Tausend. Sprich mir weiter von dem, was zur Befreiung dient.‹

»Er erfreut sich in diesem tiefen Frieden, wandert umher, sieht Gut und Böse und wenn er es gesehen hat, kehrt er nach Ordnung und Ursprung zum Zustand des Wachens zurück. Was immer er sieht, davon bleibt der Purusha unberührt; denn er hängt an nichts.«

›So ist das, Yâjnavalkya. Ich gebe dem Ehrwürdigen hier Tausend. Sprich mir weiter von dem, was zur Befreiung dient[69].‹

Der Tod

Da geriet Yâjnavalkya in Furcht: »Der König ist klug, von jeglichem Schluß hat er mich abgedrängt.«

»Wenn einer abmagert (so fuhr er dennoch fort), so magert er durch Alter oder Krankheit ab. Wie eine Mangofrucht, eine Feige oder Beere sich vom Stiel löst, so löst der im Körper eingeschlossene Âtman sich von den Gliedern und kehrt nach Ordnung und Ursprung wieder zum Atem (Prâna) zurück.

Wie ein Lastwagen, schwer beladen, knarrend dahinzieht, so zieht dieser im Körper eingeschlossene Âtman mit dem erkennenden Selbst beladen unter Knarren dahin.

Wie einem heranziehenden König die Vornehmen, die Agnaten, die Hofbeamten und Ortsvorsteher mit Speise, Trank und Wohnung aufwarten und sagen: ›Da kommt er, da kommt er‹, ebenso warten dem, der so weiß, alle Wesen auf und sagen: ›Da kommt das Brahman, da kommt das Brahman.‹

Wie bei einem abreisenden König die Vornehmen, Agnaten, Hofbeamten und Ortsvorsteher sich einfinden, so sammeln sich um den, der so weiß, alle Hauche da, wo er den letzten Atemzug tut.« (IV, 3)

»Wenn der an den Körper gebannte Âtman schwach wird und in Verwirrung zu fallen scheint, da finden sich bei ihm die Hauche ein. Er nimmt die Glutteilchen an sich und begibt sich hinab in das Herz.

Wenn der Purusha, der im Auge wohnt[70], sich abwendet, dann hört der (Âtman) auf, die Erscheinungen zu erkennen. Er vereinigt sich, und man sagt: ›Er sieht nicht‹; er vereinigt sich (mit dem Brahman), und man sagt: ›Er riecht nicht‹; er vereinigt sich, und man sagt: ›Er schmeckt nicht‹; er vereinigt sich, und man sagt: ›Er spricht nicht‹; er vereinigt sich, und man sagt: ›Er hört nicht‹; er vereinigt sich, und man sagt: ›Er denkt nicht‹; er vereinigt sich, und man sagt: ›Er fühlt nicht‹; er vereinigt sich, und man sagt: ›Er erkennt nicht.‹

Die Spitze des Herzens erglänzt. Bei diesem Glanz zieht der Âtman hinaus, sei es aus dem Auge oder dem Kopfe oder den anderen Körperteilen. Dem Hinausziehenden folgt der Hauch. Dem hinterher hinausziehenden Hauch folgen alle (anderen) Hauche, folgt das Bewußtsein. Er, der Kenner, ist mit Erkenntnis ausgestattet. An ihn halten sich Wissen und Werk und die Kenntnis des Vergangenen.

Wie eine Raupe an die Spitze eines Halmes gelangt, sich zusammenzieht, so zieht dieser Purusha nach Vernichtung des Körpers und Auslöschen seines Wissens sich zusammen.«

Leben nach dem Tode

»Wie ein Künstler den kleinen Teil eines Gebildes nimmt und eine andere, neuere, schönere Form schafft, so schafft dieser Purusha nach Vernichtung des Körpers und Auslöschen seines Wissens eine andere, neuere Form, sei es eine der Väter, der Gandharven, Brahmans, Prajâpatis, der Götter, Menschen oder anderer Wesen.«

Der Âtman

»Der Brahman ist dieser Âtman; er ist Erkenntnis, Manas, Stimme, Hauch, Auge, Ohr, Äther, Wind, Glut, Wasser, Erde, Zorn, Nichtzorn, Freude, Nichtfreude, Recht, Nichtrecht, er ist alles. Wenn man sagt: ›Er ist das oder jenes‹, so bedeutet das, wie er handelt, wie er wandelt, so ist er. Handelt er gut, so wird er gut; handelt er schlecht, so wird er schlecht. Rein wird er durch gutes, schlecht durch schlechtes Werk.«

Die Seele des Wunscherfüllten

»Nun sagt man: ›Der Purusha ist Verlangen.‹ ›Wie er wünscht, so will er. Wie er will, so tut er. Wie er tut, so wird er.‹

Das besagt der Vers: ›Das, woran sein Geist sich hängt[71], ist das Wesentliche und geht als bezeichnendes Merkmal gemeinsam mit seinem Werk.‹ Wenn einer für das Werk, das er hier tut, den Lohn empfangen hat, kehrt er aus jener Welt zu dieser Welt und (neuem) Werk zurück.«

Die Seele des Wunschlosen

»Das gilt für den von Verlangen Erfüllten. Aber hinsichtlich dessen, der kein Verlangen hegt, heißt es: Der, welcher keine Wünsche hegt, welcher frei von Wünschen ist, dessen Wunsch das Selbst ist, dessen Wunsch erfüllt ist, aus dem ziehen die Hauche nicht fort. In ihm vereinigen sie sich. Er ist schon Brahman und geht in Brahman ein. Das sagt der Vers:

›Wenn alle Wünsche schwinden, die in seinem Herzen wohnen, dann wird der Mensch unsterblich. Schon hier erlangt er Brahman.‹ Wie eine alte, abgeworfene Schlangenhaut auf einem Ameisenhaufen liegt, ebenso liegt der Körper hier da. Der knochenlose, körperlose, erkenntnisreiche Âtman ist Brahman, ist die Welt, o Großkönig.«

So sprach Yâjnavalkya.

›Ich gebe dem Ehrwürdigen Tausend‹, sprach Janaka, der Fürst der Videha.

Davon handeln auch die Verse:

Es gibt einen schmalen, sicheren, hinüberführenden, alten Weg . . ., den ich gefunden habe. Auf ihm ziehen die Weisen, die Brahmakenner zum Himmel empor, die von dieser Welt erlöst sind.

Auf ihm, sagt man, ist Weißes, Blaues, Gelbes, Grünes, Rotes. Das ist der Weg, der durch das Brahman gefunden ist; auf ihm geht der Kenner des Brahman gluterfüllt und fromme Werke tuend.

In blinde Finsternis gehen die, die dem Vergehen anhängen; in noch tiefere, scheint es, die, die an dem Werden sich erfreuen[72].

Asurisch heißen diese Welten, die von blinder Finsternis bedeckt sind. Zu diesen gehen nach dem Tode die Menschen, die ohne Wissen und Weisheit sind.

Das, was wir sind, wir werden dazu. Ist das nicht erkannt, so ist das Verderben groß. Die es erkennen, die werden unsterblich. Aber die anderen verfallen der Pein.

Wenn ein Mensch vom Selbst weiß: ›Das bin ich‹, in welcher Absicht, in welchem Verlangen möchte er da noch an dem Körper hängen?

Wer sein Selbst gefunden und in diesem dichten Behälter (des Leibes) befindlich wahrgenommen hat, der ist allschaffend; der ist der Schöpfer von allem. Dem gehört die Welt, und er ist die Welt.

Wenn er auf diesen Âtman unmittelbar als Gott hinblickt, als Herrn über Vergangenheit und Zukunft, dann hegt er keinen Zweifel mehr.

Auf ihm beruhen die fünf Stämme, auf ihm der Äther. Dieses Selbst sehe ich als das Brahman an, selbst unsterblich als das Unsterbliche.

Diesseits von ihm rollt das Jahr mit seinen Tagen sich ab; die Götter verehren es als das Gestirn der Gestirne, als das ewige Leben.

Die, welche in ihm des Hauches Hauch, des Auges Auge, des Ohres Ohr, der Speise Speise, des Manas Manas sehen, sie haben das alte, über allem stehende Brahman erkannt.

Mit dem Manas muß man es erfassen: nicht gibt es hier Verschiedenerlei. Der fällt von Tod zu Tod, der hier Verschiedenerlei sehen will.

Mit dem Manas muß man nach ihm ausschauen, nach dem Unvergänglichen, Festen. Jenseits des Äthers wohnt staublos der ewige, große, feste Âtman.

Der Weise, der Brahmane, der ihn erkannt hat, soll Klugheit annehmen; er soll nicht auf viele Worte sinnen; denn das würde die Rede nur ermüden.

Macht des Âtman

Machthaber über alles, Herrscher über alles, Oberherr über alles ist der Âtman. Er gebietet über alles, was immer hier ist. Er wird nicht größer durch gute Werke und nicht geringer durch schlechte. Er ist Oberherr der Wesen, Herrscher der Welt. Er ist der Damm, der diese Welten trennt, damit sie nicht zusammenstürzen.

Man sucht ihn durch Vedastudium, durch den heiligen Schülerstand, durch Kasteiung, Glaube, Opfer, Fasten zu erkennen. Wer ihn erkannt hat, wird ein Muni (Büßer, Schweiger). Zu ihm wandern die heiligen Wanderer, die seine Welt zu gewinnen trachten.

Darum haben die Brahmanen der Vorzeit, die studiert hatten und kundig waren, nicht Nachkommenschaft begehrt. ›Was sollen wir‹, dachten sie, ›mit Nachkommenschaft tun, wir, deren Welt der Âtman ist?‹ Sie gaben den Wunsch nach Söhnen, nach Besitz, nach der Welt auf und zogen als Bettler hinaus. Denn der Wunsch nach Söhnen ist ein Wunsch nach Besitz, der Wunsch nach Besitz ist ein Wunsch nach der Welt. Wunsch ist beides.

Von dem Âtman heißt es, ›*na, na*[73]‹. Unfaßbar, wird er nicht gefaßt; unzerstörbar, wird er nicht zerstört; nicht haftend, nicht gebunden, haftet er nicht, schwankt er nicht. Die Gedanken: ›Ich tat Übles‹ oder ›Ich tat Gutes‹ überwindet der Unsterbliche beide. Gut und Schlecht, getan und nicht getan schmerzt ihn nicht. Für ihn wird durch keinerlei Werk eine Welt mehr auferbaut.

Das sagt der Vers:

›Das ist die ewige Größe des Brahmakenners: nicht wächst er durch Werke, nicht wird er kleiner. Diese soll er erkunden. Wer sie erkannt hat, wird von bösen Handlungen nicht befleckt.‹

Der Kundige weiß sich mit dem Âtman eins

»Darum soll ein dessen Kundiger, müde, sanft, entsagend, geduldig, gläubig geworden, im eigenen Selbst den Âtman erblicken. Er sieht einen jeden als das Selbst an, ein jeder wird für ihn zum Selbst, er wird für jeden zum Selbst. Er überwindet alles Übel, nicht überwindet ihn das Übel. Er verbrennt alles Übel, nicht verbrennt ihn das Übel; frei von

Übel, Alter, Hunger, Durst wird der Brahmane, der so weiß.

Das ist das große, ungeborene Selbst, das Speise ißt (ein Herr ist) und Güter spendet. Der, welcher dieses große, ungeborene Selbst, das Speise ißt und Güter spendet, kennt, erlangt Güter.

Dieses große, ungeborene Selbst, das frei ist von Alter und Tod, frei von Furcht und unsterblich, ist Brahman. Freiheit von Furcht hast du, Janaka, erreicht.« So sprach Yâjnavalkya. ›Ich übergebe dir Ehrwürdigem die Videhas und mich als Sklaven.‹

Dieses große, ungeborene Selbst, das frei ist von Alter und Tod, frei von Furcht und unsterblich, ist Brahman. Furchtlos ist Brahman. Das furchtlose Brahman wird, wer so weiß.

(IV, 4)

Der Zustand der Vereinigung mit dem Âtman

Yâjnavalkya hatte zwei Frauen, Maitreyî und Kâtyâyanî. Von diesen beiden wußte Maitreyî über das Brahman zu reden; Kâtyâyanî hatte rein weiblichen Verstand. Yâjnavalkya war im Begriff, in einen anderen Abschnitt seines Lebens (Âshrama) einzutreten, und sprach: ›Maitreyî, ich bin im Begriff, von diesem Ort in die Heimatlosigkeit zu ziehen, meine Liebe, und will von dir und der Kâtyâyanî Abschied nehmen.‹

Da sprach Maitreyî: ›Wenn mir nun, o Ehrwürdiger, die ganze Erde voller Schätze wäre, würde ich dadurch unsterblich sein oder nicht?‹

»Nein«, sagte Yâjnavalkya. »Wie das Leben reicher Leute, so würde dein Leben sein; aber Hoffnung auf Unsterblichkeit geben Schätze nicht.«

Da sagte Maitreyî: ›Was soll ich mit etwas anfangen, wodurch ich nicht unsterblich werde. Sage mir, Erhabener, was du weißt.‹

»Du bist mir lieb und hast mir Liebes erwiesen. Wohlan, höre, ich will es dir sagen, ich will es dir erklären. Du aber denke über das Wort nach, was ich dir sage.«

›Rede, Ehrwürdiger.‹

Da sprach Yâjnavalkya: »Nicht ist um des Gatten willen der *Gatte* lieb, sondern um des Selbst willen ist der Gatte lieb; nicht ist um der Gattin willen die *Gattin* lieb, sondern um des Selbst willen ist die Gattin lieb; nicht sind um der Söhne willen die *Söhne* lieb, sondern um des Selbst willen sind die Söhne lieb; nicht ist um des Reichtums willen der *Reichtum* lieb, sondern um des Selbst willen ist der Reichtum lieb; nicht ist um des Brahmanenstandes willen der *Brahmanenstand* lieb, sondern um des Selbst willen ist der Brahmanenstand lieb; nicht ist um des Kshatriyastandes willen der *Kshatriyastand* lieb, sondern um des Selbst willen ist der Kshatriyastand lieb; nicht sind um der Welten willen die *Welten* lieb, sondern um des Âtman willen sind die Welten lieb; nicht um der Götter willen sind die *Götter* lieb, sondern um des Âtman willen sind die Götter lieb; nicht um der Veden willen sind die *Veden* lieb, sondern um des Âtman willen sind die Veden lieb; nicht um der Opfer willen sind die *Opfer* lieb, sondern um des Âtman willen sind die Opfer lieb; nicht um der Wesen willen sind die *Wesen* lieb, sondern um des Âtman willen sind die Wesen lieb; nicht um des Alls willen ist das *All* lieb, sondern um des Âtman willen ist das All lieb; den Âtman, fürwahr, muß man sehen, hören, bedenken, zu erkennen suchen, Maitreyî. Hat man den Âtman gesehen, gehört, bedacht, erkannt, so ist alles erkannt.

Der Brahmanenstand gab den preis, der den Brahmanenstand wo anders als im Âtman sieht; der Kriegerstand gab den preis, der den Kriegerstand wo anders als im Âtman sieht; die Welten gaben den preis, der die Welten wo anders als im Âtman sieht; die Götter gaben den preis, der die Götter wo anders als im Âtman sieht; die Veden gaben den preis, der die Veden wo anders als im Âtman sieht; die Opfer gaben den preis, der die Opfer wo anders als im Âtman sieht; die Wesen gaben den preis, der die Wesen wo anders als im Âtman sieht; das All gab den preis, der das All wo anders als im Âtman sieht. Dies Brahman, dies Kshatra, diese Welten, diese Götter, diese Veden, diese Opfer, diese Wesen, dies All – das ist der Âtman.

Es ist so, wie man von einer angeschlagenen Trommel die nach außen dringenden Töne nicht packen kann, man aber durch das Packen der Trommel oder des Trommelschlägers den Ton packt;

wie man von einer angeschlagenen Laute die nach außen dringenden Töne nicht packen kann, man aber durch das Packen der Laute oder des Lautenschlägers den Ton packt;

wie man von einer angeblasenen Muschel die nach außen dringenden Töne nicht packen kann, man aber durch das Packen der Muschel oder des Muschelbläsers den Ton packt;

wie von einem aus feuchtem Holz angelegten Feuer verschiedene Rauchwolken ausgehen, so ist es mit dem Aushauch dieses großen Wesens. Rigveda, Yajurveda, Sâmaveda, Atharvângiras, Itihâsa, Purâna, die Wissenschaften, die Upanishaden, Shloken, Sûtras, Anuvyâkhyas, Vyâkhyas, was geschenkt, zum Essen und Trinken gereicht ist, diese und jene Welt und alle Wesen – das alles ist sein Aushauch.

Wie das Meer der Mittelpunkt aller Gewässer, so ist die Haut der Mittelpunkt aller Gefühle, so ist die Nase der Mittelpunkt aller Gerüche, die Zunge der Mittelpunkt allen Geschmackes, das Auge der Mittelpunkt aller Erscheinungen, das Ohr der Mittelpunkt aller Geräusche, das Manas der Mittelpunkt aller Gedanken, das Herz der Mittelpunkt aller Veden, die Hände der Mittelpunkt alles Handelns, die Füße der Mittelpunkt allen Gehens, der Schoß der Mittelpunkt aller Freuden, der After der Mittelpunkt aller Entleerungen, die Stimme der Mittelpunkt aller Wissenschaften.

So wie ein Klumpen Steinsalz weder Kern noch Schale hat, sondern ganz Geschmack ist, so ist fürwahr dieses große, unendliche, unbegrenzte Wesen ganz Erkenntnis. Es geht aus den Elementen hervor, es geht in die Elemente unter. Nach dem Tode gibt es kein Bewußtsein. So sage ich.« Also sprach Yâjnavalkya.

Da sprach Maitreyî: ›Du hast, Ehrwürdiger, damit mich in tiefe Verwirrung versetzt; ich verstehe nicht: nach dem Tode gibt es kein Bewußtsein.‹

Da sprach Yâjnavalkya: »Ich rede nicht verwirrend; der Âtman, der fürwahr unvergänglich ist, unterliegt nicht dem Gesetz der Vernichtung, [aber ihm ist eine Vermischung mit der Materie eigen].

Wenn einer dann nicht sieht, so nimmt er, obschon sehend, Sichtbares nicht wahr. Der Sehende kommt zwar nicht um sein Gesicht, weil das nicht schwindet; aber es gibt kein Zweites, Anderes, Verschiedenes, was er sehen könnte[74].

Wenn einer dann nicht riecht, so nimmt er, obschon riechend, Riechbares nicht wahr. Der Riechende kommt zwar nicht um seinen Geruch, weil dieser nicht schwindet, aber es gibt kein Zweites, Anderes, Verschiedenes, was er riechen könnte.

Wenn einer dann nicht schmeckt, so nimmt er, obschon schmeckend, den Geschmack nicht wahr. Der Schmeckende kommt zwar nicht um seinen Geschmack, weil dieser nicht schwindet; aber es gibt kein Zweites, Anderes, Verschiedenes, was er schmecken könnte.

Wenn einer dann nicht redet, so redet er, obschon redend, das zu Redende nicht. Zwar kommt der Redende nicht um seine Rede, weil diese nicht schwindet; aber es gibt kein Zweites, Anderes, Verschiedenes, was er reden könnte.

Wenn einer dann nicht hört, so nimmt er, obschon hörend, das Hörbare nicht wahr. Der Hörende kommt zwar nicht um sein Gehör, weil dieses nicht schwindet; aber es gibt kein Zweites, Anderes, Verschiedenes, was er hören könnte.

Wenn einer dann nicht denkt, so denkt er, obschon denkend, das zu Denkende nicht. Zwar kommt der Denkende nicht um sein Denken, weil dieses nicht schwindet; aber es gibt kein Zweites, Anderes, Verschiedenes, was er denken könnte.

Wenn einer dann nicht fühlt, so fühlt er, obschon fühlend, das zu Fühlende nicht. Zwar kommt der Fühlende nicht um sein Gefühl, weil dieses nicht schwindet; aber es gibt kein Zweites, Anderes, Verschiedenes, was er fühlen könnte.

Wenn einer dann nicht erkennt, so erkennt er, obschon erkennend, das Erkennbare nicht. Zwar kommt der Erkenner nicht um sein Erkennen, weil dieses nicht schwindet; aber es gibt kein Zweites, Anderes, Verschiedenes, was er erkennen könnte.

Wenn noch etwas anderes bestünde, so würde eins das andere sehen, eins das andere riechen, eins das andere schmekken, eins das andere begrüßen, eins das andere hören, eins das andere denken, eins das andere fühlen, eins das andere erkennen.

Wenn aber alles zum Âtman geworden ist, womit und wen sollte er da sehen, womit und wen sollte er da riechen, womit und wen sollte er da begrüßen, womit und wen sollte er da hören, womit und an wen sollte er da denken, womit und wen sollte er da fühlen, womit und wen sollte er da erkennen? Womit sollte er den erkennen, durch den er dieses alles erkennt? Womit, fürwahr, sollte er den Erkenner erkennen? So ist dir Unterweisung zuteil geworden, Maitreyî. Dergestalt ist die Unsterblichkeit.«

So sprach Yâjnavalkya und zog hinaus in die Heimatlosigkeit. (IV, 5)

Der Pfad der Götter und der Manen

Der Weg, den die Toten bei ihrem Abscheiden von der Welt nehmen, wird hier erörtert; es ist eine Auffassung unter vielen, die im Umlauf gewesen sein mögen, und charakteristisch dadurch, daß sie auch den für Brahmans Welt Bestimmten nicht unmittelbar, sondern auf dem Umwege über Götterwelt, Sonne und Blitzfeuer dahin gelangen läßt. Eine besondere Stelle nehmen die Würmer, Vögel, Insekten ein. In deren Leib gehen die ein, die keinen der beiden Wege kennen.

Shvetaketu, der Sohn des Âruni, begab sich zu einer Versammlung der Pancâlas. Er begab sich zu Jaivali Pravâhana, der von seinem Hofe umgeben war. Dieser erblickte ihn und sprach zu ihm: ›Mein Jüngling!‹ »Hier, Herr!« antwortete der. ›Hat dich dein Vater unterwiesen?‹ »Ja, Herr«, sprach er.

›Weißt du, wie die Geschöpfe, wenn sie abscheiden, nach verschiedenen Richtungen auseinandergehen?‹ »Nein«, sprach er. ›Weißt du, wie sie wieder in diese Welt gelangen?‹ »Nein«, sprach er. ›Weißt du, wie es kommt, daß jene Welt von den vielen Geschöpfen, die so immer wieder abscheiden, nicht voll wird?‹ »Nein«, sprach er. ›Weißt du, nach der wievielten Darbringung die Wasser menschliche Stimmen annehmen, sich erheben und reden?‹ »Nein«, sprach er. ›Weißt du den Zugang zu dem Götter- oder dem Väterweg und was man getan haben muß, um zu dem Götter- oder Väterweg zu gelangen? Hast du das Wort des Rishi nicht vernommen: ich hörte von zwei Wegen, dem Wege der Manen und dem Wege der Götter und Menschen? Auf diesen bewegt sich alles, was zwischen Vater und Mutter (Himmel und Erde) sich regt.‹ »Nicht kenne ich einen davon«, sprach er.

Da lud er ihn ein, bei ihm zu wohnen. Aber der Jüngling achtete der Wohnung nicht und lief davon. Er begab sich zum Vater. Zu dem sprach er: »In solcher Weise hast du mich also als unterrichtet erklärt!« ›Wieso, du Weiser?‹ »Fünf Fragen hat der Prinz an mich gerichtet; davon habe ich nicht eine gewußt«, sagte er. ›Was für welche sind das?‹ Er zählte ihm die Anfänge auf[75].

Der sprach: ›So solltest du mich kennen, Kind, daß ich alles, was ich nur weiß, dir auch sagte. Aber komm, wir wollen dorthin gehen und in den heiligen Schülerstand treten.‹ »Gehe du.«

Gautama begab sich dorthin, wo die Versammlung des Pravâhana Jaivali stattfand. Dieser ließ ihm einen Sitz und Wasser bringen. Darauf machte er ihm ein Gastgeschenk.

Er sprach: ›Ich gestatte dem verehrten Gautama, einen Wunsch zu tun.‹ Der sprach: »Du hast mir die Gewährung des Wunsches zugesagt. Das Wort, das du in Gegenwart des Jünglings aussprachest, das sage mir.«

Der sprach: ›Das gehört unter die Wünsche der Götter. Sprich von menschlichen.‹

»Dir ist bekannt, ich habe meinen Anteil an Gold, Rindern, Rossen, Sklavinnen, Ober- und Untergewändern; sei nicht karg gegen mich in bezug auf das Viele, Unendliche, Unbegrenzte.« ›Das mußt du, Gautama, durch eine ehrwürdige Person dir zu verschaffen suchen.‹ »Ich trete bei dir in die Lehre.« Mit diesem Wort pflegte man früher sich in die Lehre zu begeben.

Dieser sprach bei der Erwähnung des In-die-Lehre-Gehens: ›Du, Gautama, und deine Vorfahren werden doch nicht so sich gegen uns (die Kriegerkaste) vergangen haben, daß diese Wissenschaft nicht schon früher in irgendeinem Brahmanen Wohnung nahm[76]. Ich will sie dir aber verkündigen; denn wer vermöchte einen, der so spricht, zurückzuweisen?

Jene Welt ist ein Opferfeuer, Gautama. Sein Brennholz ist die Sonne; die Strahlen sein Rauch, der Tag seine Flamme, der Mond seine Kohlen, die Sterne seine Funken. In diesem Feuer opfern die Götter (als Spende) den Glauben; aus dieser Spende entsteht *König Soma.*

Parjanya, der Gewittergott, ist ein Opferfeuer, Gautama. Sein Brennholz ist das Jahr, die Wolken sein Rauch, der

Blitz seine Flamme, der Donnerkeil seine Kohlen, der Hagel seine Funken. In diesem Feuer opfern die Götter den Soma; aus dieser Spende entsteht *der Regen.*

Diese Welt ist ein Opferfeuer, Gautama. Sein Brennholz ist die Erde, der Wind sein Rauch, die Nacht seine Flamme, die Himmelsgegenden seine Kohlen, die Zwischengegenden seine Funken. In diesem Feuer opfern die Götter den Regen; aus dieser Spende entsteht *die Speise.*

Der Mann ist ein Opferfeuer, Gautama. Sein Brennholz ist der geöffnete Mund; der Hauch sein Rauch, die Stimme seine Flamme, das Auge seine Kohlen, das Ohr seine Funken. In diesem Feuer opfern die Götter die Speise; aus dieser Spende entsteht *der Same.*

Die Frau ist ein Opferfeuer, Gautama. Sein Brennholz ist ihr Schoß, die Haare sein Rauch; ihre Scham seine Flamme, die Zeugung seine Kohle, die Lust seine Funken. In diesem Feuer opfern die Götter den Samen; aus dieser Spende entsteht *der Mensch.* Er wird geboren, lebt, solange er lebt, und wenn er stirbt, trägt man ihn zum Feuer (des Scheiterhaufens).

Dessen Feuer ist ein Opferfeuer. Das Brennholz sein Brennholz, der Rauch sein Rauch, die Flamme seine Flamme; die Kohlen seine Kohlen; die Funken seine Funken. In diesem Feuer opfern die Götter den Menschen; aus dieser Spende entsteht der *lichtfarbige Purusha*[77].‹

Der zweifache Weg

›Die, welche diese Kenntnis haben, und jene, die im Walde Glauben und Wahrheit üben, diese gehen in die Flamme ein, aus der Flamme in den Tag, aus dem Tage in die lichte Hälfte des Monats, aus der lichten Hälfte des Monats in die sechs Monate, während denen die Sonne nordwärts geht, aus den Monaten in die Götterwelt, aus der Götterwelt in die Sonne, aus der Sonne in das Blitzfeuer. Daraus naht diesen ein geistiger Mann und bringt sie in die Brahmawelt. Sie wohnen in den Brahmawelten bis in die weitesten Fernen. Von dort kehren sie hierher nicht mehr zurück.

Aber die, welche durch Opfer, Freigebigkeit und Askese die Welt gewinnen, diese gehen in den Rauch ein, aus dem Rauch in die Nacht, aus der Nacht in die dunkle Hälfte des Monats, aus der dunklen Hälfte des Monats in die sechs Monate, während denen die Sonne südwärts geht, aus den Monaten in die Manenwelt, aus der Manenwelt in den Mond, sie gelangen in den Mond und werden Speise. Wie den König Soma mit den Worten »Schwill an«, »Nimm ab«, so genießen die Götter diese dort. Wenn das für sie zu Ende ist, so gehen sie in den Äther ein, aus dem Äther in den Wind, aus dem Wind in den Regen, aus dem Regen in die Erde; wenn sie zur Erde gelangt sind, so werden sie Speise. In dieser Weise bleiben sie im Kreislauf. Aber die, welche diese beiden Wege nicht kennen, diese werden zu Würmern, Vögeln und Insekten aller Art.‹ (VI, 1)

In der *Chândogya-Upanishad V*, 10 lautet der parallele Abschnitt, der den Götter- und Manenweg beschreibt, folgendermaßen:

Die Leibesfrucht liegt zehn Monate oder wie lange es grade dauert in ihrer Hülle verborgen und wird dann geboren.

Ist einer geboren, so lebt er, solange er eben lebt. Wenn er gestorben ist, tragen sie ihn[78] von hier zum Feuer, aus dem er gekommen ist, aus dem er entstanden ist.

Die, welche so wissen und im Walde Glauben und Kasteiung üben, die gehen in die Flamme (des Scheiterhaufens) ein, aus der Flamme in den Tag, aus dem Tage in die lichte Hälfte des Monats, aus der lichten Hälfte des Monats in die sechs Monate, während denen die Sonne nordwärts geht.

Aus den Monaten in das Jahr, aus dem Jahr in die Sonne, aus der Sonne in den Mond, aus dem Monde in den Blitz. Da bringt sie ein geistiger Mann zum Brahman. Das ist der Pfad, auf dem die Götter gehen.

Die, welche im Dorf Opfer, fromme Werke, Spenden üben,

diese gehen in den Rauch ein, aus dem Rauch in die Nacht, aus der Nacht in die dunkle Hälfte des Monats, aus der dunklen Hälfte des Monats in die sechs Monate, während denen die Sonne südwärts geht; diese erlangen nicht das Jahr.

Aus den Monaten in die Welt der Manen, aus der Welt der Manen in den Äther; aus dem Äther in den Mond. Das ist König Soma. Das ist die Speise der Götter. Ihn essen die Götter.

Wenn sie in ihm bis zum letzten Rest (ihrer früheren Werke) gewohnt haben, kehren sie auf demselben Wege, wie sie gekommen sind, wieder in den Äther zurück, aus dem Äther in den Wind; zu Wind geworden, werden sie zu Rauch; zu Rauch geworden, werden sie zu Nebel. Zu Nebel geworden, werden sie zur Wolke; zur Wolke geworden, regnen sie herab und werden als Reis oder Gerste, Pflanzen oder Bäume, Sesam oder Bohnen geboren. Daraus ist schwer zu entkommen. Wenn einer Speise ißt und Samen ergießt, dann entstehen sie aufs neue.

Die, welche hier lieblichen Wandels sind, haben die Aussicht, daß sie in einen lieblichen Schoß gelangen; in den Schoß eines Brahmanen, Kshatriya oder Vaishya. Die aber, die einen anrüchigen Wandel führen, haben Aussicht, daß sie in einen anrüchigen Schoß gelangen, den eines Hundes, Schweines oder Cândâla.

Aber auf keinen dieser beiden Pfade gehen diese kleinen, oftmals wiederkehrenden Wesen. ›Werde und stirb‹: das ist der dritte Ort. Darum wird jene Welt nicht voll. Darum soll man sich hüten. Hier sagt ein Shloka:

›Einer, der Geld stiehlt, der Surâ trinkt, das Lager seines Lehrers besteigt, einen Brahmanen tötet, diese vier gehen ihrer Kaste verlustig. Zu fünft der, der mit ihnen verkehrt.‹

CHÂNDOGYA-UPANISHAD

Der Udgîtha, Gesang der Hunde

Nun vom Udgîtha der Hunde. Baka Dâlbhya oder Glâva Maitreya zog zum Studium hinaus. Da zeigte sich ihm ein weißer Hund. Bei dem stellten die andern sich ein und sprachen: ›Erwirke uns Speise durch deinen Gesang; denn wir haben Hunger.‹ Er sprach zu ihnen: »Stellt euch an diesem Platze in der Frühe bei mir ein.« Baka Dâlbhya oder Glâva Maitreya wartete das ab. Wie die Priester, wenn sie das Bahishpavamânastotra singen wollen, einander anfassen und (zu dem Platz, wo es gesungen wird) schleichen, so schlichen diese heran. Sie ließen sich nieder und ließen den Hin-Laut erklingen: Om, wir wollen essen, Om, wir wollen trinken. Om, Gott Varuna, Prajâpati, Savitri brachte Speise hierher. Herr der Speise, bringe Speise hierher. Bringe! Om![79] (I, 12)

Das heilige Gesetz und der Omlaut

Das heilige Gesetz hat drei Stämme; den ersten bilden Opfer, Vedastudium und Freigebigkeit; Kasteiung bildet den zweiten; der Schüler, der in die heilige Lehre tritt und im Hause des Lehrers wohnt, den dritten. Alle diese werden guter Welten teilhaftig. Wer im Brahman seine Wohnstätte sucht, schreitet zur Unsterblichkeit.

Prajâpati bestrahlte mit Glut diese Welten. Aus diesen bestrahlten Welten strömte die dreifache Wissenschaft hervor. Er bestrahlte diese. Aus dieser bestrahlten Wissenschaft strömten die Silben *bhûr bhuvar svar* hervor. Er bestrahlte diese. Aus diesen bestrahlten Silben strömte der Omlaut hervor. Wie von einem Nagel alle Blätter durchbohrt sind, so ist von dem Omlaut alle Rede durchbohrt. Der Omlaut ist dies alles; der Omlaut ist dies alles. (II, 23)

Die Lehre des Shândilya

(Andere Version oben Shat. Brahm. X, 6, 3.)

Das Brahman ist diese ganze Welt. Friedvollen Herzens soll er es als *jalân* verehren. Der Mensch besteht aus Wollen. Wie das Wollen des Menschen in dieser Welt ist, so wird er nach seinem Scheiden aus dieser Welt. Er muß sein Wollen bilden.

Verstand ist sein Stoff, der Hauch sein Leib, Glanz seine Erscheinungsform, Wahrheit ist sein Entschließen, der Äther sein Selbst. Es ist allwirkend, allwünschend, voll jeglichen Duftes, voll jeglichen Geschmackes, all dies umfassend, wortlos, achtlos.

Dieser mein Âtman im Inneren des Herzens ist feiner als ein Reis- oder Gersten- oder Senf- oder Hirsekorn oder das Korn eines Hirsekorns. Dieser mein Âtman im Innern des Herzens ist größer als die Erde, größer als der Luftraum, größer als der Himmel, größer als die Welten.

Er ist allwirkend, allwünschend, voll jeglichen Duftes, voll jeglichen Geschmackes, all dies umfassend, wortlos, achtlos. Dieser mein Âtman im Innern des Herzens ist das Brahman, zu ihm werde ich nach meinem Scheiden von hier gelangen. Wem solche Gewißheit ist, dem bleibt kein Zweifel. So spricht Shândilya, Shândilya. (III, 14)

Erzählung von dem aussätzigen Weisen mit Namen Raikva

Der Wind ist unter den Göttern, der Hauch unter den lebenden Wesen das oberste Prinzip, das alles in sich aufnimmt oder »an sich reißt«. Es ist die Lehre von den beiden »Ansichreißern«, die der einsam lebende Raikva dem reichen Jânashruti verkündet. Raikva ist in seiner Erkenntnis dem Frager überlegen, obwohl dieser gläubig und freigebig ist. Weil Raikva diese Erkenntnis hat, fließt ihm alles Gute zu, was die Wesen tun, dem Kritawurf vergleichbar, dem alle niederen Würfe zugezählt werden. Der Gedanke an sich ist anderwärts bekannt; neu ist hier nur seine Einkleidung.

Jânashruti Pautrâyana war ein frommer, freigebiger, gastfreier Mann. Er ließ allerwärts Herbergen bauen, damit man allerwärts bei ihm essen könne. In der Nacht flogen Schwäne vorüber, und einer sprach zum andern: ›He, Ballâksha, Ballâksha, der Glanz Jânashruti Pautrâyanas hat sich weithin wie der Himmel ausgebreitet; rühre nicht daran, daß er dich nicht versenge.‹ Da erwidert ihm der andere: »Von wem sprichst du, Lieber, da, als wäre es ein Sayugvan[80] Raikva? Wie ist denn der Sayugvan Raikva, von dem du sprichst?« ›Wie dem siegreichen Krita die niederen Würfe zufallen, so fällt diesem Raikva alles zu, was die Wesen Gutes tun. Wer das weiß, was der weiß, der ist von mir hier gemeint.‹

Das hörte Jânashruti Pautrâyana; fuhr auf und sagte zu einem Kämmerling: He, Freund, (ich höre sagen:) »sprichst du, als wäre es ein Sayugvan Raikva! Wie ist denn der Sayugvan Raikva, von dem du sprichst? Wie dem siegreichen Krita die niederen Würfe zufallen, so fällt diesem Raikva alles zu, was die Wesen Gutes tun. Wer das weiß, was der weiß, der ist von mir hier gemeint.«

Der Kämmerling (ging und) forschte nach. Mit den Worten: ›Ich habe ihn nicht gefunden‹, kam er wieder. (Jânashruti) sprach zu ihm: ›Wo man einen Brahmanen sucht, mein Lieber, da triff ihn.‹

Dieser näherte sich einem Mann, der unter einem Wagen sich den Aussatz abschabte, und redete ihn an: ›Bist du, Ehrwürdiger, Sayugvan Raikva?‹ »Das bin ich, mein Lieber«, antwortete er. Da kehrte der Kämmerling mit den Worten zurück: ›Ich fand ihn.‹

Da nahm Jânashruti Pautrâyana sechshundert Rinder, einen Goldschmuck und einen mit Maultierweibchen bespannten

Wagen, zog zu ihm und redete ihn an: »Raikva, hier sind sechshundert Rinder, ein Goldschmuck, hier ein mit Maultierweibchen bespannter Wagen. Lehre mich die Gottheit, die du verehrst.« Ihm erwiderte der andere: ›Haha! Ach über dich, Shûdra! Das mag samt den Rindern etwas für dich sein.‹ Da nahm Jânashruti Pautrâyana tausend Rinder, einen Goldschmuck, einen mit Maultierweibchen bespannten Wagen und seine Tochter und zog wieder zu ihm und redete ihn an: »Raikva, hier sind tausend Rinder, hier ein Goldschmuck, hier ein mit Maultieren bespannter Wagen, hier die Frau, hier das Dorf, in dem du wohnst. Nun belehre mich, Ehrwürdiger.« Er hob ihr Gesicht und sprach: ›Haha, ach über diese, Shûdra! Mit diesem Gesicht allein würdest du mich geehrt haben.‹ Es war der Raikvaparna genannte Ort im Lande der Mahâvrishas, wo sein Wohnsitz war. Er verkündete ihm:

›Der Wind ist es, der alles an sich zieht. Wenn das Feuer ausgeht, geht es in den Wind ein. Wenn die Sonne untergeht, geht sie in den Wind ein. Wenn der Mond untergeht, geht er in den Wind ein. Wenn die Wasser austrocknen, gehen sie in den Wind ein. Der Wind zieht diese alle an sich. Soviel hinsichtlich der Gottheit. Nun in bezug auf das Ich. Der Hauch ist es, der alles an sich zieht. Wenn einer schläft, so geht die Stimme in den Hauch ein, in den Hauch das Auge, in den Hauch das Ohr, in den Hauch das Manas. Der Hauch zieht alle die an sich. Das sind die zwei, die alles an sich ziehen; der Wind unter den Göttern, der Hauch unter den lebenden Wesen[81].‹ (IV, 1–3)

Die Belehrung durch die Opferfeuer

Upakosala Kâmalâyana unterzog sich bei Satyakâma Jâbâla dem heiligen Studium. Durch zwölf Jahre versah er dessen heilige Feuer. Seine anderen Schüler ließ er heimkehren, diesen nicht.

Die Gattin sprach zu ihm: ›Der Schüler hat sich abgequält, er hat die Feuer nach Gebühr versehen. Hüte dich, daß die Feuer nicht dir voraus die Lehre ihm verkünden. Sprich zu ihm.‹ Aber ohne sie ihm verkündet zu haben, begab er sich auf eine Reise.

Der Schüler hörte infolge einer Krankheit auf zu essen. Da sprach die Frau des Lehrers zu ihm: ›Schüler, iß! Warum issest du denn nicht?‹ Er erwiderte: »In dem Menschen wohnen viel Lüste mannigfacher Art. Ich stecke voller Krankheiten. Ich werde nicht essen.«

Da sagten die Feuer zueinander: ›Der Schüler hat sich abgequält. Er hat uns nach Gebühr versehen. Wohlan, wir wollen zu ihm sprechen.‹ Sie sagten zu ihm:

›*Prâna*, (der Hauch), ist Brahman; *kam*, (die Freude), ist Brahman; *kham*, (der Äther), ist Brahman.‹ Er sprach: »*Prâna* ist Brahman, das verstehe ich; aber *kam* und *kham*, das verstehe ich nicht.« Sie sagten: ›*kam* ist *kham*, und *kham*, das ist *kam*.‹ Sie sprachen zu ihm da von dem Hauch sowohl als vom Äther (Raum).

Nun unterwies ihn das Gârhapatyafeuer (im Westen des Opferplatzes): ›Feuer, Speise, Erde, Sonne: der Purusha (das Männchen)[82], den man in der Sonne sieht, das bin ich; grade das bin ich.

Wer mit solcher Kenntnis ihn verehrt, schlägt das Tun der Bösen ab, gewinnt die Welt, erreicht ein volles Lebensalter [lebt lange]. Seine Nachkommen sterben nicht aus. Wir haben von dem Nutzen in dieser und jener Welt, der ihn mit solcher Kenntnis verehrt.‹

Da unterwies ihn das Anvâhâryapacanafeuer (im Süden des Opferplatzes): ›Wasser, Himmelsgegenden, Sterne, Mond: der Purusha (das Männchen), den man im Monde sieht, das bin ich, grade das bin ich.

Wer mit solcher Kenntnis ihn verehrt, schlägt das Tun der Bösen ab, gewinnt die Welt, erreicht ein volles Lebensalter [lebt lange]. Seine Nachkommen sterben nicht aus. Wir haben von dem Nutzen in dieser und jener Welt, der ihn mit solcher Kenntnis verehrt.‹

Da unterwies ihn das Âhavanîyafeuer (im Osten des Opferplatzes): ›Lebenshauch, Raum, Himmel, Blitz: der Purusha, den man im Blitz sieht: das bin ich, grade das bin ich.

Wer mit solcher Kenntnis ihn verehrt, schlägt das Tun der Bösen ab, gewinnt die Welt, erreicht ein volles Lebensalter [lebt lange]. Seine Nachkommen sterben nicht aus. Wir haben von dem Nutzen in dieser und jener Welt, der ihn mit solcher Kenntnis verehrt.‹

Sie sprachen: ›Upakosala, da hast du die Wissenschaft von uns und die Wissenschaft vom Selbst. Der Meister aber wird dir den Weg sagen.‹ Sein Lehrer kam herbei, sein Lehrer begrüßte ihn: ›Upakosala!‹

»Ehrwürdiger!« antwortete er.

›Dein Antlitz, mein Lieber, glänzt wie das eines Mannes, der das Brahman kennt. Wer hat dich unterwiesen?‹

»Wer sollte mich unterweisen?« Mit diesen Worten schien er zu leugnen.

›Hier die Feuer haben ihr Aussehen verändert‹[83], sprach er, auf die Feuer weisend. ›Was haben sie dir gesagt, mein Lieber?‹

»Dieses«[84], erwiderte er.

›Sie haben zu dir von den Welten gesprochen. Ich will dir aber das verkünden, wonach, wie an einem Lotusblatt das Wasser nicht haftet, an einem diese Kenntnis Besitzenden ein übles Werk nicht haftet.‹

»Verkünde mir das, Ehrwürdiger!«

Er verkündete ihm: ›Der Purusha, den man im Auge sieht, das ist der Âtman‹, sprach er. ›Das ist das Unsterbliche, Furchtlose, das ist das Brahman. Darum, wenn man auch flüssige Butter oder Wasser ins Auge gießt, läuft sie in die Augenlider.

Man nennt ihn *Samyadvâma*; denn alles Gefällige (*vâma*) geht, fließt in ihn zusammen. Alles Gefällige fließt in den zusammen, der so weiß.

Er heißt *vâmanî*; denn er führt alles Gefällige (*nî*). Alles Gefällige führt der, der so weiß.

Er heißt *bhâmanî*; denn er leuchtet (*bhâ*) in allen Welten. In allen Welten leuchtet der, der so weiß.

Sei es nun, daß sie an ihm die Leichenriten vollziehen oder nicht, er geht in die Flamme ein, aus der Flamme in den Tag, aus dem Tag in die zunehmende Monatshälfte, aus der zunehmenden Monatshälfte geht er in die sechs Monate, in denen die Sonne nach Norden geht, aus diesen Monaten in das Jahr, aus dem Jahr in die Sonne, aus der Sonne in den Mond, aus dem Monde in den Blitz, da ist ein spiritueller (nicht menschlicher) Mann, der führt ihn zum Brahman. Das ist der Pfad der Götter, der Pfad des Brahman. Wer auf ihn gelangt, kehrt zu dem menschlichen Strudel nicht mehr zurück, nicht mehr zurück.‹ (IV, 10–15)

Verschiedene Auffassungen vom Wesen des Selbst

(Ähnlich Brih.-Âr.-Up. II, 1)

Zu Gautama kommen verschiedene Gelehrte, um ihn über das Wesen des Selbst zu befragen, und legen ihm, von ihm aufgefordert, ihre eigene Ansicht dar. Jeder von ihnen sieht den Âtman nur in einer einzelnen Erscheinung, im Himmel, in der Sonne usw., wohingegen er sie lehrt, das immer nur als eine Teilerscheinung anzusehen und den Âtman als klein wie eine Spanne und doch als übergroß anzusehen. Der Schluß des Kapitels verflicht in die Darlegung ein rein sakrales Element, indem es die Vedi, die Opferstreu usw. als Teile des Körpers des Âtman anzusehen lehrt. Der Text nennt ihn den Âtman Vaishvânara; diese Bezeichnung Vaishvânara haftet ursprünglich an dem einen Opferfeuer, das ein Symbol der Sonne ist und als altes Gaufeuer zu gelten hat. Statt Âtman Vaishvânara erscheint in der parallelen Erzählung des Shatapathabrâhmana X, 6, 1 noch dieser Agni Vaishvânara. An unserer Stelle ist also unter Aufgabe der konkreteren Vorstellung eines Feuers die abstraktere des Âtman V. eingetreten.

Prâcînashâla Aupamanyava, Satyayajna Paulushi, Indradyumna Bhâllaveya, Jana Shârkarâkshya, Budila Âshvatarâshvi: die großen Hausherren und Gelehrten kamen zusammen und stellten darüber Erwägungen an: was ist unser Âtman, was ist das Brahman?

Sie kamen mit sich überein: Uddâlaka Âruni, ihr Ehrwürdigen, studiert jetzt diesen Âtman Vaishvânara (den sich über alle Verbreitenden). Wohlan, laßt uns zu ihm gehen. Sie gingen zu ihm.

Er kam mit sich überein: diese großen Hausherren und Gelehrten werden mich befragen; ich kann ihnen kaum alles beantworten. Wohlan, ich will auf einen anderen hinweisen. Er sprach zu ihnen: ›Ashvapati Kaikeya, ihr Ehrwürdigen, studiert jetzt diesen über alle sich verbreitenden Âtman. Zu dem, wohlan, laßt uns gehen.‹ Sie gingen zu ihm.

Jedem der Ankömmlinge ließ dieser die Gästen zukommende Ehrung einzeln erweisen; am Morgen erhob er sich und sprach: ›Es gibt in meinem Reich keinen Dieb, keinen Geizhals, keinen Trinker, keinen, der nicht das heilige Feuer unterhielte, keinen Unwissenden, keinen Wüstling, geschweige denn eine Dirne. Ich wünsche ein Opfer zu bringen, Ehrwürdige; ich will den Ehrwürdigen so viel an Lohn geben, als ich jedem einzelnen Priester gebe. Bleibet hier, Ehrwürdige.‹

Sie sprachen: »Womit ein Mann sich beschäftigt, das soll er verkünden. Du studierst jetzt den über alle sich verbreitenden Âtman, den verkünde uns.«

Er sprach zu ihnen: ›Morgen früh werde ich es euch mitteilen.‹ Diese kamen, Brennholz in der Hand, vormittags wieder zu ihm.

Ohne sie regelrecht als Schüler aufzunehmen, sprach er zu ihnen so:

›Aupamanyava, wen verehrst du als das Selbst?‹

»Den *Himmel*, ehrwürdiger König«, sprach er.

›Das ist der wie Soma leuchtende, über alle sich verbreitende Âtman, den du als Âtman verehrst. Darum sieht man den Somasaft in deinem Geschlecht eintägig, mehrtägig, vieltägig keltern.

Du issest Speise, du siehst Liebes: es ißt Speise, es sieht Liebes, Brahmanenwürde wohnt in dessen Geschlecht, wer in dieser Form den Âtman Vaishvânara verehrt. Aber das ist nur der Kopf des Brahman‹, sprach er. ›Dein Haupt wäre geborsten, wärst du nicht zu mir gekommen.‹

Darauf sprach er zu Satyayajna Paulushi: ›Prâcînayogya, wen verehrst du als das Selbst?‹ »Die *Sonne*, ehrwürdiger König«, sprach er. ›Dies ist der allerlei Gestalt beherrschende, über alle sich verbreitende Âtman, den du als Âtman verehrst. Darum sieht man in deinem Geschlecht viel Dinge von allerlei Gestalt:

Den dahinrollenden Maultierwagen, die Sklavin, den Goldschmuck. Du issest Speise, du siehst Liebes: es ißt Speise, es sieht Liebes, Brahmanenwürde wohnt in dessen Geschlecht, der in dieser Form den Âtman verehrt. Aber das ist nur das Auge des Âtman‹, sprach er. ›Du wärest blind geworden, wenn du zu mir nicht gekommen wärest.‹

Darauf sprach er zu Indradyumna Bhâllaveya: ›Vaiyâghrapadya, wen verehrst du als das Selbst?‹ »Den *Wind*, ehrwürdiger König«, sprach er. ›Das ist der seine besonderen Pfade gehende, über alle sich verbreitende Âtman, den du als Âtman verehrst. Daher stellen sich verschiedene Huldigungsgaben bei dir ein und folgen dir verschiedene Wagenreihen nach.

Du issest Speise, du siehst Liebes: es ißt Speise, es sieht Liebes, Brahmanenwürde wohnt in dessen Geschlecht, der in dieser Form den über alle sich verbreitenden Âtman verehrt. Aber das ist nur der Hauch des Âtman‹, sprach er. ›Dein Lebenshauch würde von dir gewichen sein, wenn du nicht zu mir gekommen wärest.‹

Darauf sprach er zu Jana Shârkarâkshya: ›Shârkarâkshya, wen verehrst du als das Selbst?‹ »Den *Raum*, ehrwürdiger König«, sprach er. ›Das ist der ausgedehnte, über alle sich verbreitende Âtman, den du als Âtman verehrst. Deshalb bist du ausgedehnt, an Nachkommenschaft und Besitz.

Du issest Speise, du siehst Liebes: es ißt Speise, es sieht Liebes, Brahmanenwürde wohnt in dessen Geschlecht, der in dieser Form den über alle sich verbreitenden Âtman verehrt. Das ist aber nur der Leib des Âtman‹, sprach er. ›Dein Leib würde zerfallen sein, wenn du zu mir nicht gekommen wärest.‹

Darauf sprach er zu Budila Âshvatarâshvi: ›Vaiyâghrapadya, wen verehrst du als Âtman?‹ »Die *Wasser*, ehrwürdiger König«, sprach er. ›Das ist der als Reichtum erscheinende, über alle sich verbreitende Âtman, den du als Âtman verehrst. Darum bist du reich und blühest.

Du issest Speise; du siehst Liebes: es ißt Speise, es sieht Liebes, Brahmanenwürde wohnt in dessen Geschlecht, der in dieser Form den über alle sich verbreitenden Âtman verehrt. Aber das ist nur die Blase des Âtman. Deine Blase würde geplatzt sein, wenn du zu mir nicht gekommen wärest.‹

Da sprach er zu Uddâlaka Âruni: ›Gautama, wen verehrst du als Âtman?‹ »Die *Erde*, ehrwürdiger König.« ›Das ist der als Stütze erscheinende, über alle sich verbreitende Âtman, den du als Âtman verehrst. Darum bist du durch Nachkommen und Tiere gestützt.

Du issest Speise; du siehst Liebes: es ißt Speise, es sieht Liebes, Brahmanenwürde wohnt in dessen Geschlecht, der in dieser Form den über alle sich verbreitenden Âtman verehrt. Das sind aber nur die Füße des Âtman. Deine Füße würden ermattet sein, wenn du nicht zu mir gekommen wärest.‹

Er sprach zu ihnen: ›Ihr sehet in diesem über alle sich verbreitenden Âtman immer nur auf das Einzelne und esset eure Speise. Wer aber diesen über alle sich verbreitenden Âtman als klein wie eine Spanne und als unendlich groß verehrt, der ißt Speise in allen Welten, in allen Wesen, in allen Âtmans.

Von diesem über alle sich verbreitenden Âtman ist der wie

Soma leuchtende (Himmel) nur das Haupt, der allerlei Gestalt beherrschende (Sonnengott) nur das Auge, der seine besonderen Pfade gehende (Wind) nur der Hauch, der ausgedehnte (Raum) nur der Leib; sein Reichtum nur die Blase, die als Stütze erscheinende (Erde) nur die Füße. Die Vedi ist seine Brust, die Opferstreu seine Haare, das Gârhapatyafeuer sein Herz, das Anvâhâryapacana sein Verstand, das Âhavanîyafeuer sein Mund.‹ (V, 11–18)

Die Entstehung und Beendigung des Lebens

Der Abschnitt lehrt die Unzulänglichkeit alles vedischen Wissens; das Studium der Veden führe nicht zur Erkenntnis. Er lehrt, unter Ablehnung des Gedankens, daß aus dem Nichtseienden die Welt entsprungen sein könnte, das Seiende als Anfang aller Dinge. Das Seiende schuf die Glut, die Glut die Wasser, das Wasser die Speise. Die höchste Gottheit durchdrang diese drei Elemente mit der Seele, schuf ›Name und Gestalt‹ und machte jede von ihnen dreifach. Alles ist ein Produkt dieser drei Elemente.

Der Autor erläutert das an Beispielen aus der Natur. Aus der Glut stamme die rote Erscheinungsform des Feuers, aus dem Wasser die weiße, aus der Speise die schwarze: es gibt eigentlich kein Feuer, man nenne es nur so, obwohl es nur eine Mischung aus den drei Elementen ist. So Sonne, Mond, Blitz usw.

Auf den Menschen findet dasselbe Anwendung; er besteht aus Speise, Wasser, Glut. Aber die Speise verteilt sich bei ihm dreifach. Ihre substantiellsten Bestandteile werden zu Faeces, ihre mittleren zu Fleisch, ihre feinsten gehen nach oben und werden zum Denkorgan, zum Manas. Ebenso wandelt das Wasser sich zu Haut, Blut und Hauch, die Glut zu Knochen, Wort und Stimme.

Das Wichtigste ist der Prâna. Der Mensch braucht durch 15 Tage nicht zu essen; wenn er nur Wasser trinkt, geht der Prâna, der Lebenshauch, ihm nicht verloren; die erworbenen Kenntnisse im Veda schwinden, weil mit der fehlenden Speise das Denkorgan schwindet, aber der Prâna bleibt. Mit dem verbleibenden Sechzehntel vermag man die Vedenkenntnis wiederzugewinnen, sobald man wieder Speise zu sich nimmt, so wie eine kleine Kohle hinreicht, um ein ganzes Feuer anzufachen.

Schlaf, Hunger und Durst, Tod sind die wichtigsten äußeren Erscheinungen des menschlichen Lebens. Der Verfasser erörtert das Wesen des *Schlafes*, und zwar stellt er, ohne es besonders auszusprechen, die Erklärung des Tiefschlafes, in dem der Mensch mit dem Seienden, dem *Sat*, sich vereint, und die des Traumschlafes, in dem die Seele wie ein Vogel hin und her schweift, um schließlich zu ihrer festen Stelle wiederzukehren, nebeneinander. Hunger und Durst sind Zustände, in denen das Wasser die Speise, die Glut das Wasser fortführt. Die unmöglichen Etymologien, die diese Ansicht begleiten, gehen in der Übersetzung verloren. Der Leib wurzelt in der Nahrung, diese im Wasser, dies in der Glut, diese im Sat. Im Sat wurzeln, ruhen alle Geschöpfe.

Wenn der Mensch stirbt, so geht – in einer der vorhergehenden Erörterung nicht parallelen Folge – seine Stimme in das Manas, das Manas in den Prâna, der Prâna in die Glut, die Glut in die höchste Gottheit. Wir würden die Reihe Manas, Prâna, Vâc, höchste Gottheit erwarten, da Manas oben der Speise, Prâna dem Wasser, die Vâc der Glut entspricht.

Wie man den Zustand *nach der Vereinigung der Seele mit dem Sat* sich denken soll, erklärt er an dem Beispiel des Honigs, den die Bienen von verschiedenen Bäumen sammeln. So wie die Teile des Honigs nichts mehr von ihrer Herkunft von dem einzelnen Baume wissen, so wissen die einzelnen Wesen, wenn sie mit dem Sat sich vereinigen, nicht, daß sie in das Sat eingehen.

Das Beispiel der Ströme schildert das Entstehen der Wesen aus dem Sat; es setzt die Anschauung voraus, daß die Flüsse nicht nur in das Meer strömen, sondern auch aus dem Meer (durch Wolken, Regen) stammen. (Siehe die beiden Zitate in meiner Ved.-Myth. III, S. 253.) Wie sie im Meer nicht wissen, welcher Strom sie waren, so wissen sie auch nicht, daß sie daraus kommen. Ebenso die Wesen. Sie gehen ins Sat und kommen, ohne es zu wissen, daher.

Wie ein Zweig, ein Baum verdorrt, wenn ihn die ›Seele‹ verläßt, die Seele aber selbst nicht stirbt, so stirbt zwar der Körper, wenn ihn die Seele verläßt, nicht aber diese selbst.

So wenig man in einer Nyagrodhafrucht oder in ihren Körnern, selbst wenn man sie spaltet, das feine Fluidum findet, durch das der große Nyagrodhabaum besteht, so wenig nimmt man in den Geschöpfen das feine Fluidum wahr, das alles Sein durchdringt und mit dem Âtman wesenseinheitlich ist; so wie man das Salz nicht wahrnehmen kann, das, ins Wasser gelegt, dieses durchdringt und doch in allen dessen Teilen geschmeckt werden kann. Um die Wahrheit zu erkennen, braucht man einen Lehrer, wie ein Mann, der mit verbundenen Augen fortgeführt und nach Lösung der Binde freigelassen ohne einen klugen Führer den rechten Weg nicht finden kann. Ein Mann, der beim Ordal heißes Eisen angreift und dabei die Unwahrheit sagt, verbrennt sich und wird getötet; wenn er aber die Wahrheit gesagt hat, verbrennt er sich nicht und wird frei. So verharrt ein Mensch, der der Unwahrheit anhängt, in Leid und Tod des Samsâra; aber der, der der Wahrheit anhängt, wird befreit.

Die griechische Philosophie in ihrer Frühzeit bietet manche Ähnlichkeiten zu den hier zum Ausdruck gelangenden Gedanken. Deussen weist auf den Ausspruch des Parmenides hin, wonach alles, was die Menschen vertrauensvoll für wahr angenommen haben, alles Werden und Vergehen ein bloßer Name sei. Man kann auch die logische Spekulation zu Beginn der Darstellung, in der die Ansicht zurückgewiesen wird, es könne das Sein aus dem Nichtseienden sich entwickelt haben, mit einem weiteren Satz des Parmenides vergleichen, demzufolge das Nichtseiende nicht ist, weil es nicht denkbar, nicht vorstellbar ist. Das Seiende ist allein und es gibt kein Nichtseiendes neben ihm (*Baeumker*, Jahrb. für klass. Philologie 1886, S. 555). Ferner darf man bei der Entstehungsreihe Glut – Wasser – Nahrung an Heraklits, im einzelnen allerdings abweichende, Meinung erinnern, daß die ewige Weltbewegung sich im Feuer darstelle; das Feuer werde auf dem ὁδὸς κάτω zu Wasser, dieses zu Erde und kehre auf dem ὁδὸς ἄνω zurück. Im Menschen wiederhole sich der Gegensatz des reinen Feuers und der niederen Stoffe. Die Seele als Lebensprinzip sei Feuer und finde sich in dem aus Wasser und Erde gefügten Leibe gefangen. (*Windelband*, Gesch. der alten Phil. S. 149, 150.)

Shvetaketu war der Sohn des Âruni. Zu ihm sprach der Vater: ›Shvetaketu, tritt in den heiligen Schülerstand. Denn es gibt aus unserem Geschlecht, mein Lieber, keinen, der nicht studiert hätte und nur eine Art Brahmanenvetter wäre.‹

Zwölf Jahre alt begab dieser sich da in die Lehre, mit vierundzwanzig Jahren hatte er alle Veden studiert und kehrte hochfahrend, wissensstolz und eingebildet heim.

Zu ihm sprach der Vater: ›Shvetaketu, wenn du, mein Lieber, so hochfahrend, wissensstolz und eingebildet bist, hättest du noch nach der Unterweisung gefragt[85], durch die das Ungehörte gehört, das Ungedachte gedacht, das Unerkannte erkannt ist?‹

»Wie ist diese Unterweisung, Ehrwürdiger?«

›Mein Lieber, wie man an einem Lehmklumpen alles erkennt, was aus Lehm ist, die Umwandlung nur ein Behelf im Ausdruck, eine Bezeichnung, die Wirklichkeit aber ‚Lehm‘ ist; wie, mein Lieber, man an einer kleinen Kupferkugel alles, was aus Kupfer ist, erkennt, die Umwandlung zum Denkorgan. Das genossene Wasser teilt sich dreifach. Sein gröbster Bestandteil wird zu Harn, sein mittlerer zu Blut, sein feinster zum Lebenshauch. Die genossene Glut teilt sich dreifach. Ihr gröbster Bestandteil wird zu Knochen, ihr mittlerer zu Mark, ihr feinster zur Stimme. Denn aus Speise, mein Lieber, besteht das Denkorgan, aus Wasser der Lebenshauch, aus Glut die Stimme.‹ »Belehre mich weiter, Ehrwürdiger.« ›Ja, mein Lieber‹, sprach er.

›Wenn saure Milch gequirlt wird, so strebt der feinste Bestandteil davon nach oben und wird Butter. Ganz ebenso strebt von genossener Speise der feinste Bestandteil nach oben und wird zum Denkorgan. Wenn Wasser genossen wird, mein Lieber, so strebt der feinste Bestandteil davon nach oben und wird zum Lebenshauch. Wenn Glut genossen wird, mein Lieber, so strebt der feinste Bestandteil nach oben und wird zur Stimme. Denn aus Speise, mein Lieber, besteht das Denkorgan, aus Wasser der Lebenshauch, aus Glut die Stimme.‹ »Belehre mich weiter, Ehrwürdiger.« ›Ja, mein Lieber‹, sagte er.

›Aus sechzehn Teilen, mein Lieber, besteht der Mensch. Nimm fünfzehn Tage hindurch keine Nahrung zu dir, aber trinke Wasser nach Belieben. Der Lebenshauch besteht aus Wasser und wird dem, der trinkt, nicht abgeschnitten werden.‹ Er nahm fünfzehn Tage hindurch keine Speise zu sich. Alsdann nahte er ihm und fragte: »Was soll ich sagen, Herr?« ›Den Rik-, den Yajur- und den Sâmaveda.‹ Er sprach: »Sie fallen mir nicht ein, Herr.« Der sprach zu ihm: ›Wie ein großes Feuer, von dem eine einzige Kohle in der Größe eines Leuchtkäfers übriggeblieben ist, damit auch nicht heller als diese brennen möchte, ebenso, mein Lieber, dürfte von deinen sechzehn Teilen nur einer übrig sein und vermöge dessen hast du jetzt die Veden nicht mehr inne. Iß. Dann wirst du mehr von mir lernen.‹ Dieser aß. Alsdann nahte er ihm und was immer der fragte, alles beantwortete er. Der sprach zu ihm: ›Wie ein großes Feuer,

...e einzige Kohle in Größe eines Leuchtkäfers ...enn man diese unter Anlegung von Stroh zum ...n bringt, auch heller als diese brennen möchte, ...ne Lieber, von deinen sechzehn Teilen nur einer ...eben; dieser, mit Speise genährt, flammte auf, und vermöge dessen hast du die Veden jetzt inne. Denn aus Speise, mein Lieber, besteht das Denkorgan, aus Wasser der Prâna, aus Glut die Stimme.‹ So wurde er von ihm belehrt; von ihm belehrt.

Uddâlaka, der Sohn des Aruna, sprach zu seinem Sohne Shvetaketu: ›Erfahre von mir das Wesen des Schlafes. Wenn hier nämlich ein Mensch schläft, so hat er mit dem Seienden sich vereinigt. Er ist in sich eingegangen. Darum sagt man von ihm *sva-piti*, »er schläft«[88]; denn er ist in sich eingegangen (*svam-apîta*). (Tiefschlaf.)

Wie ein Vogel, der an eine Schnur gebunden ist, nach dieser und jener Richtung fliegt und, ohne anderwärts einen Stützpunkt gefunden zu haben, wieder zu seinem Gefängnis zurückkehrt, so fliegt das Denkvermögen nach dieser und jener Richtung und kehrt, ohne anderwärts einen Stützpunkt gefunden zu haben, zum Prâna zurück. Denn das Denkorgan ist an den Prâna gebunden. (Traum.)

Erfahre von mir das Wesen von Hunger und Durst. Wenn hier ein Mensch zu essen wünscht, so führt das Wasser die Speise weg. Wie man von einem Kuh-, Rosse-, Menschenführer spricht, so nennt man das Wasser »Speiseführer«[89]. Eine sich dergestalt äußernde Wirkung, wisse, wird nicht ohne Ursache sein. Wo anders könnte die Wurzel liegen als in der Speise? Ebenso, mein Lieber, suche bei der Speise als Wirkung die Ursache in dem Wasser, bei dem Wasser, mein Lieber, als Wirkung suche die Ursache in der Glut; bei der Glut, mein Lieber, als Wirkung suche die Ursache in dem *Sat*. In dem Sat, mein Lieber, haben all die Geschöpfe ihre Ursache, in dem Sat ihre Stütze, in dem Sat ihren Grund.

Wenn nämlich hier ein Mensch zu trinken wünscht, da führt die Glut das Getrunkene hinweg. Wie man von einem Kuh-, Rosse-, Menschenführer spricht, so nennt man die Glut »Wasserführer«[90]. Eine sich dergestalt äußernde Wirkung, wisse, wird nicht ohne Ursache sein. Wo anders könnte die Ursache liegen als im Wasser? Bei dem Wasser als Wirkung, mein Lieber, suche in der Glut die Ursache; bei der Glut als Wirkung, mein Lieber, suche in dem Sat die Ursache. In dem Sat, mein Lieber, haben all die Geschöpfe ihre Ursache, in dem Sat ihre Stütze, in dem Sat ihren Grund.

Wie von diesen Gottheiten, mein Lieber, eine jede im Menschen sich dreifach teilt, das ist oben gesagt. Wenn der Mensch nun stirbt, mein Lieber, so geht die Stimme in das Denkorgan über, das Denkorgan in den Hauch, der Hauch in die Glut, die Glut in die höchste Gottheit.‹[91] »Lehre mich noch weiter, Ehrwürdiger.« ›Ja, mein Lieber‹, sprach er.

›Wie die Bienen, mein Lieber, Honig bereiten und die Säfte verschiedener Bäume sammelnd den Saft zu einer Einheit werden lassen, wie diese einzelnen Säfte dort den Unterschied »ich bin der Saft von dem oder jenem Baum« nicht mehr gewahren, so, wahrlich, mein Lieber, gehen all diese Wesen in das Seiende ein und wissen nicht, daß sie in das Seiende eingehen. Was diese immer hier sind, sei es Tiger, Löwe, Wolf, Eber, Wurm, Motte, Fliege oder Bremse, sie werden zum Sat.‹[92] »Lehre mich noch weiter, Ehrwürdiger.« ›Ja, mein Lieber‹, sprach er.

›Die Flüsse hier im Osten fließen nach Osten, die im Westen fließen nach Westen, *aus* dem Meer fließen sie ins Meer, sie werden zum Meer. Wie diese dort nicht wissen, »ich bin dieser oder jener Strom«, so kommen alle diese Geschöpfe aus dem Sat, ohne zu wissen, daß sie aus dem Sat kommen. Was diese immer hier sind, sei es Tiger, Löwe, Wolf, Eber, Wurm, Motte, Fliege, Bremse, sie werden dazu.‹ »Lehre mich noch weiter, Ehrwürdiger.«[92] ›Ja, mein Lieber‹, sprach er.

›Wenn einer, mein Lieber, diesen großen Baum an der Wurzel anschlägt, so wird dieser, weiter lebend, seinen Saft ausströmen lassen; wenn er ihn in der Mitte anschlägt, so wird dieser, weiter lebend, seinen Saft ausströmen lassen; wenn er ihn am Gipfel anschlägt, so wird dieser, weiter lebend, seinen Saft ausströmen lassen. Von der lebendigen Seele durchdrungen, strotzt er fröhlich weiter. Wenn aber die Seele einen Zweig von ihm verläßt, dann verdorrt er; verläßt sie einen zweiten, so verdorrt er, verläßt sie einen dritten, so verdorrt er; verläßt sie den ganzen (Baum), so verdorrt er ganz. Ganz in derselben Weise, wisse, mein Lieber‹, sprach er, ›stirbt das, was von der lebenden Seele verlassen ist; nicht stirbt die lebende Seele. Diese feinste Substanz durchzieht das All, das ist das Wahre, das ist das Selbst, das bist du, Shvetaketu.‹ »Lehre mich noch weiter.« ›Ja, mein Lieber‹, sprach er.

›Bringe mir von da eine Nyagrodhafrucht.‹ »Hier ist sie, Ehrwürdiger.« ›Spalte sie.‹ »Sie ist gespalten, Ehrwürdiger.« ›Was siehst du da?‹ »Ganz feine Körner, Ehrwürdiger.« ›Spalte eines von diesen.‹ »Es ist gespalten, Ehrwürdiger.« ›Was siehst du da?‹ »Nichts, Ehrwürdiger.« Der sprach zu ihm: ›Der feinste Stoff, den du nicht wahrnimmst, aus dem besteht so der große Nyagrodhabaum. Glaube, mein Lieber, dieser feinste Stoff durchzieht dies All, das ist das Wahre, das ist das Selbst, das bist du, Shvetaketu.‹ »Belehre mich weiter, Ehrwürdiger.« ›Ja, mein Lieber‹, sprach er.

›Tue hier Salz in das Wasser und stelle dich früh bei mir ein.‹ Er tat so. Der sprach zu ihm: ›Bringe mir das Salz, das du abends in das Wasser getan hast.‹ Er tastete danach und fand es nicht, da es zergangen war. ›Koste von dieser Seite. Wie schmeckt es?‹ »Salzig.« ›Koste von der Mitte. Wie schmeckt es?‹ »Salzig.« ›Koste von unten. Wie schmeckt es?‹ »Salzig.« ›Wirf etwas hinzu und stelle dich bei mir ein.‹ Er tat so. »Das (Salz) bleibt immer.« Der sprach zu ihm:

›Das Seiende wirst du hier nicht gewahr, (dennoch:) hier ist es. Dieser feinste Stoff durchzieht dies All, das ist das Wahre, das bist du, Shvetaketu.‹ »Lehre mich weiter, Ehrwürdiger.« ›Ja, mein Lieber‹, sprach er.

›Wenn man einen Mann aus dem Gandhâralande mit verbundenen Augen herbrächte, ihn dann in der Fremde freiließe und er dort nach Osten, Norden, Süden oder Westen laut riefe: »Man hat (mich) mit verbundenen Augen hierhergeführt, mit verbundenen Augen freigelassen«, wenn dann einer ihm die Binde löste und zu ihm spräche: »In dieser Richtung liegt Gandhâraland, gehe in dieser Richtung«, so würde er, von Dorf zu Dorf sich befragend, unterrichtet, kundig nach dem Gandhâralande gelangen. Genau so weiß ein Mensch, der einen Lehrer hat: dieser Welt gehöre ich nur so lange an, als ich nicht befreit werde. Alsdann werde ich hier (zu dem Seienden) gelangen.‹[93] »Belehre mich weiter, Ehrwürdiger.« ›Ja, mein Lieber‹, sprach er.

›Um einen Schwerkranken sitzen die Angehörigen und fragen ihn: »Kennst du mich, kennst du mich?« Solange seine Stimme in das Denkorgan, das Denkorgan in den Hauch, der Hauch in die Glut, die Glut in die höchste Gottheit[94] nicht eingeht, solange erkennt er sie. Aber wenn seine Stimme in das Denkorgan, das Denkorgan in den Hauch, der Hauch in die Glut, die Glut in die höchste Gottheit eingeht, dann erkennt er sie nicht.‹[91] »Belehre mich weiter, Ehrwürdiger.« ›Ja, mein Lieber‹, sprach er.

›Man führt einen Menschen herbei, der an den Händen gefesselt ist. »Er hat gestohlen«, ruft man, »machet für ihn die Axt heiß.« Wenn er der Täter ist, so macht er sich zum Lügner. Er macht eine unwahre Aussage, hüllt sein Selbst in Unwahrheit und ergreift die heiß gemachte Axt. Er verbrennt sich und wird getötet. Wenn er aber der Täter nicht ist, so macht er sich wahrhaftig. Er macht eine wahre Aussage, hüllt sein Selbst in Wahrheit und ergreift die heiß gemachte Axt. Er verbrennt sich nicht und wird nicht getötet.

Wie er sich dabei nicht verbrennt (infolge der ihm innewohnenden feinsten Substanz), so durchzieht dieser feinste Stoff alles, das ist das Wahre, das ist der Âtman, das bist du, Shvetaketu.‹ Das lernte er von ihm, das lernte er von ihm[95].

(VI)

Die Einheit des Ich mit dem Âtman und der Ausgang aller Dinge von dieser Erkenntnis

In den ersten Abschnitten des VII. Kapitels tritt Nârada, der Brahmane, als Schüler Sanatkumâras, des Kriegsgottes und Vertreters der Kriegerkaste, auf. Sanatkumâra fordert jenen auf, ihm zu sagen, was er wisse, er würde ihn weiter belehren. Nârada erwähnt sein Studium der Veden und der anderen Gebiete der damaligen Literatur. So sei er mantrakundig, nicht âtmakundig, er habe von anderen aber gehört, daß der Âtmakundige die Sorge überwinde. Sanatkumâra belehrt ihn, daß alles, was er von Nârada gehört habe, nichts als ein Name sei. Von Stufe zu Stufe ihn emporführend zeigt er, daß höher als der Name die Stimme, höher als die Stimme Verstand (*manas*), Wille, Gedanke, Sichversenken, Erkenntnis usw. stünde bis hin zu Gedächtnis, Hoffnung, Hauch. Die Auffassung des Hauches als Brahman bildet einen vorläufigen Schluß der Reihe. In dem Hauch ist alles Leben beschlossen. Wer das erkenne, sei ein siegreicher Redner. Im Wortkampf siege man aber nur mit Hilfe der Wahrheit. Man spräche mit Wahrheit, wenn man etwas erkenne; man erkenne, wenn man denke, man denke, wenn man glaube, man glaube, wenn man etwas vollende, man vollende etwas, wenn man tätig sei, man sei tätig, wenn man Wonne empfinde; diese empfinde man nur bei ›Fülle‹, nicht bei Mangel. Die Wahl dieses Wortes, Fülle, *bhûman*, ist nicht ohne etymologische Spitzfindigkeit erfolgt; denn in den Steigerungen der ersten Reihe ist stets das Wort *bhûyas* gewählt (Stimme sei *mehr* als *Name* usw.). Es dürfte das Substantiv ›Fülle‹, *bhûman*, mit Anlehnung an jenes, wie ein Superlativum gewählt sein: als summum bonum. Dieses ist der Ausschluß aller Objekte des Sehens, Hörens, Erkennens unter Verschmelzung des Erkennenden mit dem Objekt der Erkenntnis, also der Brahmabegriff. So stammt aus dieser durch das Bewußtsein vom Einssein mit dem Brahman die Wonne (hier *sukha* genannt), daraus schöpferisches Tun, Vollenden und so in umgekehrter Reihenfolge fort.

Ich gebe aus dieser Darlegung nur den sehr charakteristischen Schluß von der Schilderung des Prâna an.

›Der Hauch ist mehr als die Hoffnung. Wie die Speichen in die Nabe, so ist alles in den Hauch eingefügt. Hauch (Leben) geht mit dem Hauch, Hauch gibt den Hauch (Leben), gibt dem Hauch. Hauch ist Vater, Hauch ist Mutter, Hauch ist Bruder, Hauch ist Schwester, Hauch ist Lehrer, Hauch ist Hauspriester.

Wenn einer gegen Vater, Mutter, Bruder, Schwester, Lehrer oder Hauspriester etwas hart Scheinendes sagt, so entgegnet man ihm: »Pfui über dich, du tötest ja deinen Vater, du tötest ja deine Mutter, du tötest ja deinen Bruder, du tötest ja deine Schwester, du tötest ja deinen Lehrer, du tötest ja deinen Hauspriester.«

Aber wenn er sie, nachdem ihr Leben entflohen, mit einem Speer zusammenstieße und verbrennte, so würde man zu ihm: »Du tötest deinen Vater, du tötest deine Mutter, du tötest deinen Bruder, du tötest deine Schwester, du tötest deinen Lehrer, du tötest deinen Hauspriester« nicht sagen.

Denn der Hauch ist all das. Wer also sieht, also denkt, also erkennt, ist ein überlegener Redner und, wenn man zu ihm sagen sollte: »Du bist ein überlegener Redner«, so soll er zugeben: »Ich bin ein überlegener Redner« und es nicht leugnen.

Der aber ist ein überlegener Redner, der kraft der Wahrheit durch seine Rede den anderen überlegen ist.‹

»Ich wünsche, Ehrwürdiger, kraft der Wahrheit durch meine Rede überlegen zu sein.«

›Die Wahrheit muß man zu erkennen suchen.‹

»Ich wünsche, Ehrwürdiger, die Wahrheit zu erkennen.«

›Wenn einer *erkennt*, dann redet er die Wahrheit; ohne zu erkennen, redet man die Wahrheit nicht. Nur der Erkennende redet die Wahrheit. Die Erkenntnis muß man zu erkennen suchen.‹

»Die Erkenntnis, Ehrwürdiger, wünsche ich zu erkennen.«

›Wenn einer *denkt*, dann erkennt er. Ohne gedacht zu haben, erkennt man nicht. Nur wer gedacht hat, erkennt. Das Denken muß man zu erkennen suchen.‹

»Ich wünsche, Ehrwürdiger, das Denken zu erkennen.«

›Wenn einer *glaubt*, dann denkt er. Ohne zu glauben, denkt

man nicht. Nur der Glaubende denkt; den Glauben muß man zu erkennen suchen.‹

»Den Glauben, Ehrwürdiger, wünsche ich zu erkennen.«

›Wenn einer etwas *vollendet*[96], dann glaubt er. Ohne zu vollenden, glaubt man nicht. Nur der Vollendende glaubt. Die Vollendung muß man zu erkennen suchen.‹

»Die Vollendung, Ehrwürdiger, wünsche ich zu erkennen.«

›Wenn einer *wirkt*, dann vollendet er. Ohne gewirkt zu haben, vollendet man nicht. Nur wenn man gewirkt hat, vollendet man. Das Wirken muß man zu erkennen suchen.‹

»Das Wirken, Ehrwürdiger, wünsche ich zu erkennen.«

›Wenn einer der *Wonne* teilhaftig wird, dann wirkt er. Ohne der Wonne teilhaft geworden zu sein, wirkt man nicht. Wenn einer der Wonne teilhaft geworden ist, wirkt man. Die Wonne muß man zu erkennen suchen.‹

»Die Wonne, Ehrwürdiger, wünsche ich zu erkennen.«

›*Fülle*[97] ist Wonne. Nicht wohnt Wonne im Wenigen. Nur Fülle ist Wonne. Die Fülle muß man zu erkennen suchen.‹

»Die Fülle, Ehrwürdiger, wünsche ich zu erkennen.«

›Wenn einer nichts anderes sieht, nichts anderes hört, nichts anderes erkennt, das ist »Fülle«. Aber wenn einer etwas anderes sieht, etwas anderes hört, etwas anderes erkennt, das ist »Wenigkeit«. »Fülle« ist Unsterbliches, »Wenigkeit« ist Sterbliches.‹

»Worauf, Ehrwürdiger, ist diese (Fülle) gegründet? Auf ihre eigene Macht oder nicht auf Macht?«

›Als Macht sieht man in der Welt Rinder und Rosse, Gold und Elefanten, Sklaven und Frauen, Felder und Wohnstätten an. Ich sage nicht so‹, sprach er; ›denn das Eine beruht ja auf dem Anderen‹, (sage ich).

›Diese Fülle ist unten, oben, im Westen, Osten, Süden, Norden. Sie ist diese ganze Welt.

Nun lautet die Lehre in bezug auf das »Ich«: das Ich ist unten, oben, im Westen, Osten, Süden, Norden: das Ich ist die ganze Welt.

Nun lautet die Lehre in bezug auf das »Selbst«: das Selbst ist unten, ist oben, im Westen, Osten, Süden, Norden. Das Selbst ist die ganze Welt.

Wer so sieht, so denkt, so erkennt, der vergnügt sich mit dem Selbst, spielt mit dem Selbst, begattet sich mit dem Selbst, erfreut sich an dem Selbst, ist ein Selbstherrscher und genießt Freiheit in diesen Welten[98]. Die aber, welche anders denken, haben einen anderen als König über sich; ihre Welten sind vergänglich, und Freiheit wird ihnen in diesen Welten nicht zuteil.

Aus dem Selbst dessen, der so sieht, denkt, erkennt, geht der Hauch hervor, aus dem Selbst die Hoffnung, aus dem Selbst das Gedächtnis, aus dem Selbst der Raum, aus dem Selbst das Feuer, aus dem Selbst das Wasser, aus dem Selbst Sichtbarwerden und Vergehen, aus dem Selbst Speise, aus dem Selbst Kraft, aus dem Selbst Erkennen, aus dem Selbst Sichversenken, aus dem Selbst der Gedanke, aus dem Selbst der Wille, aus dem Selbst der Verstand, aus dem Selbst die Stimme, aus dem Selbst der Name, aus dem Selbst die Mantras, aus dem Selbst die Werke, aus dem Selbst diese ganze Welt. So heißt es in einem Verse:

»Nicht sieht der Sehende Tod, Krankheit oder Leid. Der Sehende sieht das All. Das All erlangt er ganz.«‹ (VII, 15 ff)

Der Lotus des Herzens

In der Brahmaburg des Leibes ist eine kleine Lotusblüte, das Herz. In ihm ist ein kleiner Raum, aber er ist so groß wie der Weltenraum und enthält alles, was zwischen Himmel und Erde liegt. Das ist die wahre Brahmaburg, die mit dem Alter nicht altert und durch Tötung nicht verfällt und das von allem Übel freie Selbst beherbergt. Werktätigkeit oder religiöses Verdienst vermögen nichts Dauerndes zu schaffen; sie hinterlassen nur Unfreiheit. Aber die, welche den Âtman erkennen und wahre, nicht aufs Zeitliche gerichtete Wünsche hegen, gewinnen Freiheit in allen Welten.

Die wahren Wünsche werden von unechten überwuchert, die

nach der Welt der Väter, der Freunde, nach Gesang, Musik, Weibern gehen. Man wandelt über das wahre Ziel hinweg wie über einen Goldschatz, der in der Erde verborgen liegt. Tag für Tag gehen die Wesen in die Brahmawelt im Schlafe ein und wissen es nicht, weil die Unwahrheit sie bannt. In der Brahmawelt gibt es kein Übel, keine Krankheit, keine Nacht. Der Text stellt sie als ein Paradies dar, in dem ewiges Licht wohnt und Sorge, Übel, Krankheit ferne bleiben; er enthält Gedanken, die der strengen Brahmaidee nicht ganz entsprechen, die sich nur allmählich und wohl auch nur in bestimmten Schulen Bahn gebrochen haben. Der Gedanke einer Brücke, unter der man sich in nicht ganz einwandfreier Weise den Âtman vorstellt, ist einer primitiveren Auffassung entnommen, welche wie die Iranier sich eine Brücke vom Diesseits in das Jenseits denkt.

Der Abschnitt schließt mit einer halb mystischen, halb physiologischen Betrachtung über Adern des Herzens, ihre Beziehung zu Sonnenstrahlen und den Tod des Wissenden, der auf den Sonnenstrahlen zur Sonne, dem Tor jener Welt, emporsteigt.

In der Brahmaburg (des Leibes) ist eine kleine Lotusblüte als Behausung. Darin ist ein kleiner Innenraum. Was in diesem sich befindet, muß man erforschen, das muß man zu erkennen suchen.

Wenn sie zu ihm sagen sollten: ›In der Brahmaburg ist eine kleine Lotusblüte als Behausung. Darin ist ein kleiner Innenraum. Was befindet sich darin, das man erforschen, das man zu erkennen suchen muß?‹, so möge er sagen: ›So groß wie hier dieser Raum, so groß ist der Raum im Innern des Herzens. Himmel und Erde sind beide darin enthalten, Agni und Vâyu beide, Sonne und Mond beide, Blitz und Gestirne; was hier (des Menschen) ist und was nicht, das alles ist darin enthalten.‹

Wenn sie zu ihm sagen sollten: ›Wenn hier in der Brahmaburg alles enthalten ist, alle Wesen sowohl als alle Wünsche, was bleibt davon übrig, wenn das Alter sie befällt oder sie zugrunde geht?‹, so möge er sagen: ›Nicht wird sie durch sein (des Menschen) Alter morsch, noch durch seine Tötung vernichtet. Dies ist die wahre Brahmastadt (welche bestehen bleibt und nicht mit dem Körper gleichbedeutend ist). In ihr sind alle Wünsche enthalten. Dies ist das Selbst.

Es hat alle Übel abgeworfen, ist frei von Alter, Tod, Kummer, Hunger, Durst; wahrhaft in seinem Verlangen, wahrhaft in seinem Entschließen.

Wie die Menschen hier je nach Bestimmung sich einstellen und je nach dem Ziel, das sie erstreben, sei es ein Land, sei es ein Fleck Feldes, von diesem oder jenem leben, wie die Welt hier, die durch Arbeit erworben ist, zerrinnt, so zerrinnt auch die Welt dort, die durch religiöses Verdienst erworben ist. Die, welche, ohne den Âtman und die wahren Wünsche erkannt haben, von hinnen scheiden, genießen in allen Welten keine Freiheit. Aber die, welche nach Erkenntnis des Âtman und der wahren Wünsche von hinnen scheiden, genießen Freiheit in allen Welten[98].

Wenn einer nach der Welt der Väter verlangt, so erheben sich auf seinen Willen die Väter. Er gewinnt die Welt der Väter und wird groß.

Wenn er nach der Welt der Mütter verlangt, so erheben sich auf seinen Willen die Mütter. Er gewinnt die Welt der Mütter und wird groß.

Wenn er nach der Welt der Brüder verlangt, so erheben sich auf seinen Willen die Brüder. Er gewinnt die Welt der Brüder und wird groß.

Wenn er nach der Welt der Schwestern verlangt, so erheben sich auf seinen Willen die Schwestern. Er gewinnt die Welt der Schwestern und wird groß.

Wenn er nach der Welt der Freunde verlangt, so erheben sich auf seinen Willen die Freunde. Er gewinnt die Welt der Freunde und wird groß.

Wenn er nach der Welt der Wohlgerüche und Kränze verlangt, so erheben sich auf seinen Willen die Wohlgerüche und Kränze. Er gewinnt die Welt der Wohlgerüche und Kränze und wird groß.

Wenn er nach der Welt der Speise und des Trankes verlangt, so erheben sich auf seinen Willen Speise und Trank. Er gewinnt die Welt der Speise und des Trankes und wird groß.

Wenn er nach der Welt des Gesanges und der Musik verlangt, so erheben sich auf seinen Willen Gesang und Musik. Er gewinnt die Welt des Gesanges und der Musik und wird groß.

Wenn er nach der Welt der Weiber verlangt, so erheben sich auf seinen Willen die Weiber. Er gewinnt die Welt der Weiber und wird groß.

Welches Ziel er immer begehrt, nach welchem Wunsche er verlangt, all das erhebt sich auf seinen Willen. Er gewinnt es und wird groß.

All die wahrhaften Wünsche sind mit Unwahrheit überdeckt. [Sie sind wahrhaft, aber ihre Decke ist Unwahrheit[99].] Wer immer von den Seinen von hier abscheidet, den bekommt man nicht mehr zu sehen.

Die Lebenden und Toten und was man sonst wünschend nicht erlangt, all das findet er, wenn er hierhin gegangen ist. Hier (im Innenraum) sind seine wahrhaften Wünsche, die Unwahrheit bedeckt. Wie man über einen verborgenen Goldschatz, dessen Stelle man nicht kennt, immer wieder hinwegläuft, ohne ihn zu finden, so finden alle diese Geschöpfe die Brahmawelt, obwohl sie Tag um Tag (schlafend) in sie eingehen, nicht. Denn sie sind durch Unwahrheit gebannt.

Dies Selbst ist im Herzen. Man erklärt das so: *hridayam*, d. i. *hridy ayam*, es ist im Herzen[100]. Wer so weiß, geht Tag um Tag in die Himmelswelt ein.‹

›Die selige Ruhe, die aus diesem Körper aufsteigt, in den höchsten Glanz eingeht und in ihrer eigenen Gestalt zur Vollendung kommt, die ist der Âtman‹, so sprach er. ›Das ist das aller Gefahr entrückte Unsterbliche, das ist das Brahman. Dieses Brahman führt den Namen *satya.*‹

sattiya: das sind drei Silben: *sat*, das ist das Unsterbliche; *ti* ist das Sterbliche[101]; mit *yam* hält er beides fest. Weil er damit beides festhält, darum heißt es *yam*. Wer so weiß, geht Tag für Tag in die Himmelswelt ein.

Das Selbst ist die Brücke, die die Welten trennt, damit sie nicht zusammenstürzen[102]. Tag und Nacht, Alter, Tod, Kummer, gute und schlechte Tat überschreiten diese Brücke nicht.

Alles Übel bleibt davon zurück. Die Brahmawelt hat das Übel besiegt. Darum, wer diese Brücke überschreitet, wird sehend, wenn er blind war, wird heil, wenn er verwundet war, wird gesund, wenn er krank war. Hat sie diese Brücke überschritten, wird auch die Nacht zum Tag. Ein für allemal ist hell die Brahmawelt[103].

Denen, die die Brahmawelt durch den heiligen Schülerstand finden, wird die Brahmawelt, wird Freiheit in allen Welten zuteil.

Der scholastische und mit Hilfe unmöglicher Etymologien erläuternde Abschnitt 5 ist weggelassen.

Die Adern des Herzens und der Weg ins Jenseits

Alle Adern des Herzens bestehen, so heißt es, aus einem braunen, weißen, blauen, gelben, roten, feinen Stoff. Die Sonne dort oben ist braun, weiß, blau, gelb, rot.

Wie eine lange Hauptstraße beide Dörfer, dieses und jenes, verbindet, so verbinden die Strahlen der Sonne beide Welten, diese und jene. Von der Sonne dort breiten sie sich aus, wenn sie in diese Adern geschlüpft sind; von diesen Adern her breiten sie sich aus, wenn sie dort in die Sonne geschlüpft sind.

Wenn einer im Schlaf befindlich, in sich geschlossen, friedlich, kein Traumgesicht sieht, dann ist er in die Adern geschlüpft, und kein Übel berührt ihn. Er hat dann mit der Glut sich vereint.

Wenn einer hier in Schwächezustand verfallen ist, dann fragen sie, um ihn sitzend: ›Kennst du mich, kennst du mich?‹ und er erkennt sie, solange er den Körper nicht verlassen hat.

Wenn er den Körper verläßt, dann steigt er auf diesen Strahlen empor. [Die Silbe Om ist der Wagen; er eilt empor[104].] Während das Manas schwindet, geht er zur Sonne. Dieses Tor der Welt ist der Zugang für die Wissenden, die Abwehr gegen die Unwissenden.

So sagt der Vers: ›Hundert und eine Ader hat das Herz. Von ihnen steigt eine über den Kopf hinaus; auf dieser aufwärts gehend, gelangt er zur Unsterblichkeit. Nach allen Seiten gehen die anderen beim Austritt auseinander, gehen die anderen beim Austritt (auseinander).‹ (VIII, 1ff)

Was ist das wahre Selbst?

›Das Selbst, das alle Übel überwunden hat, das frei ist von Alter, Tod, Kummer, Hunger, Durst, wahrhaft in seinem Verlangen, wahrhaft in seinem Entschließen, das soll man suchen, das soll man zu erkennen trachten. Alle Welten und alle Wünsche erlangt der, der das Selbst findet und erkennt.‹ So sprach Prajâpati.

Die Devas und Asuras beide erfuhren das. Sie sprachen: ›Wohlan! wir wollen das Selbst suchen. Wer das Selbst sucht, erlangt alle Welten und alle Wünsche.‹ Da machten sich von den Göttern Indra und Virocana von den Asuras auf. Ohne sich miteinander verständigt zu haben, kamen sie mit Brennholz in der Hand zu Prajâpati.

Durch zweiunddreißig Jahre lebten sie in dem heiligen Schülerstand. Da sprach Prajâpati zu ihnen: ›In welcher Absicht tatet ihr das?‹ Sie sprachen: »Das Selbst, das alle Übel überwunden hat, das frei ist von Alter, Tod, Kummer, Hunger und Durst, das wahrhaft ist in seinem Verlangen, wahrhaft in seinem Entschließen, das soll man suchen, das soll man zu erkennen trachten. Alle Welten und alle Wünsche erlangt der, der das Selbst findet und erkennt. Das verkünden sie als das Wort des Heiligen. In dieser Absicht taten wir das.«

Prajâpati sprach zu beiden: ›Der Mann (das Männchen), den

ihr im Auge sehet, der ist das Selbst‹, so sprach er. ›Das ist das Unsterbliche, das von Gefahr freie. Das ist das Brahman.‹ »Aber der, Heiliger, den man im Wasser gewahrt, der, den man im Spiegel gewahrt, was für einer ist das?« ›Man gewahrt ein und denselben allerorten.‹

›Betrachtet euch in einem Gefäß voll Wasser. Was ihr von euch darin nicht wahrnehmet, das sagt mir.‹ Sie betrachteten sich in einem Gefäß voll Wasser. Prajâpati sprach zu ihnen: ›Was seht ihr?‹ Sie sprachen: »Heiliger, wir sehen uns hier ganz, bis zu den Haaren und Nägeln, im Bilde.«

Da sprach Prajâpati zu ihnen: ›Schmückt euch schön, leget schöne Kleider an, putzt euch und blicket dann in das Gefäß mit Wasser.‹ Sie schmückten sich schön, legten schöne Kleider an, putzten sich und blickten in das Gefäß mit Wasser. Prajâpati sprach darauf zu ihnen: ›Was sehet ihr?‹

Sie sprachen: »Ganz so, wie wir, o Herr, schön geschmückt, mit schönen Kleidern angetan und geputzt sind, so sind diese beiden (im Spiegelbilde) schön geschmückt, mit schönen Kleidern angetan und geputzt.« ›Das ist das Selbst‹, so sprach er darauf, ›das ist das Unsterbliche, das von Gefahr Freie, das ist das Brahman.‹ Beruhigten Herzens zogen sie da von dannen.

Prajâpati blickte ihnen nach und sprach: ›Ohne das Selbst wahrgenommen zu haben, ohne das Selbst gefunden zu haben, ziehen sie dahin. Wer von ihnen diese geheime Lehre befolgt, seien es die Götter, seien es die Asuras, der wird zugrunde gehen.‹ Beruhigten Herzens also ging Virocana zu den Asuras. Er teilte ihnen diese geheime Lehre mit: sein Selbst muß man hegen, sein Selbst muß man pflegen. Wer sein Selbst hegt, sein Selbst pflegt, erreicht beide Welten, diese und jene.

Darum sagt man auch jetzt noch von einem, der hier nicht schenkt, nicht glaubt, nicht opfert: ›Fürwahr, das ist einer von den Asuras!‹ Denn das ist die Lehre der Asuras. Sie rüsten den Kōrper eines Verstorbenen mit erbettelter Gabe [mit einem Gewande, mit Schmuck], und bilden sich ein, sie werden damit jene Welt gewinnen.

Aber noch ehe Indra zu den Göttern gekommen war, kam ihm das Bedenken: Ganz so wie dieses Selbst in dem Körper, der schön geschmückt ist, schön geschmückt erscheint, schön bekleidet in einem, der schön bekleidet ist, geputzt in einem, der geputzt ist, ebenso erscheint es blind in einem blinden, lahm in einem lahmen, verstümmelt in einem verstümmelten Leibe. Es folgt dem Leibe in der Vernichtung nach. Ich sehe hier nichts, dessen man sich erfreuen kann.

Er nahm Brennholz in die Hand und kehrte wieder zurück. Da sprach Prajâpati zu ihm: ›Herr, beruhigten Herzens zogst du doch zusammen mit Virocana von dannen. In welcher Absicht kehrtest du wieder zurück?‹ Der sprach: »Ganz so, wie dieses Selbst, Heiliger, in dem Körper, der schön geschmückt ist, schön geschmückt erscheint, schön bekleidet in einem, der schön bekleidet ist, geputzt in einem, der geputzt ist, ebenso erscheint es blind in einem blinden, lahm in einem lahmen, verstümmelt in einem verstümmelten Leibe. Es folgt in der Vernichtung dem Leibe nach. Ich sehe hier nichts, dessen man sich erfreuen kann.«

›Ganz so steht's damit, Herr‹, sprach da Prajâpati, ›ich will es dir aber noch weiter erklären. Verbleibe abermals zweiunddreißig Jahre in dem heiligen Schülerstand.‹ Er verblieb abermals zweiunddreißig Jahre darin. Da sagte zu ihm Prajâpati:

›Der, der wohlgemut im Traum umherzieht, das ist das Selbst.‹ So sprach er. ›Das ist das Unsterbliche, das von Gefahr Freie; das ist das Brahman.‹ Beruhigten Herzens zog Indra da von dannen. Aber noch ehe er zu den Göttern gekommen war, kam ihm das Bedenken: Auch wenn der Körper blind ist, ist zwar das Selbst nicht blind; wenn er lahm ist, nicht lahm; nicht wird es durch seine Fehler fehlerhaft; nicht wird es durch seine Vernichtung getötet. Aber dennoch scheint man es zu töten, scheint man es zu verjagen[105], scheint es Unangenehmes zu empfinden, scheint es auch zu weinen. Ich sehe hier nichts, dessen man sich erfreuen kann.

Er nahm Brennholz in die Hand und kehrte wieder zurück. Da sprach Prajâpati zu ihm: ›Herr, beruhigten Herzens zogst du doch von dannen. In welcher Absicht kehrtest du wieder zurück?‹ Der sprach: »Heiliger! Auch wenn der Körper blind ist, ist zwar das Selbst nicht blind, wenn er lahm ist, nicht lahm; nicht wird es durch seine Fehler fehlerhaft, nicht durch seine Vernichtung getötet. Aber dennoch scheint man es zu töten, scheint man es zu verjagen, scheint es Unangenehmes zu empfinden, scheint es auch zu weinen. Ich sehe hier nichts, dessen man sich erfreuen kann.« ›Ganz so steht's damit, Herr‹, sprach Prajâpati. ›Ich will es dir aber noch weiter erklären. Verbleibe abermals zweiunddreißig Jahre in dem heiligen Schülerstand.‹ Er verblieb abermals zweiunddreißig Jahre darin. Da sagte Prajâpati zu ihm:

›Wenn einer in (tiefem) Schlaf befindlich, glücklich[106] und ruhig keine Traumerscheinung hat, das ist der Âtman.‹ So sprach er. ›Das ist das Unsterbliche, das von Gefahr Freie. Das ist das Brahman.‹ Beruhigten Herzens zog Indra da von dannen. Aber noch ehe er zu den Göttern gekommen war, kam ihm das Bedenken: Nicht weiß ja dieser in solcher Lage[107] in bezug auf sein Selbst: ›Das bin ich‹, auch nicht, ›(das sind) die anderen Wesen‹. Er ist der Vernichtung anheimgefallen. Ich sehe hier nichts, dessen man sich erfreuen kann.

Er nahm Brennholz in die Hand und kehrte wieder zurück. Da sprach Prajâpati zu ihm: ›Herr, beruhigten Herzens zogst du doch von dannen. In welcher Absicht kehrtest du wieder zurück?‹ Der sprach: »Heiliger, dieser in solcher Lage weiß ja nicht in bezug auf sein Selbst ›das bin ich‹, auch nicht, ›(das sind) die anderen Wesen‹. Er ist der Vernichtung anheimgefallen. Ich sehe hier nichts, dessen man sich erfreuen kann.«

›Ganz so steht's damit, Herr‹, sprach Prajâpati. ›Ich will es dir aber noch weiter erklären; aber nicht anders als unter der Bedingung: verbleibe abermals fünf Jahre im heiligen Schülerstand.‹ Er verblieb abermals fünf Jahre darin. Das ergab zusammen hundert und ein Jahr. Darum sagt man: »Hundert und ein Jahr verweilte der Herr bei Prajâpati im heiligen Schülerstand.« Er sprach zu ihm:

›Herr, sterblich ist dieser Leib und vom Tode umfangen. Er ist der Sitz des unsterblichen, körperlosen Selbst (Âtman). Umfangen von Freud und Leid ist es, solange es in einem Körper wohnt. Nicht lassen sich Freud und Leid, solange es in einem Körper wohnt, abwehren. Wenn es aber körperlos ist, berühren es Freude und Leid nicht.

Körperlos ist der Wind; Wolke, Blitz, Donner sind körperlos: So wie diese aus jenem Raume sich erheben, in das höchste Licht eingehen und jedes in seiner besonderen Gestalt hervortreten, so erhebt diese selige Ruhe (die Seele im Tode) sich aus diesem Körper, geht ein zum höchsten Licht und tritt in ihrer eigenen Gestalt hervor. Sie ist der höchste Geist. Sie wandert in ihm (dem Leibe)[108] essend, spielend, bald mit Frauen, bald mit Wagen, bald mit Verwandten sich unterhaltend, umher, ohne sich zu erinnern, daß der Leib nur ein Anhängsel ist. Sie ist (an ihn) wie ein Zugtier an einen Karren gespannt. Ganz ebenso ist der Hauch, der Prâna, an diesen Leib gespannt.

Wenn das Auge sich in den Raum richtet, so ist es der Purusha[109] im Auge; das Auge dient ihm nur zum Sehen. Wenn man weiß, »das will ich riechen«, so ist das das Selbst; die Nase dient ihm nur zum Riechen. Wenn man weiß, »das will ich sagen«, so ist das das Selbst; die Stimme dient ihm nur zum Reden. Wenn man weiß, »das will ich hören«, so ist das das Selbst; das Ohr dient ihm nur zum Hören. Wenn man weiß, »das will ich denken«, so ist das das Selbst; der Verstand ist nur sein göttliches Auge. Mit diesem seinem göttlichen Auge, dem Verstande, erfreut er sich am Anblick der Wünsche, die in der Brahmawelt sind.

Die Götter verehren dieses Selbst: darum sind alle Welten und alle Wünsche für sie gewonnen. Aller Welten und aller Wünsche wird der teilhaftig, der dieses Selbst findet und erkennt.‹ So sprach Prajâpati. So sprach Prajâpati. (VIII, 7)

ÂNANDAVALLÎ-UPANISHAD

(= TAITTIRÎYA-UP. II)

Aus dem Brahman entsteht auf dem Wege über Äther, Wind, Feuer, Wasser, Erde, Pflanzen aus der Speise der Mensch. Das Selbst, das sich in den materiellen Leib kleidet, wird von verschiedenen Formen wie von Hüllen umgeben, von denen eine höher steht als die andere. Höher als die Zusammensetzung aus Speise steht der Âtman, der aus Hauch besteht; höher als dieser der, der aus Geist besteht, höher als dieser der, der aus Erkenntnis besteht. Jede der Hüllen hat ihre besondere, menschenähnliche Gestalt: bei dem Prâna-Âtman ist Prâna der Kopf, der Aushauch die rechte, der Durchhauch die linke Seite; bei dem Âtman, der aus Manas besteht, der Yajurveda der Kopf, der Rigveda die rechte, der Sâmaveda die linke Seite; bei dem aus Erkenntnis bestehenden Âtman ist der Glaube das Haupt, das Recht die rechte, die Wahrheit die linke Seite, die Versenkung die Seele, die Macht das Unterteil; aber die Teile des höchsten Âtman sind Schattierungen der Freude. Wer das Wesen des Brahman in der Erkenntnis sucht, hat zwar eine höhere Stufe als der erreicht, der die Veden studiert hat und das Manas für den Sitz des Brahman oder höchsten Âtman hält; aber die höchste Stufe erreicht man nicht mit Versenkung oder Vedenstudium, sondern nur mit der Einsicht, daß Brahman Wonne ist. Durch diesen höchsten Âtman, der sich selbst schuf und verteilte, ist die Wonne in die Welt gekommen. Wer ihn kennt, durchschreitet bei seinem Tode die Reihe der einzelnen Âtmans und gelangt zum höchsten Wonnezustand; er hegt keine Furcht und ist sorglos um böses oder unterlassenes Tun. Es ist das Unsichtbare, Unpersönliche, Undefinierbare, worin er seinen Frieden findet, das im Gegensatz zum Definierbaren, zu Nichterkenntnis, Nichtwahrheit steht, die gleichwohl aus ihm entstanden sind. Es wünschte einst die Welt zu schaffen und ging in sie nach ihrer Erschaffung ein. So entstand der Gegensatz Erkenntnis und Nichterkenntnis, Wahrheit und Nichtwahrheit usw. Die Komposition ist nicht einheitlich, sondern verrät verschiedene Hände, so daß die Übergänge schwer zu gewinnen sind. Auch Deussens vertiefende Betrachtung kann Zweifel an der Einheit nicht beseitigen. Ich habe die Stellen, die ich als Zusätze ansehe, eingeklammert.

Wer das Brahman kennt, erlangt das Höchste. Ein Vers sagt:

›Wer im Brahman, das in einer Höhle, im höchsten Himmel verborgen ist, Wahrheit, Erkenntnis, Freude sieht, der erlangt durch Brahman, das weise, alle Wünsche.‹

Aus diesem Brahman ist der Äther entstanden, aus dem Äther der Wind, aus dem Wind das Feuer, aus dem Feuer das Wasser, aus dem Wasser die Erde, aus der Erde die Pflanzen, aus den Pflanzen die Speise, aus der Speise der Mensch. Der Mensch besteht aus *Speise* und *Trank*. Von ihm ist das (auf den Kopf zeigend) das Haupt, das die rechte, das die linke Seite, das die Seele, das das Unterteil, die Stütze. Ein Vers sagt:

›Aus der Speise entstehen die Geschöpfe, die auf der Erde wohnen;

sie leben durch die Speise und gehen schließlich in Speise ein.

Speise ist das Beste für die Wesen; darum wird sie »Allheilmittel« genannt.

Jegliche Speise erreichen die, die im Brahman die Speise verehren. Speise ist das Beste für die Wesen; darum wird sie »Allheilmittel« genannt.

Aus Speise entstehen die Wesen, daraus entstanden, wachsen sie durch Speise; sie wird gespeist und verspeist die Wesen, darum wird sie Speise genannt.‹

Von diesem aus Speise und Trank bestehenden ist der innere Âtman verschieden, der aus *Hauch* besteht. Jener ist davon erfüllt. Jener hat Menschenform, und seiner Menschenform entsprechend hat auch dieser Menschenform. Der Hauch ist der Kopf, der Durchhauch die rechte, der Aushauch die linke Seite, der Äther die Seele, die Erde das Unterteil, die Stütze. Ein Vers sagt:

›Infolge des Hauches atmen Götter, Menschen und Tiere; der Hauch ist das Leben der Wesen; darum heißt er »Allbeleber«. Zu einem vollen Alter gelangen die, die in dem Prâna das Brahman verehren.‹

Ihm ist dasselbe körperliche Selbst wie dem vorigen eigen.

Von diesem aus dem Hauch bestehenden Âtman ist der innere Âtman verschieden, der aus *Manas* besteht. Jener ist davon erfüllt. Jener hat Menschenform, und seiner Menschenform entsprechend hat auch dieser Menschenform. Der Yajurveda ist sein Kopf, der Rigveda seine rechte, der Sâmaveda seine linke Seite; die Unterweisung seine Seele. Atharvan und Angiras (Atharvaveda) ist das Unterteil, die Stütze. Ein Vers sagt:

›Vor dem Worte und Verstand, ohne ihn erreicht zu haben, versagen, das ist der Wonnezustand des Brahman. Wer ihn kennt, hegt nie mehr Furcht[110].‹

Ihm ist dasselbe körperliche Selbst wie dem vorigen eigen.

Von diesem aus Geist bestehenden ist der innere Âtman verschieden, *der aus Erkenntnis besteht.* Jener ist davon erfüllt. Jener hat Menschenform, und seiner Menschenform entsprechend hat auch dieser Menschenform. Der Glaube ist sein Kopf, Recht die rechte, Wahrheit die linke Seite; die Versenkung seine Seele; die Macht das Unterteil, die Stütze. Ein Vers sagt:

›Erkenntnis breitet er als das Opfer mit seinen Zeremonien aus. In der Erkenntnis verehren alle Götter das höchste Brahman. Wenn einer in der Erkenntnis das Brahman sieht und darin nicht ermattet, dann läßt er im Leib alle Übel zurück und erreicht alle Wünsche.‹

Ihm ist dasselbe körperliche Selbst wie dem vorigen eigen.

Von diesem aus Erkenntnis bestehenden ist der innere Âtman verschieden, *der aus Wonne besteht.* Jener ist davon erfüllt. Jener hat Menschenform, und entsprechend jener Menschenform hat auch dieser Menschenform. Liebes ist sein Kopf, Freude seine rechte, Freude seine linke Seite, Wonne seine Seele, das Brahman das Unterteil, die Stütze. Ein Vers sagt:

›Wer im Brahman das Nichtsein sieht, der wird zum Nichtseienden. Wenn einer weiß, »das Brahman *ist*«, den kennt man als einen Seienden.‹

Ihm ist dasselbe körperliche Selbst wie dem vorigen eigen.

[Infolge davon entstehen die Fragen: ›Kann ein Unkundiger nach seinem Tode in jene Welt eingehen oder erreicht sie ein Kundiger nach seinem Tode?‹]

[Der (Âtman) wünschte sich zu vervielfachen und fortzupflanzen. Er übte Kasteiung, und nachdem er sie geübt hatte, schuf er alles, was besteht. Als er dies alles geschaffen hatte, ging er darein ein. Es entstand Gleichmäßiges (sat) und Veränderliches (tyat)[111], Ausgesprochenes und Unausgesprochenes, Ursächliches und Nichtursächliches, Erkenntnis und Nichterkenntnis, Wahrheit und Nichtwahrheit. Die Wahrheit[112] wurde zu allem, was existiert; darum sieht man es als Wahrheit an.]

Das Nichtseiende war hier am Anfang. Daraus entstand das Seiende. Das hatte selbst sich geschaffen; darum heißt es ›wohl geschaffen‹. Das ist das Wohlgeschaffene; das ist der Geschmack. Wenn einer Geschmack findet, freut er sich. Wie möchte einer aus- und einatmen, wenn es in dem Raum keine Freude gäbe. Er bringt die Wonne. Wenn einer in diesem Unsichtbaren, Unpersönlichen, Undefinierbaren, Nichtursächlichen die Freiheit von Furcht als Grundlage findet, der ist zur Freiheit von Furcht gelangt. Wenn einer aber darin die Furcht[113] sich aneignet, so wird ihm Furcht zuteil. Das ist die Furcht dessen, der sich nicht weise dünkt. Ein Vers sagt:

›Aus Furcht vor ihm weht der Wind, aus Furcht geht die Sonne auf, aus Furcht vor ihm läuft Agni, Indra und zufünft der Tod‹.

Es folgt die Betrachtung des Wonnezustandes.

Gesetzt, es sei ein Jüngling trefflich, lernbegierig, sehr schnell, standhaft, kräftig, die Erde für ihn voller Güter, so ist das eine menschliche Freude. Hundert solcher Freuden sind gleich einer Freude unter den menschlichen Gandharvas und eines von Wünschen freien Vedagelehrten. Hundert solcher Freuden der menschlichen Gandharvas sind gleich einer Freude der göttlichen Gandharvas und eines von Wünschen freien Vedagelehrten. Hundert solcher Freuden der göttlichen Gandharvas sind gleich einer Freude der Manen, die lange dauernde Welten bewohnen, und eines von Wünschen freien Vedagelehrten. Hundert solcher Freuden der Manen, die lange dauernde Welten bewohnen, sind gleich einer Freude der Götter von Geburt und eines von Wünschen freien Vedagelehrten. Hundert solcher Freuden der Götter von Geburt sind gleich einer Freude der Götter durch Verdienst und eines von Wünschen freien Vedagelehrten. Hundert solcher Freuden der Götter von Verdienst sind gleich einer Freude der Götter und eines von Wünschen freien Vedagelehrten. Hundert solcher Freuden der Götter sind gleich einer Freude Indras und eines von Wünschen freien Vedagelehrten. Hundert solcher Freuden Indras sind gleich einer Freude Brihaspatis und eines von Wünschen freien Vedagelehrten. Hundert solcher Freuden Brihaspatis sind gleich einer Freude Prajâpatis und eines von Wünschen freien Vedagelehrten. Hundert solcher Freuden Prajâpatis sind gleich einer Freude Brahmans und eines von Wünschen freien Vedagelehrten.

[Der, der hier im Menschen wohnt, und der, der dort in der Sonne wohnt, ist ein und derselbe.]

Wer das weiß, gelangt nach seinem Scheiden aus dieser Welt in den Âtman, der aus Speise besteht; in den Âtman, der aus dem Hauch besteht; in den Âtman, der aus Geist besteht; in den Âtman, der aus Erkenntnis besteht; in den Âtman, der aus Wonne besteht. Ein Vers sagt:

›Vor dem Wort und Verstand, ohne ihn erreicht zu haben, versagen, das ist der Wonnezustand des Brahman. Wer ihn kennt, hegt nie mehr Furcht.‹

Ihn quält der Gedanke nicht mehr, ›was habe ich Gutes zu tun unterlassen, was habe ich Böses getan?‹ Wer so weiß, befreit sein Ich von beidem; von beidem befreit sein Ich, wer so weiß.

BHRIGUVALLÎ-UPANISHAD

(TAITTIRÎYA-UP. III)

Dieser Text schildert in derselben Weise das Brahman als den Zustand der höchsten Wonne, zu dem der Kasteiung Übende durch verschiedene niedere Grade der Erkenntnis aufsteigt. An seinem Schluß steht ein Anhang, der nicht zur ganzen Upanishad gehört, sondern nur zu ihrem ersten Satz, daß Brahman = Speise sei.

Bhrigu, der Sohn des Varuna, begab sich zu seinem Vater Varuna: ›Lehre mich, Herr, das Brahman.‹ [Er verkündete es ihm als ›Speise, Hauch, Ohr, Manas, Rede‹[114].] Der sprach zu ihm: »Woraus die Wesen entstehen, wodurch sie nach ihrer Geburt leben, wohin sie bei ihrem Abscheiden eingehen, das suche zu erkennen, das ist Brahman.«

Er übte Kasteiung, und als er Kasteiung geübt hatte, wurde er inne, ›*Brahman ist Speise*‹. Denn aus Speise entstehen diese Wesen, durch Speise leben sie nach ihrer Geburt. In Speise gehen sie nach ihrem Abscheiden ein. Er wurde dessen inne und begab sich wiederum zu seinem Vater Varuna: ›Lehre mich, Herr, das Brahman.‹ Er sprach zu ihm: »Durch Kasteiung suche das Brahman zu erkennen. Brahman ist Kasteiung.«

Er übte Kasteiung, und als er Kasteiung geübt hatte, wurde er inne: ›*Brahman ist Hauch*‹. Denn aus dem Hauch entstehen diese Wesen, durch Hauch leben sie nach ihrer Geburt. In Hauch gehen sie nach ihrem Abscheiden ein. Er wurde dessen inne und begab sich wieder zu seinem Vater Varuna: ›Lehre mich, Herr, das Brahman.‹ Er sprach zu ihm: »Durch Kasteiung suche das Brahman zu erkennen. Brahman ist Kasteiung.«

Er übte Kasteiung, und als er Kasteiung geübt hatte, wurde

er inne: ›*Brahman ist Manas*‹. Denn aus dem Geist entstehen diese Wesen; durch Geist leben sie nach ihrer Geburt. In Geist gehen sie nach ihrem Abscheiden ein. Er wurde dessen inne und begab sich wieder zu seinem Vater Varuna: ›Lehre mich, Herr, das Brahman.‹ Er sprach zu ihm: »Durch Kasteiung suche das Brahman zu erkennen. Brahman ist Kasteiung.«

Er übte Kasteiung, und als er Kasteiung geübt hatte, wurde er inne: ›*Brahman ist Erkenntnis*‹. Denn aus Erkenntnis entstehen diese Wesen, durch Erkenntnis leben sie nach ihrer Geburt; in Erkenntnis gehen sie nach ihrem Abscheiden ein. Er wurde dessen inne und begab sich wieder zu seinem Vater Varuna: ›Lehre mich, Herr, das Brahman.‹ Er sprach zu ihm: »Durch Kasteiung suche das Brahman zu erkennen. Brahman ist Kasteiung.«

Er übte Kasteiung, und als er Kasteiung geübt hatte, wurde er inne: ›*Brahman ist Wonne*‹. Denn aus Wonne entstehen diese Wesen; durch Wonne leben sie nach ihrer Geburt. In Wonne gehen sie nach ihrem Abscheiden ein. Das ist die Wissenschaft des Bhrigu, des Sohnes des Varuna, die im höchsten Himmel begründet ist.

Dieser Auseinandersetzung folgt als Anhang eine Verherrlichung der Speise, die nicht zu dem ganzen Kapitel, sondern nur zu dem Abschnitt gehört, der ›Speise als Brahman‹ bezeichnet. Es ist Loblied und ›Philosophie‹ derer, die, wie es Brihad-Âranyaka V, 13,1 heißt, sagen: ›daß Brahman die Speise sei‹ oder die Speise als Brahman verehren (Chând.-Up. VII, 9,2). Dieser Speiseverehrung entsprechen die Vorschriften des dafür bestehenden Gelübdes, Speise nicht zu tadeln, nicht zurückzuweisen, die Speise zu mehren, nicht einen um der Speise willen in seinem Hause zurückzuweisen.

[Wer so weiß, steht fest begründet, wird reich an Speise und ein Speisegenießer (ein reicher Herr). Er wird groß an Nachkommenschaft, Vieh, brahmanischem Ansehen, groß an Ruhm.]

[Er soll die Speise nicht tadeln: das ist das Gelübde. *Hauch ist Speise*; der Leib ist der Speisegenießer. Auf den Hauch ist der Leib fest begründet, auf den Leib ist der Hauch fest begründet: so ist Speise in Speise fest begründet. Wer weiß, daß Speise in Speise fest begründet ist, steht selbst fest begründet. Er wird reich an Speise und ein Speisegenießer. Er wird groß an Nachkommenschaft, an Vieh, an brahmanischem Ansehen, groß an Ruhm. Er soll Speise nicht zurückweisen: das ist das Gelübde.

Wasser sind Speise; der Blitz ist der Speisegenießer. In den Wassern ist der Blitz fest begründet, im Blitz sind die Wasser fest begründet. So ist Speise in Speise fest gegründet. Wer weiß, daß Speise in Speise fest begründet ist, steht selbst fest begründet. Er wird reich an Speise und ein Speisegenießer. Er wird groß an Nachkommenschaft, Vieh, brahmanischem Ansehen, groß an Ruhm. Er soll die Speise mehren. Das ist das Gelübde. *Erde ist Speise* usw.]

AITAREYA-UPANISHAD

Âtman und der Mensch

Nachdem der Âtman Welten und Weltenhüter und die Nahrung geschaffen hat, geht er in den Menschen ein.

Er überlegte: ›Wie könnte das (von mir Geschaffene) ohne mich bestehen?‹ Er überlegte: ›Auf welchem Wege soll ich eindringen?‹ Er überlegte: ›Wenn mit der Stimme gesprochen, mit dem Hauch geatmet, mit dem Auge gesehen, mit dem Ohr gehört, mit der Haut gefühlt, mit dem Geist gedacht, mit dem Abhauch ausgehaucht, mit dem Geschlechtsglied gezeugt ist, was bin ich dann?‹ Er spaltete den Scheitel und drang durch diese Pforte ein. Das ist die *Vidriti* (Kopfnaht) genannte Pforte; das ist der Ort der Freude. Er hat drei Wohnstätten und drei Traumzustände. Das und das und das ist seine Wohnung[115]. Nach seiner Geburt überschaute er die Wesen ... Er sah diesen Menschen als den Brahmaähnlichsten[116] und sprach: ›Ich sah dies.‹ Darum heißt er Idandra; Idandra ist er wirklich mit Namen. Sie nennen ihn, der Idandra heißt, geheimnisvoll Indra. Denn die Götter lieben das Verborgene, lieben das Verborgene.

(I, 3)

Die dreifache Geburt des Âtman

Der Âtman befindet sich anfangs als Keim im Manne. Sein Same ist dessen aus allen Gliedern gesammelte Kraft. Er trägt in sich selbst den Âtman. Wenn er den Samen in die Frau ergießt, bringt er ihn zur Geburt. Das ist seine *erste* Geburt.

Er verschmilzt mit der Frau zur Einheit. Als wäre sie sein

eigener Leib, so verletzt er sie darum nicht. Sie hegt dieses sein Ich, das in sie eingegangen ist. Weil sie es hegt, ist sie selbst zu hegen. Sie trägt es als Keim. Er weiht den Knaben zuerst[117] vor der Geburt. Wenn er den Knaben vor der Geburt weiht, hegt er sich selbst zur Fortdauer der Welt. So dauern die Welten fort. Das ist seine *zweite* Geburt. Dieses sein Ich[118] wird eingesetzt, um die heiligen Werke zu vollbringen. Sein anderes Ich, das seine Pflichten erfüllt hat und alt geworden ist, scheidet ab. Bei seinem Scheiden von hier wird er wiedergeboren. Das ist seine *dritte* Geburt.

Von einem Propheten ist gesagt worden:

›Schon im Mutterleibe kannte ich alle Geschlechter der Götter; mich bewachten hundert eherne Burgen, da schoß schnell ein Adler hervor‹[119].

So hat noch im Mutterleibe befindlich Vâmadeva gesprochen. Mit diesem Wissen stieg er nach Trennung von seinem Leibe empor, erlangte er alle Wünsche in jener Himmelswelt[120] und wurde unsterblich, wurde unsterblich. (II)

Wesen des Âtman

Wer ist es, den wir als Âtman verehren? Welcher von beiden ist der Âtman[121], durch den man sieht oder hört oder die Gerüche wahrnimmt oder die Rede artikuliert, süß oder nichtsüß unterscheidet? Das Herz (Vernunft) hier und der Geist: nämlich Übereinstimmen, Vernehmen, Unterscheiden, Erkennen, Verstand, Blick, Charakter, Nachdenken, Selbständigkeit, Energie, Erinnerung, Entschluß, Willen, Leben, Liebe, Macht[122], all das sind nur Bezeichnungen für das Erkennen. Es ist Brahman, es ist Indra, Prajâpati, alle Götter, die fünf großen Elemente Erde, Wind, Äther, Wasser, Lichter, und mit den kleinen Samen die aller Art und Eientsprossenes, Mutterleibentsprungenes, Schweißgeborenes, Keimgeborenes, Rosse, Rinder, Menschen, Elefanten, was immer atmet, geht, fliegt, was immer steht, all das wird vom Erkennen gelenkt, wurzelt in dem Erkennen; die Welt wird vom Erkennen gelenkt; Erkenntnis ist die Wurzel; Erkennen das Brahman. Mittels dieses erkennenden Âtman stieg er aus dieser Welt empor, erlangte er in jener Himmelswelt alle Wünsche und wurde unsterblich, und wurde unsterblich. (III)

KAUSHÎTAKI-UPANISHAD

Das erste Kapitel reicht in die Mythologie hinein. Es enthält die Belehrung eines Brahmanen durch einen Krieger, der den Weg der Menschen nach ihrem Tode beschreibt. Der Mond ist die Pforte des Himmels; an ihm schreiten die vorüber auf den Weg zum Brahman, die ihm richtig zu antworten wissen; die anderen gelangen durch den Regen zur Erde und nehmen verschiedene Gestalten an. Wer aber richtig geantwortet hat, gelangt auf den Pfad der Götter, in die Welten der Götter und schließlich zur Welt Brahmans, in der wie in einem irdisch gedachten Himmel ihn Nymphen mit Kränzen, Salben usw. empfangen. Er überschreitet Flüsse und Seen, gute und böse Tat fällt von ihm ab, und er gelangt zu Gott Brahman auf seinem mystischen, aus liturgischen Elementen aufgebauten Thron und Diwan. Dieser Weg und das Zwiegespräch zwischen Brahman und dem Ankömmling, der den Gott als die Wahrheit bezeichnet, gehört zu den dichterischen Feinheiten der Upanishads.

Gott Brahmans Welt

Citra, der Sproß des Gângya, wünschte zu opfern und wählte den Âruni zu seinem Priester. Der sandte seinen Sohn Shvetaketu mit dem Auftrag, für Citra zu opfern. Als er gekommen war, fragte er ihn: »Sohn des Gautama, gibt es einen Verschluß (?) zu dieser Welt, in die du mich zu bringen gedenkst, oder gibt es irgendeinen Weg dahin? Bringe mich nicht zur Nichtwelt.«[123] Der sprach: ›Ich weiß das nicht; wohl, ich will den Lehrer fragen.‹ Er ging zu seinem Vater und fragte ihn: ›In der Weise fragte er mich; wie soll ich antworten?‹ Der sprach: ›Ich weiß das auch nicht. In einer Sitzung empfangen wir nach dem Studium des Veda, was andere uns geben. Komm, wir wollen beide hingehen.‹ Er nahm Brennholz in die Hand und ging zu Citra, dem Sproß des Gângya. ›Ich will bei dir in die Lehre treten.‹ »Du bist ein des Brahman Würdiger, der sich dem Hochmut nicht hingegeben hat. Komm, ich will dir das auseinandersetzen.«

Er sprach: »Alle, die aus dieser Welt scheiden, die gehen zum Monde. Durch ihr Leben füllt sich die zunehmende Hälfte, in der abnehmenden Hälfte veranlaßt er ihre Wiedergeburt. Der Mond ist die Pforte des Himmels. Wer ihm zu antworten versteht, den läßt er an sich vorüber. Wer ihm nicht zu antworten vermag, den sendet er, in Regen sich verwandelnd, im Regen zur Erde nieder; als Wurm, Motte, Fisch, Vogel, Löwe, Eber, Schakal (?), Tiger, Mensch oder sonst etwas wird er hier und da, je nach seinem Tun und Wissen, wiedergeboren.

Er fragt den Ankömmling: ›Wer bist du?‹ Der muß ihm erwidern: ›Von dem weisen, fünfzehnfachen[124], (durch Opfer) geschaffenen, von den Manen bewohnten kommt, ihr Jahreszeiten, der Same her. Als Samen brachtet ihr mich in den zeugenden Mann; durch den zeugenden Mann gießt ihr mich in die Mutter[125] ... Bringet mich, o Ritus, zur Unsterblichkeit. Durch diese Wahrheit, durch diese Kasteiung bin ich die Jahreszeit, bin ich ein Sohn der Jahreszeit. Wer bist du?‹ (fragt er den Mond:) ›Ich bin du.‹ Den läßt der Mond an sich vorüber.

Er gelangt auf den Pfad der Götter und schreitet zur Welt Agnis, zur Welt Vâyus, zur Welt Varunas, zur Welt Indras, zur Welt Prajâpatis, zur Welt Brahmans[126] ...

Ihm kommen dort fünfhundert Apsaras entgegen: hundert mit Früchten in der Hand, hundert mit Salben in der Hand, hundert mit Kränzen in der Hand, hundert mit Kleidern in der Hand, hundert mit wohlriechenden Pulvern in der Hand. Sie schmücken ihn mit Brahmans Schmuck. Geschmückt mit dem Schmucke Brahmans geht der Brahmakundige zum Brahman. Er gelangt zum See Âra und überschreitet ihn mit dem Geist (manas); die aber, die nur die Gegenwart kennen, versinken, wenn sie dahin gekommen sind. Er gelangt zu den Yeshtiha genannten Stunden; sie laufen vor ihm davon. Er gelangt zu dem Strom Vijarâ (›alterlos‹); diesen überschreitet er wiederum mit dem Geiste. Alle guten und bösen Taten wirft er dort von sich; angenehme Verwandte nehmen die guten, nicht angenehme die bösen Taten auf sich. Wie ein zu Wagen Dahinfahrender auf die beiden Wagenräder, so blickt er auf Tag und Nacht, blickt er auf gute und böse Taten, auf alle Gegensätze[127] hinab.

Frei von guter, frei von böser Tat naht der Brahmakundige dem Brahman.

Er gelangt zum Baum Ilya und ihn erfüllt Brahmaduft, er gelangt zur Stätte Sâlajya und ihn erfüllt Brahmageschmack. Er gelangt zum Palast Aparâjita (›unbesiegt‹) und ihn erfüllt Brahmamacht; er gelangt zu den Torhütern Indra-Prajâpati; diese laufen vor ihm davon. Er gelangt zur Halle Vibhu und ihn erfüllt Brahmamajestät. Er gelangt zum Thron Vicakshanâ (›weise‹); die Melodien Brihad-Rathantara bilden seine vorderen Füße, die Melodien Shyaita und Naudhasa die hinteren Füße, die Melodien Vairûpa und Vairâja die Längsleisten, die Melodien Shâkvara und Raivata die Querleisten. Er (jener Thron) ist die Einsicht, denn er sieht durch Einsicht. Der (Wanderer) gelangt zu dem Diwan Amitaujas: der ist ›der Prâna‹; Vergangenheit und Zukunft sind seine vorderen Füße, Glück und Labung seine hinteren Füße; die Melodien Bhadra und Yajnâyajniya die Kopfleisten, Brihad-Rathantara die Längsleisten, Verse und Melodien die Kette, die Yajus der Einschlag, Somaschossen das Polster, der Udgîtha sein Überwurf, Schönheit das Kissen. Darauf sitzt Gott Brahman. Zu ihm steigt der also Kundige zuerst mit dem Fuß hinan. Gott Brahman fragt ihn: ›Wer bist du?‹; er soll erwidern:

›Ich bin die Jahreszeit, ich bin ein Sohn der Jahreszeit; aus dem Raum als dem Schoß bin ich entstanden als Samen für das Weib, als Kraft des Jahres, als Seele jeglichen Wesens.

Eines jeglichen Wesens Seele bist du; wer du bist, der bin ich.‹ Und der fragt ihn: ›Wer bin denn ich?‹ ›Die Wahrheit‹ (*satyam*), soll er antworten. ›Was ist die Wahrheit?‹ ›Was verschieden ist von den Göttern und den Lebenshauchen, das ist *sat*. Götter und Lebenshauche sind *tyam*[128]. Das wird durch das Wort *satyam* ausgedrückt. Das begreift das alles; du bist das alles‹, das sagt er zu ihm . . .

›Wodurch erreichst du meine männlichen Namen?‹ Er sage: ›Durch den Hauch.‹ ›Wodurch die sächlichen?‹ ›Durch den Verstand!‹ ›Wodurch die weiblichen?‹ ›Durch die Stimme!‹ ›Wodurch die Gerüche?‹ ›Durch die Nase!‹ ›Wodurch die Erscheinungen?‹ ›Durch das Auge!‹ ›Wodurch die Worte?‹ ›Durch das Gehör!‹ ›Wodurch Speise und Trank?‹ ›Durch die Zunge!‹ ›Wodurch die Arbeiten?‹ ›Durch die Hände!‹ ›Wodurch Glück und Unglück?‹ ›Durch den Leib!‹ ›Wodurch Wonne, Liebeslust und Zeugung?‹ ›Durch den Schoß!‹ ›Wodurch die Gänge?‹ ›Durch die Füße!‹ ›Wodurch Gedanken, Erkennen, Wünsche?‹ ›Durch die Erkenntnis‹: so soll er ihm antworten. Der sagt zu ihm: ›Die Wasser sind meine Welt; dir gehört jene.‹ Jeden Sieg Brahmans ersiegt der, jeden Gewinn Brahmans gewinnt der, der so weiß, der so weiß.« (I)

Der gemeinsame Urgrund von allen Dingen

(= SHÂNKHÂYANA ÂRANYAKA V)

Die Upanishad unterscheidet die Sinnesobjekte, die Sinne und Prajnâ, Erkenntnis oder Bewußtsein; diese drei sind aber innerlich voneinander nicht getrennt; sondern wie der Radkranz an den Speichen, die Speichen an der Nabe haften, so haften die Sinnesobjekte an den Sinnen, die Sinne an dem ›Hauch‹, der mit Prajnâ gleichbedeutend ist. Aus ihm geht, z. B. als Teil von ihm, das Auge hervor, aus dem Auge als Sinnesobjekt (»Wesenselement«) die Gestalt oder Erscheinung. Ebenso das Gehör, aus dem Gehör als Sinnesobjekt der Ton usw. Ein Auge, das von der Prajnâ verlassen ist, vermag eine Erscheinung nicht bewußt zu erfassen, ebenso das von der Prajnâ verlassene Ohr nicht den Ton. In allen Dingen herrscht ein gemeinsames Prinzip; man muß nicht die Vielheit sehen, sondern nach dem fragen, was der letzte Grund aller Vielheit ist. (Man sehe auch S. 104ff. Chândogya-Up. V, 11–18.)

Pratardana, der Sproß des Divodâsa, kam durch Kampf und Heldentum zu Indras liebem Hause. Indra sprach zu ihm: ›Pratardana, wähle dir einen Wunsch aus.‹ Ihm antwortete Pratardana: »Wähle du für mich; du weißt für den Menschen das Beste.« Zu ihm sprach Indra: ›Nicht wählt der Höhere für den Niederen; wähle du selbst[129].‹ »Ich hege keinen Wunsch.« Aber Indra ging nicht von der Wahrheit ab; denn Indra ist die Wahrheit. Indra sprach zu ihm: ›Erkenne mich; ich halte das für das beste für den Menschen, daß er mich erkenne. [Ich schlug den Sohn des Tvashtr, übergab die frommen Arunmukhas den Wölfen, durchbohrte unter Bruch vieler Verträge am Himmel die Prahlâdiyas, im Luftraum die Paulomas, auf der Erde die Kâlakanjas, aber kein Haar von mir kam dabei zu Schaden. Wer mich kennt, dessen Welt kommt durch kein Tun zu Schaden, nicht durch Diebstahl, nicht durch Tötung der Leibesfrucht, nicht durch Mutter- oder Vatermord. Nicht weicht das Dunkle aus dem Angesicht des Übeltäters[130]].‹ Er sprach: ›Ich bin der Atem. Verehre in mir als dem Bewußtsein[131] das Leben, das Unsterbliche. Leben ist Atem, Atem ist Leben. Solange in diesem Leibe der Atem wohnt, wohnt in ihm das Leben; durch den Atem erlangt er in dieser Welt Unsterblichkeit[132], durch das Bewußtsein wirkliches Vorstellen. Wer in mir das Leben, das Unsterbliche verehrt, erlangt ein volles Alter in dieser Welt und gewinnt Unsterblichkeit, Unvergänglichkeit im Himmel. Man sagt nun: »Die Hauche werden zur Einheit; denn man könne nicht auf einmal durch die Rede den Namen, durch das Auge die Form, durch das Ohr den Laut, durch den Geist den Gedanken kundmachen, aber wenn die Hauche zu einer Einheit geworden seien, so machen sie das alles einzeln kund. Wenn die Stimme spreche, so sprechen danach alle Hauche, wenn das Auge sehe, so sehen danach alle Hauche, wenn das Ohr höre, so hören danach alle Hauche, wenn der Geist denke, so denken danach alle Hauche, wenn der Hauch hauche, so hauchen danach alle Hauche.« So ist das‹, sprach Indra. Es besteht jedoch für die (eigentlichen) Hauche ein Vorrang.

Man lebt ohne Rede; denn wir sehen die Stummen. Man lebt ohne Auge; denn wir sehen die Blinden. Man lebt ohne Gehör; denn wir sehen die Tauben. Man lebt ohne Geist; denn wir sehen die Dummen. Man lebt ohne Arme; man lebt ohne Beine, das sehen wir. Aber der Hauch erfaßt als Bewußtsein diesen Leib und richtet ihn auf. Darum soll man in ihm das ›Uktha‹ verehren[133]. In dem Hauch gewinnt man alles. Hauch ist Bewußtsein, Bewußtsein ist Hauch. So sieht man ihn, so erkennt man ihn: wenn ein Mensch im Schlaf keinen Traum sieht, dann wird er in diesem Hauch zu einer Einheit: in ihn geht die Rede mit allen Namen ein, in ihn geht das Auge mit allen Formen ein, in ihn geht das Ohr mit allen Lauten ein, in ihn geht der Geist mit allen Gedanken ein. Wie aus einem brennenden Feuer nach allen Seiten Funken stieben, so breiten sich beim Erwachen aus diesem Selbst die Hauche nach allen Seiten, jeder nach seiner Stelle aus, aus den Hauchen die Götter, aus den Göttern die Welten.

Dieser Hauch erfaßt als Bewußtsein diesen Leib und richtet ihn auf. Darum soll man in ihm das Uktha verehren. In dem Hauch gewinnt man alles. Hauch ist Bewußtsein, Bewußtsein ist Hauch. So kommt er zustande, so erkennt man ihn: Wenn ein Mensch von Krankheit überwältigt im Begriff ist zu sterben, in Schwäche und Verwirrung verfällt, dann heißt es, sein Verstand zog aus, er hört nicht, sieht nicht, redet nicht, denkt nicht. Da wird er in diesem Hauch zur Einheit: in ihn geht die Rede mit allen Namen ein, in ihn geht das Auge mit allen Formen ein, in ihn geht das Ohr mit allen Lauten ein, in ihn geht der Geist mit allen Gedanken ein.

Wenn er aus diesem Leibe auszieht, zieht er gemeinsam mit allen diesen aus.

Mit der Rede ziehen in ihn alle Namen ein; mit der Rede erlangt man alle Namen. Mit dem Hauch ziehen in ihn alle Gerüche ein; mit dem Hauch erlangt man alle Gerüche. Mit dem Auge ziehen in ihn alle Gestalten ein; mit dem Auge erlangt man alle Gestalten; mit dem Ohr ziehen in ihn alle Laute ein; mit dem Ohr erlangt man alle Laute. Mit dem Geist ziehen in ihn alle Gedanken ein; mit dem Geist erlangt man alle Gedanken. Mit dem Hauch gewinnt man alles. Hauch ist Bewußtsein, Bewußtsein ist Hauch. Beide wohnen in diesem Körper vereint, und gemeinsam ziehen sie hinaus[134].

Wie für dieses Bewußtsein alle Dinge eins werden, das wollen wir erklären.

Die Rede ist als ein Teil davon ausgesondert; ihr ist der Name als Wesenselement gegenübergestellt. Der Hauch ist als ein Teil davon ausgesondert; ihm ist der Geruch als Wesenselement gegenübergestellt. Das Auge ist als ein Teil davon ausgesondert; ihm ist die Form als Wesenselement gegenübergestellt. Das Gehör ist als ein Teil davon ausgesondert; ihm ist der Laut als Wesenselement gegenübergestellt. Die Zunge ist als ein Teil davon ausgesondert; ihr ist Speise und Trank als Wesenselement gegenübergestellt. Die Hände sind als ein Teil davon ausgesondert; ihnen ist die Arbeit als Wesenselement gegenübergestellt. Der Körper ist als ein Teil davon ausgesondert; ihm sind Glück und Unglück als Wesenselement gegenübergestellt. Der Schoß ist als ein Teil davon ausgesondert; ihm ist Wonne, Liebeslust und Zeugung als Wesenselement gegenübergestellt. Die Füße sind als ein Teil davon ausgesondert; ihnen sind als Wesenselement die Gänge gegenübergestellt. Der Geist ist als ein Teil davon ausgesondert; ihm sind Gedanke und Verlangen als Wesenselement gegenübergestellt.

Mittels des Bewußtseins bemächtigt er sich der Rede, mittels der Rede erlangt er alle Namen; mittels des Bewußtseins bemächtigt er sich des Hauches, mittels des Hauches erlangt er alle Gerüche; mittels des Bewußtseins bemächtigt er sich des Auges, mittels des Auges erlangt er alle Formen; mittels des Bewußtseins bemächtigt er sich des Gehöres, mittels des Gehöres erlangt er alle Laute; mittels des Bewußtseins bemächtigt er sich der Zunge, mittels der Zunge gewinnt er allen Geschmack; mittels des Bewußtseins bemächtigt er sich der Hände, mittels der Hände erlangt er alle Werke; mittels des Bewußtseins bemächtigt er sich des Körpers, mittels des Körpers erlangt er Freud und Leid; mittels des Bewußtseins bemächtigt er sich des Schoßes, mittels des Schoßes erlangt er Wonne, Liebeslust und Zeugung; mittels des Bewußtseins bemächtigt er sich der Füße, mittels der Füße gewinnt er alle Gänge; mittels des Bewußtseins bemächtigt er sich des Geistes, mittels des Geistes erlangt er alle Gedanken (»bemächtigt sich«: wörtlich »besteigt«).

Denn eine Rede ohne Bewußtsein kann ja nichts zur Wahrnehmung bringen: ›Mein Geist war anderswo, sagt sie, nicht nahm ich diesen Namen wahr.‹ Ein Hauch ohne Bewußtsein kann ja keinen Geruch zur Wahrnehmung bringen: ›Mein Geist war anderswo, sagt er, nicht nahm ich diesen Geruch wahr.‹ Ein Auge ohne Bewußtsein kann ja keine Form zur Wahrnehmung bringen: ›Mein Geist war anderswo, sagt es, nicht nahm ich diese Form wahr.‹ Ein Gehör ohne Bewußtsein kann ja keinen Ton zur Wahrnehmung bringen: ›Mein Geist war anderswo, sagt es, nicht nahm ich diesen Ton wahr.‹ Eine Zunge ohne Bewußtsein kann ja Speise und Trank nicht zur Wahrnehmung bringen: ›Mein Geist war anderswo, sagt sie, nicht nahm ich Speise und Trank wahr.‹ Hände können ohne Bewußtsein ein Werk nicht zur Wahrnehmung bringen. ›Unser Geist war anderswo, sagen sie, nicht nahmen wir dies Werk wahr.‹ Ein Körper ohne Bewußtsein vermag ja nicht

Freude und Leid zur Wahrnehmung zu bringen: ›Mein Geist war anderswo, sagt er, nicht nahm ich Freude und Leid wahr.‹ Ein Schoß ohne Bewußtsein vermag ja nicht Wonne, Liebeslust und Zeugung zur Wahrnehmung zu bringen: ›Mein Geist war anderswo, sagt er, nicht nahm ich Wonne, nicht Liebeslust, nicht Zeugung wahr.‹ Füße vermögen ohne Bewußtsein den Gang nicht zur Wahrnehmung zu bringen: ›Unser Geist war anderswo, sagen sie; nicht nahmen wir diesen Gang wahr.‹ Ein Gedanke ohne Bewußtsein kann ja nicht zustande kommen; nicht kann, was zu erkennen ist, erkannt werden.

Nicht nach der Rede soll einer fragen, sondern den erkennen, der redet; nicht nach dem Geruch, sondern den erkennen, der riecht; nicht nach der Erscheinung, sondern den erkennen, der sieht; nicht nach dem Laut, sondern den erkennen, der hört; nicht nach Speise und Trank, sondern den erkennen, der Speise und Trank empfindet; nicht nach dem Werk, sondern den erkennen, der es tut; nicht nach Freud und Leid, sondern den erkennen, der Freud und Leid versteht; nicht nach Wonne, Liebeslust und Zeugung, sondern den erkennen, der Wonne, Liebeslust versteht, nicht nach dem Gange, sondern den erkennen, der geht; nicht nach dem Verstande, sondern den erkennen, der denkt.

Denn dieses sind die zehn Sinnesobjekte (»Wesenselement«), die das Bewußtsein voraussetzen, das sind die zehn Sinnesorgane (»Bewußtseinselement«), die die zehn Sinnesobjekte voraussetzen. Ohne Sinnesobjekte gäbe es keine Sinnesorgane, ohne Sinnesorgane gäbe es keine Sinnesobjekte[135]; denn einseitig käme keine Erscheinung irgendeiner Art zustande; es gibt da keine Trennung. So wie an die Speichen eines Rades der Radkranz und die Speichen in die Nabe eingefügt sind, so sind die Sinnesobjekte in die Sinnesorgane, die Sinnesorgane in den Atem (prâna) eingefügt. Dieser Atem hat Bewußtsein zum innersten Wesen (âtman); ist Wonne, altert und stirbt nicht. Durch ein gutes Werk wird er nicht höher, durch ein schlechtes nicht geringer; sondern er läßt ein gutes Werk den tun, den er aus diesen Welten emporführen will, und ein schlechtes den, den er nach unten führen will. Er ist der Hüter der Welt, der Oberherr der Welt, der Gebieter der Welt; ›er ist meine Seele‹ (âtman), so soll er wissen; ›er ist meine Seele‹, so soll er wissen. (III)

TALAVAKÂRA-UPANISHAD[136]

(ODER KENA-UPANISHAD)

Die Upanishad beginnt mit dem Wort *kena* und führt darum auch den Namen Kena-Upanishad. Sie beginnt mit der Frage, wer Geist, Odem, Rede und die Sinnesorgane ausgesandt habe. Hinter allen Erscheinungen der Welt wohnt das unendliche Geheimnis. Niemand kann es lehren. Es ist verschieden von allem, was man weiß. Sinnesorgane, Rede, Geist erfassen es nicht; sie sind aber alle dadurch. Man glaubt es zu kennen und kennt es nicht. Dem Weisen bleibt es verschlossen und offenbart sich dem Unweisen, eine Lehre, die den einmal auftretenden Schüler zu dem erstaunten Einwand führt: ›Wer von uns das weiß, der weiß es.‹ Es überragt alles Verstehen und erwacht von selbst im erkennenden Subjekt, im Menschen.

Eine seltsame Schilderung des Brahman enthält Kapitel 3. Es will zeigen, daß das Brahman über allen Göttern steht, und unternimmt es, alten Gedankengängen entsprechend, das Brahman als einen Zauber zu charakterisieren, gegen dessen hingeworfenen Strohhalm die Götter vergeblich anlaufen. Nicht siegen die Götter durch ihre Kraft, sondern durch das Brahman. Wie die Kräfte des Menschen, hängen auch sie vom Brahman ab. Der Schluß läuft in eine mystische Schilderung aus: das Brahman wird dem Menschen blitzartig offenbar und schafft durch seinen Eintritt in den Geist die Vorstellung im Augenblick.

Von wem ist der Geist ausgesandt, daß er hinausgesandt umherschweift? Von wem ist der Odem in Tätigkeit versetzt, daß er als erster kommt? Von wem ist die Rede ausgesandt, die man redet? Welcher Gott versetzt Auge und Ohr in Tätigkeit?

Das Hören des Ohres, das Denken des Geistes, das Reden der Stimme, das Atmen des Odems, das Sehen des Auges, alles geben die Weisen auf und werden nach dem Scheiden aus dieser Welt unsterblich. Dorthin dringt nicht das Auge, nicht die Stimme, nicht der Geist. Wir wissen nicht, wir verstehen nicht, wie man das lehren könnte.

›Es ist anders als das Bekannte und als das Unbekannte‹, so hörten wir von den Alten, die uns das erklärten.

Denn das, was man mittels der Rede nicht nennt, was aber selbst die Rede hervorbringt, das, wisse, ist Brahman; nicht das, was man hier verehrt. Was man mit dem Geist nicht denkt, was aber selbst den Geist denkt, das, wisse, ist Brahman; nicht das, was man hier verehrt. Was man mit dem Auge nicht sieht, wodurch man aber das Auge sieht, das, wisse, ist Brahman; nicht das, was man hier verehrt. Was man mit dem Hören nicht hört, wodurch aber das Hören gehört ist[137], das, wisse, ist Brahman; nicht das, was man hier verehrt. Was man mit dem Hauch nicht einatmet, durch das aber der Hauch geatmet wird, das, wisse, ist Brahman; nicht das, was man hier verehrt. (I, 1–13)

›Wenn du meinst: »Ich weiß es vortrefflich«, so heißt das nicht viel. Du kennst nur die Erscheinungsform des Brahman (und weißt), was davon du bist und was davon unter den Göttern ist.‹

»Dann ist es weiter zu erforschen. Dir ist es, glaube ich, bekannt.«

›Nicht glaube ich, daß ich es gut weiß; nicht weiß ich, daß ich es nicht weiß.‹

»Wer von uns das weiß, weiß es; nicht weiß er, daß er es nicht weiß.«

›Wer es nicht denkt, der denkt es. Wer es denkt, der weiß es nicht. Unbekannt bleibt es dem Kundigen; bekannt aber ist es dem Unkundigen. Wem es durch Erweckung bekannt geworden, der gewinnt Unsterblichkeit[138]. Durch sich gewinnt er dann Kraft, durch Wissen erlangt er Unsterblichkeit.

Wenn er es hier erkannte, dann ist sein die Wahrheit, wenn er es hier nicht erkannte, ist sein tiefes Verderben. Wenn es die Weisen in allen Wesen erkennen, werden sie beim Abscheiden aus dieser Welt unsterblich.‹ (II)

Das Brahman gewann den Sieg für die Götter. Da brüsteten die Götter sich ob des Sieges des Brahman. Sie dachten: ›Unser ist dieser Sieg, unser ist diese Größe.‹ Das Brahman erkannte sie; es machte sich ihnen offenbar. Sie erkannten es aber nicht und fragten, ›was für ein Zauberding ist das‹. Sie sprachen zu Agni: ›Jâtavedas, siehe nach, was das für ein Zauberding ist.‹ »Ja«, sprach er. Er stürmte darauf los. Das sprach zu ihm: ›Wer bist du?‹ »Agni«, sagte er, »bin ich; Jâtavedas bin ich.« ›Wenn du der bist, worin besteht deine Stärke?‹ »Ich vermag alles zu verbrennen, was immer auf der Erde ist.« Es warf ihm einen Grashalm hin: ›Verbrenne den.‹ Er lief mit allem Ungestüm darauf zu. Er vermochte ihn nicht zu verbrennen. Er kehrte daher zurück und sprach: »Ich vermochte nicht zu erkennen, was für ein Zauberding das ist.«

Da sprachen sie zu Vâyu: ›Vâyu, siehe nach, was für ein Zauberding das ist.‹ »Ja«, sprach er. Er stürmte darauf los. Das sprach zu ihm: ›Wer bist du?‹ »Vâyu«, erwiderte er, »bin ich, Mâtarishvan bin ich.« ›Wenn du der bist, worin besteht deine Stärke?‹ »Ich vermag alles an mich zu nehmen, was auf der Erde ist.« Es warf ihm einen Grashalm hin. ›Nimm den an dich.‹ Er lief mit allem Ungestüm darauf los. Er vermochte nicht, ihn an sich zu nehmen. Er kehrte daher zurück. Nicht vermochte er zu erkennen, was das für ein Zauberding ist. Da sprachen sie zu Indra: ›Herr, siehe nach, was für ein Zauberding das ist.‹ »Ja«, sprach er. Er stürmte darauf los. Vor ihm verbarg es sich. Er traf in diesem Raum eine sehr schöne Frau. Es war Umâ, die Tochter des Himavat. Er sprach zu ihr: ›Was ist das für ein Zauberding?‹ (III, 14–28)

›Das ist Brahman‹, erwiderte sie, ›das Brahman, in dessen Siege ihr euch brüstet.‹ Da wußte er, daß es Brahman war. Darum sind diese Götter Agni, Vâyu, Varuna mehr als alle Götter; denn sie berührten es am unmittelbarsten. Sie hatten zuerst erkannt, daß es Brahman war. Darum ist Indra mehr als die anderen Götter; denn er berührte es am unmittelbarsten; er hatte zuerst erkannt, daß es Brahman war.

In bezug darauf gilt diese Unterweisung: was am Blitz das ist, daß es blitzt und man mit Ah! die Augen schließt – dieses ›Ah‹ ist die Unterweisung in bezug auf die Gottheit. In bezug auf das Ich gilt: wenn dieses (Brahman) in den Geist einzutreten scheint und das Vorstellungsvermögen durch diesen sich intensiv seiner erinnert.

Es heißt mit Namen: *Tadvanam*: ›das Seiner-Begehren‹. Als ›das Seiner-Begehren‹ muß man es studieren. Wer solches weiß, nach dem sehnen sich alle Wesen.

›Sage mir, Herr, die geheime Lehre (die Upanishad).‹ »Gesagt ist dir die Upanishad. Vom Brahman die Upanishad, die sagte ich dir.« Für sie ist Kasteiung, Selbstbezwingung und Handlung die Grundlage, die Veden die Teile, die Wahrheit die Stütze. Wer sie in der Weise kennt, der verscheucht das Übel, in der unendlichen, unbezwinglichen Himmelswelt hat er fest seinen Stand. (IV)

KÂTHAKA-UPANISHAD

DIE ERZÄHLUNG VON NACIKETAS

Vâjashravasa, der Vater des Naciketas, brachte einst ein Opfer, bei dem als Honorar den Priestern alle Habe hingegeben wird. Nur sein Sohn, ein kleiner Knabe, bleibt übrig. Der fragt voll Glaubenseifer den Vater: ›Wem wirst du *mich* geben?‹ Der Vater zögert mit der Antwort und erst bei der dritten Wiederholung der Frage erwidert er: ›Ich übergebe dich dem Tode.‹ Der Gedanke eines mit einem solchen Allopfer verbundenen Menschenopfers ist hier ganz verblaßt. Wie Shunahshepa sich vom Tode durch Anrufung der Götter loskauft, so weiß Naciketas in anderer Weise die Gunst des Todesgottes zu gewinnen. Als Naciketas in dessen Behausung eintrifft, ist Yama abwesend und läßt darum Naciketas drei Tage ohne den einem Brahmanen schuldigen Empfang. Yama begeht damit eine Sünde und gewährt darum Naciketas die Erfüllung dreier Wünsche. Er verspricht, daß er ihn entlassen und sein Vater (trotz der scheinbaren Abweisung dieses Sohnes) ihn freudig empfangen werde, er lehrt ihn zweitens das nach ihm benannte Naciketasfeuer. Diesen kurzen Teil der Upanishad kann man als theoretische Anpreisung dieser Feueranlegung betrachten, deren es verschiedene und jede in ihrer Weise verdienstliche Arten gibt; der Aufbau eines solchen Altars erfolgt nach kosmogonischen Anschauungen und stellt eine Kosmogonie dar. Als dritte Gabe erhält Naciketas von dem sich sträubenden Todesgott eine Belehrung über die höchsten Fragen der Erkenntnis.

Die Einführung des Todesgottes ist eine sinnige Form der Erörterung; über Sein oder Nichtsein nach dem Tode kann er zuerst Auskunft geben. Die Einführung des Todesgottes scheint überdies alte Bräuche vorauszusetzen. In Indien zogen und ziehen noch heute Yamaverehrer umher, zeigen Bilder aus der anderen Welt und begleiten das mit Gesang. Zwei Liedchen sind aus dem Drama Mudrârâkshasa bekannt, in dem ein Spion als Yamadiener erscheint: »Verehret die Füße Yamas! Was wollt ihr mit anderen Göttern tun? Er nimmt das zitternde Leben denen, die anderen Göttern zugetan sind«; »Der Mensch empfängt sein Leben auch von einem Unfreundlichen, wenn man ihn mit Liebe umfaßt. Durch Yama, der alle Welt sterben läßt, leben wir«: damit betritt er das Haus, um seine Rolle zu zeigen und zu singen. König Harsha begegnet auf dem Bazar einem Mann mit

Yamabildern, der, umringt von vielen neugierigen Kindern, die Begebnisse des Jenseits auf einer auf Stäben ausgespannten und mit Bildern bedeckten Leinwand erklärt, und hört von ihm den Vers: ›Mütter und Väter sterben zu Tausend, Söhne und Gattinnen zu Hundert zu allen Zeiten. Wem gehören sie, wem gehörst du?‹ (Harshacarita, S. 170,7ff.). Cowell-Thomas erwähnen hierzu aus *Kiplings* Beast and Man in India, S. 123, charakteristische Bilder aus der Gegenwart, die bei Märkten verkauft werden, mit der Darstellung des Totengerichts, Dharmarâj oder Yama auf dem Thron.

Erste ›Ranke‹

Freiwillig gab der Nachkomme des Vâjashravas all seine Habe hin. Er hatte einen Sohn mit Namen Naciketas.

Als die Opferlöhnungen in Empfang genommen wurden[139], erfüllte diesen, der noch ein Knabe war, heiliger Glaube:

Er dachte: ›Freudlos sind diese Welten, zu denen der geht, der diese schenkt.‹

Er sprach zum Vater: ›Lieber Vater, wem wirst du mich geben?‹[140] So zum zweiten- und drittenmal. Zu ihm sprach da dieser: ›Ich gebe dich dem Tode.‹

(*Naciketas* auf dem Wege zu Yama:) ›Ich schreite an der Spitze von vielen; ich schreite in der Mitte von vielen[141]. Was ist das Werk, das Yama mit mir vollziehen wird?‹

(*Eine Person zu Naciketas:*) Siehe vor dich, wie frühere, siehe hinter dich, wie ebenso die späteren (dieselbe Straße ziehen). Der Mensch reift wie die Saat; wie die Saat ersteht er wieder.

Naciketas kommt in das Haus Yamas und verweilt dort drei Tage ohne Nahrung, weil Yama abwesend ist und den Brahmanen nach der Vorschrift zu empfangen versäumt. Eine Stimme ermahnt Yama, seine Pflicht zu tun.

(*Stimme:*) (Wie), der Gott des Feuers ist ein Brahmane, der als Gast ein Haus betritt. Man besänftigt ihn. Bringe, Sohn des Vivasvat (Yama), Wasser für ihn (seine Füße zu waschen).

Dem unbedachten Mann, in dessen Hause ein Brahmane ohne Nahrung weilt, nimmt dieser sein Hoffen und Erwarten, seinen Umgang und sein Gunsterfahren, seine Opfer und guten Werke, all sein Kind und Vieh.

(*Yama:*) Weil du, Brahmane, als verehrungswürdiger Gast drei Nächte ohne Nahrung in meinem Hause weiltest – Verehrung, Brahmane, sei dir, Heil sei mir – so bitte dir darum drei Wünsche aus.

Erster Wunsch:

(*Naciketas:*) Daß Gautama milde, gütig gegen mich sei, o Tod, und ohne Groll, daß er erfreut den von dir Entlassenen begrüße: das bitte ich mir als ersten der drei Wünsche aus.

(*Yama:*) Erfreut wird er wie vordem sein. Âruni, Sohn des Uddâlaka, ist [hiermit] von mir entlassen. Glücklich und ohne Groll wird [Gautama] nachts schlafen, nachdem er dich aus des Todes Rachen befreit gesehen hat.

Zweiter Wunsch:

Naciketas wünscht den Weg zum Himmel kennenzulernen und die Unterweisung hinsichtlich des dorthin führenden Feuers zu empfangen.

(*Naciketas:*) Im Himmel gibt es keine Furcht: nicht bist du dort. Man fürchtet sich nicht wegen hohen Alters. Man hat Hunger und Durst überwunden, und frei von Sorgen erfreut man sich in der Himmelswelt. Du kennst das Feuer, das zum Himmel führt, o Tod. Lehre es mich Gläubigen. Die Bewohner des Himmels genießen die Unsterblichkeit. Das erbitte ich mir als zweiten Wunsch.

(*Yama:*) Ich lehre dich – gib acht –, Naciketas, kundig das Feuer, das zum Himmel führt, die Gewinnung der ewigen Welt und die Stütze darin. In einer Höhle, wisse, ist es verborgen[142].

Erzählung:

Da lehrte er ihn das Feuer, mit dem die Welt beginnt, die Backsteine, ihre Zahl und Art. Und Naciketas wiederholte alles, wie es ihm gelehrt war. Der Todesgott sprach befriedigt zu ihm:

Zu ihm sprach erfreut der Hohe: ›Eine weitere Gnade gewähre ich dir heut: unter deinem Namen wird das Feuer gehen. Und empfange hier den mannigfachen Lohn[143].

Wer dreimal das Naciketasfeuer schichtet, mit den dreien sich verbindet[144], die drei Werke tut[145], überwindet Alter und Tod. Wer die Texte *brahma jajnânam* und *devam îdyam*[146] kennt und verehrt, der erlangt auf immer den inneren Frieden.

Wer das Naciketasfeuer dreimal schichtet, jene Dreiheit kennt und das Naciketasfeuer mit solcher Kenntnis schichtet, der stößt die Schlingen des Todes weg von sich, und von Sorgen frei erfreut er sich in der Himmelswelt[147].

(*Yama:*) Das, Naciketas, ist das Feuer, das zum Himmel führt, das du als zweiten Wunsch wähltest. Dies Feuer werden die Menschen als das Deine verkünden. Nenne jetzt, Naciketas, den dritten Wunsch.‹

Dritter Wunsch:

(*Naciketas:*) Es besteht ein Zweifel hinsichtlich des verstorbenen Menschen. Die einen sagen: ›Er ist‹; die anderen sagen: ›Er ist nicht.‹ Von dir belehrt, möchte ich darüber Aufschluß haben, das ist der dritte meiner Wünsche.

(*Yama:*) Auch die Götter hatten einst hierüber Zweifel; denn man kann das nicht leicht ergründen; das ist ein sehr feines Gesetz. Bitte dir einen anderen Wunsch aus; bedränge mich nicht, erlaß mir diesen.

(*Naciketas:*) Auch die Götter hätten einst hierüber Zweifel gehegt? Sagst du, Todesgott, es sei nicht leicht zu ergründen und solch ein Lehrer wie du ist sonst nicht zu finden, dann kommt kein anderer Wunsch diesem gleich.

(*Yama:*) Erwähle dir Söhne und Enkel, die ein volles Jahrhundert leben, reichlich Vieh, Elefanten, Gold und Rosse. Erwähle dir eine große Fläche Landes und lebe selbst so viel Herbste, als du wünschest.

Wenn du das für einen angemessenen Wunsch hältst, wähle dir Besitz und langes Leben. Sei Herr über ein großes Land, und aller Genüsse mache ich dich teilhaftig[148].

Fordere nach Belieben alle Genüsse, die in der Welt der Sterblichen schwer zu erlangen sind; liebliche Mädchen hier und mit ihnen Wagen und Musik, wie die Menschen sie nicht erlangen. Ich gewähre sie; laß dich von ihnen bedienen. Naciketas, nach dem Sterben frag mich nicht.

(*Naciketas:*) Das sind, o Todesgott, für den Menschen Genüsse, die morgen nicht mehr sind[149]. Sie nehmen all seinen Sinnen die Schärfe. Kurz ist unser ganzes Leben. Behalte dir Wagen, Tanz und Gesang.

Der Mensch läßt am Besitz sich nicht genügen. Wenn wir dich gesehen haben, werden wir besitzlos sein[150]. Wir werden leben, solange du es gebieten wirst. Der Wunsch, den ich mir ausbitte, bleibt der gleiche.

Wie möchte ein alternder Mensch in übler Lage, der zur Kenntnis der nie alternden Götter gekommen ist, noch an die Freuden des Trivarga (Erwerb, Liebe, Dharma) denken und an einem überlangen Leben Gefallen finden[151]?

Das künde uns, worüber die Menschen in dieser Welt Zweifel hegen, wie es um die große Frage des Jenseits steht. Diesen Wunsch, der ins Verborgene dringt, keinen anderen wählt Naciketas.

Zweite ›Ranke‹

Auf den zielbewußten Aufbau des ersten Abschnitts folgt keine gleich sichere Darlegung der dort angeregten Fragen. Alt und original kann nur das sein, was sich auf Tod und Unsterblichkeit einschließlich der Erkenntnis des Brahman bezieht. Wer das erkennt, sagen die letzten Verse von 3, wird aus dem Rachen des

Todes befreit. Der Abschnitt hinterläßt den Eindruck, als sei er eine Sammlung verschiedener Aussprüche über das Brahman, die von Späteren weiter vermehrt und selbst um eine Schilderung des ›Om‹, des heiligen, die ganze Welt bedeutenden Wortes bereichert wurden, obwohl unsere Upanishad damit sonst gar nichts zu tun hat. Ferner schwanken die Ansichten. Das Naciketasfeuer wird als Übergang zur höchsten Stätte und Erkenntnis geschildert, Vers 9 spricht von der Erkenntnis durch den Mund eines Lehrers, Vers 23 von einer Gnadenwahl durch das Selbst selbst, während das Selbst durch Verkündigung von seiten eines Lehrers nicht zu erreichen sei. Trotz dieser Unsicherheit hinsichtlich der Bestandteile der alten Kâthaka-Upanishad behält auch dieser Abschnitt sein Interesse, weil er die wichtigsten Fragen, welche man erörterte: ›Was ist das Selbst? Wie gelangt man dazu? Wie verhält sich der Einzelne dazu?‹ usw. hier aufwirft und wir von den alten Denkern schließlich auch nicht die Konsequenz der späteren Systeme erwarten dürfen.

Der Verfasser beginnt mit der Auseinandersetzung, daß es zwei Wege gebe, den des Guten einer- und den des Angenehmen andererseits, zwischen denen der Mensch sich zu entscheiden habe; der Kluge wähle den ersten, der Tor den zweiten Weg. Oder in anderer Auffassung, es gibt zwei Arten des Wissens, das ›Wissen‹ an sich vom höchsten Brahman und das Nichtwissen von dieser höchsten Welt. Naciketas habe jenen ersten Weg gewählt; er habe nach dem Wissen Verlangen gezeigt. Im Nichtwissen verweilen die selbstgefälligen Toren, die an kein Jenseits, sondern nur an das Diesseits denken.

Zur Erlangung des Wissens, von dem nur wenige hören und noch weniger Verständnis gewinnen, sei ein geschickter Lehrer und ein geschickter Schüler notwendig. Ein gewöhnlicher Mann könne es nicht lehren; auch sei es auf logischem Wege nicht zu fassen. Es folgen einige Verse, die ich für eingeschoben halte, die schon Gesagtes nochmals variieren; ferner eine Schilderung, wie erwähnt, von der Bedeutung der Silbe Om, und ein Vers, den ich als aus der Bhagavadgîtâ 2,19 entlehnt ansehe, weil er dort an die Lehre vom Kampf anschließt, während er hierher nicht paßt. Wieweit sonst Verse nachträglich in unseren Text geraten sind, ist nicht festzustellen. Aber durch Streichung einzelner Verse läßt sich diese Vallî wie die nächste auf den Umfang von je 15 Versen bringen.

Der Weg zum Heil

Yama: Ein andres ist das Gute, ein andres das Angenehme. Beide führen zu verschiedenen Zielen und fesseln den Menschen. Heil wird dem zuteil, der das Gute wählt; der, welcher das Angenehme wählt, verfehlt sein Ziel.

Das Gute und das Angenehme: beide nahen dem Menschen. Der Kluge prüft und unterscheidet beide. Der Kluge zieht dem Angenehmen das Gute vor; der Tor wählt um der Wohlfahrt willen das Angenehme.

Du, Naciketas, hast mit Bedacht die angenehmen und angenehm gestalteten Genüsse an dir vorübergehen lassen. Nicht hast du in Gestalt von Besitz den Lohn erlangt, bei dem viele Menschen untergehen.

Die zwei Arten des Wissens

Diese beiden sind verschieden und gehen weit auseinander: das Nichtwissen und das, was man als ›das Wissen‹ kennt.

Du, Naciketas, dünkt mich, verlangst nach dem Wissen. Nicht hat dich reichliches Wünschen darum gebracht.

Die Selbstklugen wandeln tief im Nichtwissen und dünken dabei sich gelehrt. Sie laufen in ihrer Verblendung wild umher wie Blinde, die ein Blinder führt.

Der Gedanke an das Jenseits kommt dem Einfältigen nicht, der ist unbesonnen und durch des Besitzes Verblendung verblendet. ›Nur ein Diesseits gibt es, kein Jenseits‹, so prahlt er und verfällt immer wieder meiner Gewalt[152].

Die Erkenntnis des Selbst ist schwierig

Vielen gelingt es nicht, von dem (Selbst) auch nur zu hören; viele, obschon sie von ihm hören, erkennen es doch nicht. Wie ein Wunder ist ein geschickter Erklärer, der es erfaßt; wie ein Wunder ein verständnisvoller Schüler, der von einem geschickten Erklärer unterrichtet ist.

Denn von einem niederen Manne verkündet ist das Selbst nicht leicht zu verstehen, wie oft man es überdenke. Es gibt keinen Zugang zu ihm, wenn nicht ein andrer (höherer) es verkündet. Er ist feiner als ein Atom und kein Gegenstand logischen Beweises[153].

Die Einsicht ist auf dem Wege logischen Beweises nicht zu gewinnen. Von einem anderen verkündet, ist sie leicht zu erreichen. Du hast sie erlangt. Du bist von festem Entschluß. Solch ein Schüler wie du wäre mir erwünscht.

(*Naciketas:*) Ich weiß, ein sogenannter Schatz ist nicht von Dauer. Mit Schwankendem erreicht man nichts Festes. Daher habe ich das Naciketasfeuer geschichtet; mit vergänglichen Dingen habe ich Unvergängliches erreicht[154].

(*Yama:*) Auf die Erfüllung der Wünsche, die Stütze der Welt, die Endlosigkeit des Wollens (das Ufer der Rettung, das durch Stomas mächtige Urugâyalied als Stütze erschauend) hast du, Naciketas, standhaft und klug verzichtet.

Belehrung über das Selbst

Wer unter Versenkung in das Selbst seine Gedanken auf den schwer zu schauenden, in die Verborgenheit eingedrungenen, in einer Höhle wohnenden, in der Tiefe befindlichen alten Gott gerichtet hat, der Weise läßt Freude und Leid hinter sich.

Der Mensch, der das gehört und erfaßt hat, der das dem Reich des Dharma Unterliegende von sich geworfen und dieses wie ein Atom feine Selbst erreicht hat, der freut sich; denn Erfreuliches hat er erreicht. Geöffnet ist, Naciketas, dünkt mich (für dich), das Haus[155].

(*Naciketas:*) Was jenseits von Recht und Unrecht liegt, jenseits von Tat und Unterlassung, jenseits von Vergangenheit und Zukunft, das schauest du, das sage mir.

Belehrung über die Silbe Om

Das Wort, das alle Veden überliefern und alle Bußen verkünden, das den Wunsch derer ausmacht, die in den heiligen Schülerstand treten, das sage ich dir kurz: es lautet ›Om‹.

Denn diese Silbe ist das Brahman, denn diese Silbe ist das Höchste. Wer sie begriffen hat, erreicht jeglichen Wunsch.

Sie ist die beste Stütze, die höchste Stütze. Wer sie begriffen hat, wird erhöht in Brahmans Welt.

Schilderung des Selbst in Gestalt des ›Weisen‹

Der Weise wird nicht geboren, noch stirbt er. Nicht hat er einen Ursprung, noch ist er wandelbar[156]. Ungeboren, beständig, ewig und von altersher wird er mit dem Leib nicht getötet.

Wenn ein Töter zu töten meint oder ein Toter tot zu sein glaubt, so urteilen diese beide nicht richtig. Der eine tötet nicht und der andere wird nicht getötet.

Feiner als ein Atom, größer als groß wohnt der Âtman in der (Herzens-)höhlung des Geschöpfes. Der aller Wünsche Ledige erblickt, von allem Leid befreit, durch die Gnade des Schöpfers die Größe des Âtman.

Auch wenn er sitzt, wandert er in die Ferne; auch wenn er liegt, wandert er überall. Wer anders als ich kann diesen Gott, der Wonne und Nichtwonne[157] in sich schließt, begreifen.

Der Kluge denkt bei den Körpern an den Körperlosen, an den Stetigen bei den Ruhelosen, an den großen, alldurchdringenden Âtman und fühlt kein Leid.

Dieser Âtman ist nicht durch Belehrung, nicht durch Opfer, nicht durch viel Gelehrsamkeit zu begreifen. Wen er selbst sich ausersieht, von dem ist er zu begreifen. Dem offenbart sich der Âtman.

Wer vom schlechten Wandel nicht abläßt, nicht zum inneren Frieden gelangt und nicht zur Sammlung, wer nicht beruhigten Herzens ist, vermag ihn mittels der Erkenntnis nicht zu erreichen.

Brahmanen und Kriegerstand, beide sind für ihn (nur wie) ein Reisgericht, der Tod ist ein Überguß: wer fürwahr weiß, wo der ist?

Dritte ›Ranke‹

Dieser dritte Abschnitt enthält eine Schilderung des Selbst im Bilde eines Wagenfahrers, dessen Wagenlenker die Erkenntnis, dessen Zügel der Verstand sind. Der Schilderung gehen zwei

Verse voraus, die in nur lockerem Zusammenhange damit von den zweien im fernsten Jenseits sprechen und sodann ein Gebet um das richtige Zustandekommen des Naciketasfeuers enthalten. Ihr folgen einige Verse, die die Stufenleiter von den Sinnen ab bis hinauf zum höchsten Selbst beschreiben und in dem *mahân âtmâ* einen Weltschöpfer, einen Îshvara statuieren, der von der Einzelseele, wie Vers 13 zeigt, verschieden ist wie von dem über allen stehenden Purusha, der Weltseele. Dieser *mahân âtmâ* ist nicht mit der *buddhi* der späteren Zeit (*Deussen*, Allgem. Gesch. der Ph. I, 3, S. 55) identisch, sondern mit dem Îshvara, den wir in Îsha-Upanishad Vers 5, 8, 9 ohne ausdrückliche Bezeichnung finden; ebenso Kâth. Up. 6, Vers 7.

Die zwei, die in der Welt der guten Werke die Wahrheit trinken und im fernsten Jenseits in eine Höhle getreten sind, heißen bei den Brahmakundigen, den Unterhaltern von fünf Feuern und denen, die das Naciketasfeuer dreimal schichteten, ›Schatten und Licht‹[158].

Möchten wir das Naciketasfeuer zustandebringen, die Brücke derer, die geopfert haben, das unvergängliche höchste Brahman, das sichere Ufer derer, die (über den Strom) setzen wollen.

Das Selbst, wisse, ist der Wageninsasse, der Körper der Wagen, die Vernunft[159], wisse, ist der Wagenlenker, der Verstand der Zügel[160].

Die Sinne nennt man die Rosse, die Sinnesgegenstände das Ziel, das Selbst, an Sinne und Verstand gebunden, nennen die Weisen ›den Genießer‹.

Wer die rechte Erkenntnis nicht besitzt, den Verstand nicht als Zügel anwendet, der hat, wie ein Wagenlenker schlechte Rosse, seine Sinne nicht in der Gewalt.

Wer aber die rechte Erkenntnis besitzt, den Verstand als Zügel anwendet, der hat wie ein Wagenlenker gute Rosse, seine Sinne in der Gewalt.

Wer aber die rechte Erkenntnis nicht besitzt, wer den Verstand nicht hat und keine Lauterkeit, erreicht jenen Ort nicht und gerät in den Kreislauf hinein.

Wer aber die rechte Erkenntnis besitzt, den Verstand hat

und immerdar Lauterkeit, der erreicht den Ort und wird nicht mehr wiedergeboren.

Wer die Erkenntnis zum Wagenlenker, den Verstand zum Zügel wählt, der erreicht das Ziel des Weges, den höchsten Ort Vishnus[161].

Höher als die Sinne stehen ihre Gegenstände, höher als die Sinnesgegenstände steht der Verstand, höher als der Verstand die Vernunft, höher als die Vernunft ›das große Selbst‹.

Höher als das große (Selbst) steht das Unentfaltete (Urmaterie), höher als das Unentfaltete die Seele (der *purusha*). Etwas Höheres als diese gibt es nicht. Sie ist das höchste Ziel, die höchste Zuflucht.

Das Selbst wohnt verborgen in allen Wesen und offenbart sich nicht. Aber es zeigt sich der eindringenden feinen Erkenntnis feiner Denker.

Wer klug ist, der zügle Rede und Verstand; er zügle sie in der Erkenntnis in seinem Selbst (*âtmani*); die Erkenntnis in dem großen Selbst; dieses zügle er in dem leidenschaftslosen Selbst (dem Purusha).

Stehet auf und wachet. Nachdem ihr eure Wünsche erreicht habt, gebet acht. Die scharfe Schneide eines Messers ist schwer zu überschreiten. Die Weisen sprechen davon als dem Hindernis des Weges.

Wer das verehrt, was ohne Laut ist, ohne Gefühl, ohne Farbe, ohne Veränderung, ohne Geschmack, ewig, ohne Geruch, ohne Anfang und ohne Ende, was höher ist als das große (Selbst) und unverrückbar, der wird aus dem Rachen des Todes befreit.

Wenn ein Kluger die Erzählung von Naciketas, die von dem Todesgott verkündet ist und immer währt, verkündet und hört, der wird in Brahmans Welt erhöht.

Wer diese höchste Geheimlehre in einer Versammlung von Brahmanen oder würdig vorbereitet beim Totenmahl zum Vortrag bringt, dem gereicht das zum ewigen Leben. (1-3)

ÎSHA-UPANISHAD

Die kleine bedeutsame Upanishad enthält eine Reihe wertvoller und neuer Gedanken. Sie betont die Wertlosigkeit der Werke und die Wichtigkeit der Erkenntnis des Selbst, der Einheit des Selbst mit allen Wesen. Die Entstehung der Welt vollzieht sich durch das Heraustreten eines Îshvara aus dem Reich des Leuchtenden, Ewigen. Wissen allein und Nichtwissen allein verhelfen nicht zur Erkenntnis; der Glaube an ein ewiges Vergehen ist ein Irrglaube, wie der an ein ewiges Werden, und führt ins Verderben.

Was immer in der Welt sich regt, das übergib dem Herren[162]. Freue dich dieser Entsagung[163] und begehre nicht jemandes Besitz.

Mancher vollzieht in dieser Welt Werke und mag wünschen, hundert Jahre zu leben. So steht es bei dir, nicht anders. Aber das Werk hängt nicht an dem Manne[164].

Ungöttlich, in tiefe Finsternis gehüllt sind diese Welten. In sie gehen die, die ihr Selbst vernichten, nach dem Tode ein.

Das Eine ist regungslos und doch schneller als der Geist. Die Götter selbst holten es, wenn es vorauseilte, nicht ein. Obwohl es steht, überholt es alle Laufenden. Gott Mâtarishvan legt darein das Werk.

Es regt sich und regt sich nicht; es ist fern und ist nah. Es ist innerhalb wie außerhalb aller Dinge.

Wer im Selbst alle Wesen wahrnimmt und sein Selbst in allen Wesen, hegt keinen Zweifel mehr[165].

Wer erkennt, in wem das Selbst zu allen Wesen sich entfaltete, was bedeutet für den, der die Einheit erkennt, noch Verwirrung und Kummer?[166]

Er verließ[167] das Lichte, Körperlose, Unverwundbare, Sehnenlose, Reine, vom Übel nicht Erfüllte und hat als ein weiser Seher[168] umfassend, durch sich bestehend je nach ihrer Art für ewige Zeiten die Dinge geschaffen.

Die gehen in tiefe Finsternis ein, die dem Nichtwissen anhängen; in noch tiefere, scheint es, die, welche am Wissen sich freuen.

Sie sagen, es ist anders als das Wissen, anders als das Nichtwissen. So hörten wir von den Weisen, die uns das erklärten.

Wer beides, Wissen und Nichtwissen, zugleich erkennt, überwindet durch Nichtwissen den Tod und gelangt durch Wissen zur Unsterblichkeit.

Die gehen in tiefe Finsternis ein, die dem Vergehen anhängen; in noch tiefere, scheint es, die, welche an dem Werden sich erfreuen[169].

Sie sagen, es ist anders als das Werden; sie sagen, es ist anders als das Vergehen. So hörten wir von den Weisen, die uns das erklärten.

Wer beides, Werden und Vergehen, zugleich kennt, überwindet durch Vergehen den Tod und gelangt durch Werden zur Unsterblichkeit.

Mit goldener Scheibe ist das Antlitz der Wahrheit bedeckt. Enthülle, Pûshan, uns das, daß wir Recht und Wahrheit schauen.

Pûshan, alleiniger Rishi, Yama, Sûrya, Sohn des Prajâpati, zerteile deine Strahlen. Vereine dein Licht. Ja, ich sehe deine allerschönste Gestalt. Dort jener Mann (in der Sonne) bin ich. Der Hauch werde zum Winde, dem Unsterblichen; in Asche ende dieser Leib[170].

[Folgt eine Reihe von Gebeten]

SHVETÂSHVATARA-UPANISHAD

Die Shvetâshvatara gehört zu den schönsten und interessantesten Kapiteln der Upanishadliteratur; die schlechte Überlieferung dieses Textes, um derentwillen Böhtlingk davon Abstand genommen hat, eine Bearbeitung zu unternehmen (SBSGW. 1897, S. 133)[171], zwingt hier, nur eine Auswahl zu geben. Nach meiner Ansicht beruht unsere Upanishad sowohl auf dem Vedânta, den einer ihrer Verse anführt, wie auf dem Sânkhya, mit dem sie viele Grundbegriffe und Termini gemeinsam hat, und dem Yoga, dessen Praxis notwendig ist, um Geist und Sinn zu zwingen. Röer hat sie als einen Eklektizismus bezeichnet, der die Lehren des Vedânta mit dem Sânkhya zu verschmelzen sucht. Ihr Ziel, mehr auf poetischem wie logischem Wege erstrebt, ist die Erkenntnis, daß Brahman von der Welt verschieden ist und neben dem Brahman, an den Genießer und die Sinnesobjekte gebunden, die Materie steht. Die Upanishad postuliert die Dreiheit von Brahman, Einzelseele und Welt: das dreifache Brahman. Bemerkenswert ist das Auftreten eines höchsten Gottes, dessen Macht das Brahmarad bewegt. Der Gedankengang ist weder übersichtlich noch streng aufgebaut. Bei der Fülle von Entlehnungen ist nicht festzustellen, was dem ersten Verfasser gehört oder Zusatz späterer Leser und Bearbeiter ist. Ebenso sind alle Vermutungen über ihr Alter unsicher. Die Eigenart mancher Auffassungen in dem Stück läßt die Wiedergabe wenigstens einiger Abschnitte als wünschenswert erscheinen. Das Ganze ist nicht übersetzungsreif.

Die Brahmaforscher sprechen: ›Woher stammt das Brahman? Woher kommen wir? Wodurch leben wir? Und worauf gestützt?[172] Von wem beherrscht, befinden wir in Glück und Unglück uns in unsrer besonderen Lage, ihr Brahmakenner?‹

Soll man denken, ›es ist die Zeit, die eigene Natur, Notwendigkeit, Zufall, Elemente, Geburt oder Seele?‹ (Nein!) Wohl aber ist die Weltseele, weil die Weltseele in der Vereinigung all dieser wohnt, Herr über die Ursache von Freud und Leid[173].

Sie sahen, vermöge der Anwendung der Versenkung, die eigene Kraft Gottes in ihre Gunas gehüllt, der allein über alle Ursachen, einschließlich Zeit und Einzelseele, herrscht.

Es folgen zwei Verse, wegen ihrer Zahlensymbolik nur teilweise verständlich, in denen dieser Eine mit einem Radkranz (dreifach, sechzehnendig, fünfzigspeichig usw.) und einem Strom verglichen wird. Dieser Strom hat sein Wasser aus fünf Bächen (fünf Sinnen, Komm.), fünf Quellen (fünf Elementen) usw.

In diesem großen Brahmarade, in dem alles lebt und alles zur Ruhe kommt, schweift der Schwan (die Einzelseele) umher und weiß sich von dem Treiber des Rades verschieden. Damit zufrieden, geht er dann zur Unsterblichkeit ein.

Von ihm singt man als dem höchsten Brahman. Auf ihm beruht die Dreiheit[174], wohlgestützt und nicht vergänglich. Die Brahmakenner, die sein Inneres erkundet haben, gehen im Brahman auf, sind einzig ihm ergeben und werden von der Geburt frei.

Der Herr trägt alles vereint, das Vergängliche wie das Unvergängliche, das Entfaltete wie das Unentfaltete. Die Einzelseele, welche Nicht-Herr ist, ist gefesselt durch ihren Zustand als Genießer. Hat sie Gott erkannt, wird sie von allen Fesseln frei.

Kundig ist der eine, nichtkundig der andere, beide von Ewigkeit, Herr der eine, Nicht-Herr der andere[175]. Von Ewigkeit ist die eine, die mit den Genußobjekten für den Genießer verbunden ist[176]. Ohne Ende ist das absolute Selbst, das alle Gestalten in sich trägt und auf Handeln verzichtet. Wenn er diese drei erlangt, das ist Brahman.

Das Vergängliche ist der Urstoff (pradhâna), das Unsterbliche und Unwandelbare ist Hara; über Wandelbares und über die Einzelseele herrscht der eine Gott. Wenn man über ihn nachsinnt, an ihn sich heftet ... hört am Ende alle Täuschung auf.

Hat man den Gott erkannt, so schwinden alle Fesseln, die Schmerzen erlöschen, und mit ihnen schwinden Geburt und Tod. Wenn man über ihn nachsinnt, so erreicht man bei Vernichtung des Leibes das dritte, das Allherrschende. Im Absoluten ist der Wunsch erfüllt[177].

Das ist als ewig zu erkennen, was in der absoluten Seele

ruht. Es gibt kein höheres Wissen als das. Mit dem Gedanken an Genießer, Objekt des Genusses und Ursacher ist alles gesagt; das ist das dreifache Brahman.

Wie man die Gestalt des Feuers nicht wahrnimmt, das im Schoße des Reibholzes sich befindet und dennoch seine Wesenheit nicht verloren hat, wie man es vielmehr aus dem Schoße des Reibholzes gewinnt, so gewinnt man beides mittels des Omlautes im Körper (das individuelle und absolute Selbst).

Er mache seinen Körper zum Unterholz, den Omlaut zum Oberholz, und durch eifrige Anwendung der als Reibholz dienenden Meditation wird er den Gott, wie das verborgene Feuer gewahren.

Wie Öl in Sesamkörnern, wie Butter in der Milch, wie Wasser im Stromlauf, wie Agni im Reibholz, so erfaßt man in dem individuellen das absolute Selbst, wenn man mittels Wahrhaftigkeit und Askese seinen Blick darauf richtet;

auf das alles erfüllende, bedingungslose Selbst, das wie Butter in der Milch (in der Einzelseele) enthalten ist. Das Brahman, das die Wurzel der Wissenschaft vom Âtman und der Askese ist, ist das höchste Ziel der geheimen Lehre. (I)

Über den Yoga

Er bringe seinen Körper in eine ebene Lage, an drei Stellen (Brust, Hals und Kopf) ihn herausstraffend, konzentriere die Sinne in seinem Inneren mit dem Verstande und wird mittels des Brahmanachens kundig über alle Furcht einflößenden Ströme hinwegsetzen.

Er hemme seine Atemzüge, reguliere seine Bewegungen und, wenn der Atem geschwunden ist, hauche er durch die Nase aus. Wie einen Wagen, der von schlechten Rossen gezogen wird, lenke er kundig und aufmerksam sein Manas.

Auf einem ebenen, sauberen, von Kiesel, Feuer, Sand freien Platze, der durch (liebliche) Laute und Teiche den Geist einlädt, das Auge aber nicht belästigt, an einer höhlenreichen, dem Winde nicht ausgesetzten Stelle soll er sich dem Yoga hingeben.

Nebel, Rauch, Sonne, Feuer, Wind, Leuchtkäfer, Blitze, Bergkristall und Mond sind Erscheinungen, die vorangehen und bei dem Yoga die Offenbarung in bezug auf das Brahman bewirken.

Wenn in dem Körper, der aus Erde, Wasser, Feuer, Wind und Äther besteht, in fünffacher Weise die Anzeichen des Yoga eingetreten sind, dann quält den, der einen Leib aus Yogafeuer erlangt hat, weder Krankheit noch Alter noch Tod.

Leichtigkeit, Freiheit von Krankheit und Begehrlichkeit, Lichtheit der Farbe und Wohlklang der Sprache, schöner Geruch und Geringfügigkeit der Exkremente, das deutet die erste Stufe des Yoga an.

Wie ein Stück (Gold oder Silber), das mit Erde bedeckt war, hell strahlt, wenn es gut gereinigt ist, so wird eine in einem Körper befindliche Seele, wenn sie ihre wahre Natur erkannt hat, isoliert, ihres Zieles teilhaftig und von Kummer frei.

Wenn einer, dem Yoga hingegeben, mit der wahren Natur seiner Seele wie mit einem Licht das wahre Wesen des Brahman schaut, dann erkennt er den, der von Ewigkeit besteht, fest und frei von allen Eigenschaften[178] ist, und wird von allen Fesseln befreit. (II, 8ff)

Die bedingungslose (absolute) Seele

Nach einer Verherrlichung Rudras als Ursprung und Herr aller Dinge heißt es:

Wer ihn erkannt hat, der höher ist als dieser (Rudra), das höchste Brahman, den hohen, den je nach dem Leib in allen Wesen verborgenen, der allein alles umhüllt, den Herren, der wird unsterblich.

Ich kenne diesen großen Purusha, den wie die Sonne hellleuchtenden, jenseits des Dunkels. Wer ihn erkannt hat, entgeht dem Tode. Einen anderen Weg kann man nicht beschreiten.

Es gibt nichts Höheres als diesen, nichts Feineres als ihn, nichts Besseres als ihn. Wie ein Baum steht er an den Himmel gepflanzt[179]. Von dem Purusha ist alles erfüllt.

Frei von Gestalt und frei von Gebrechen ist das, was über dieser (Welt) steht. Unsterblich sind die, welche es wissen; andere erfahren nur Leid. (III, 7ff)

Die eine rot-weiß-schwarze Ziege, die viele Junge wirft von gleicher Farbe, bespringt voll Lust der eine Bock; der andere verläßt sie, nachdem er sie genoß[180]. (IV, 5)

Die Welt als Schein (Mâyâ)

Metra, kleine Opfer und große, Gelübde, Vergangenheit und Zukunft und der Wortlaut der Veden: daraus schafft der Zauberer dieses alles, und dahinein ist der andere (die Einzelseele) durch das Zauberstück gebannt.

Die Natur, wisse, ist dies Zauberstück; der Zauberer der große Gott, aber von den Elementen als seinen Teilen ist die ganze Welt durchdrungen. (9. 10)

Zwei liegen in der unversieglichen, ewigen Brahmastadt verborgen: Wissen und Nichtwissen. Vergänglichkeit ist das Nichtwissen; Unsterblichkeit aber das Wissen. Ein anderer ist es jedoch, der über Wissen und Nichtwissen herrscht,

der allein über jedem Schoße steht, über allen Gestalten und Schoßen, der den rishientstammten Kapila zuerst mit allem Wissen erfüllt und bei seiner Geburt ihn schaut[181]. (V)

Die individuelle Seele

Sie, die von den guten Eigenschaften erfüllt fruchttragende Werke tut, genießt das, was sie getan hat, sie kleidet sich in allerlei Gestalt, besteht aus den drei Bestandteilen (Gunas) und wandert, je nach ihren Werken, als Herr des Lebens auf dreifachem Pfad[182].

Wie ein Daumen groß, wie die Sonne gestaltet, mit Willen und Ichbewußtsein ausgestattet, mit der Eigenschaft der Vernunft und der des Selbst erscheint der andere (das individuelle Selbst) wie die Spitze einer Ahle groß.

Wenn man die Spitze eines Haares hundertfach spaltet und ein Hundertstel in hundert Teile teilt, solch ein Teilchen, wisse, ist die individuelle Seele. Und dieselbige ist zu unendlicher Größe fähig.

Nicht ist sie Frau, noch Mann, noch Sache. Welchen Körper auch immer sie annimmt, mit dem vereint sie sich [dazu wird sie].

Infolge der Verblendung durch Willen, Gefühl, Sehen erlangt die Seele auf dem Wege über Speise, Trank, Regen[183] Entfaltung und Geburt[184] und geht, entsprechend ihren Werken, in den Stätten der Reihe nach in die Körper ein.

Die Seele wählt nach ihren Eigenschaften viele feine und grobe Körper. Aus den Eigenschaften ihrer Handlungen und ihres Inneren ergibt sich ein neuer Grund der Verkörperung[185].

Erlösung

Der wird von allen Banden befreit, der inmitten des Wirrsals den end- und anfanglosen Schöpfer aller Dinge erkannt hat, den allgestaltigen Gott, der allein alles umhüllt.

Die ihn kennen, der vom Herzen zu erfassen ist, der ›der Nestlose‹ heißt, Werden und Vergehen schafft, den Shiva, der die (sechzehn) Bestandteile (des Menschen) schafft, die verlassen den Leib. (7–14)

Der Ursprung der Welt und der höchste Gott

Einige Weise sprechen von der Natur, andere irrig von der Zeit. Es ist aber die Macht Gottes in der Welt, durch die das Brahmarad bewegt wird.

Der Kundige (jna), von dem stets dieses All umhüllt ist, schafft die Zeiten, enthält die guten Eigenschaften und besitzt alles Wissen. Von ihm beherrscht, breitet das Werk sich aus, als Erde, Wasser, Feuer, Wind, Äther zu denken.

Hat er sein Werk getan, so zieht er es wieder ein und geht in die Einheit mit der Wahrheit der Wahrheit ein, mit einem, zwei, drei oder acht Bestandteilen der Prakriti (?), mit der Zeit und den feinen Eigenschaften seiner selbst. . .[186]

Den Höchsten der Herrscher, den großen Herrscher, die höchste Gottheit unter den Göttern, den höchsten Herrn der Herren jenseits, den wollen wir finden, den über die Welten gebietenden, verehrungswürdigen Gott.

Nicht findet man an ihm Wirkung oder Organe, nicht sieht man einen seinesgleichen, noch einen ihm Überlegenen. Vielfach, hört man, ist seine höchste Kraft und das seiner Natur innewohnende Handeln durch die Kraft des Wissens.

Nicht hat er einen Herrn und Gebieter in der Welt, nicht hat er ein besonderes Zeichen. Er ist die Ursache, er ist der oberste Herr der Sinnesorgane. Nicht hat er einen Vater noch Meister.

Der als einziger Gott wie eine Spinne mit den aus dem Urstoff stammenden Fäden nach seiner Natur sich einhüllt, der gebe uns das ewige Brahman.

Der einzige Gott ist in allen Wesen verborgen, durchdringt alles und wohnt als Seele in allen Wesen; er wacht über die Werke, wohnt über allen Wesen, ist Zeuge, Wächter, ganz für sich allein und frei von den Grundbestandteilen (den drei Gunas).

Er ist der einzige Herr über die vielen Seelen, der den einen

Samen vielfach macht. Die Weisen, die den in ihnen Wohnenden erschauen, genießen, haben ewiges Glück, nicht die anderen.

Wer den Gott, der als unvergänglich unter den Unvergänglichen, als Geistiger unter den Geistigen (cetana) allein die Wünsche vieler erfüllt, die Ursache, die man durch Sânkhya und Yoga erreicht, erkannt hat, der wird von allen Fesseln frei.

Dort scheint nicht Sonne, Mond, noch Stern, noch Blitz, geschweige denn Feuer. Von ihm, der allein glänzt, borgt alles seinen Glanz. Durch seinen Glanz erglänzt dies alles.

Als einziger Flamingo wohnt er inmitten der Welt, als Feuer inmitten der Flut. Wer ihn erkannt hat, schreitet über den Tod hinweg. Nicht kann man einen anderen Weg gehen.

Er schafft alles, kennt alles, stammt aus seinem eigenen Schoß, ist Intellekt, Zeitenschöpfer, besitzt die Gunas und alles Wissen, ist Herr über die Materie und die Einzelseele, gebietet über die Bestandteile (drei Gunas), ist Ursache der Befreiung vom Kreislauf und der Fessel des Beharrens darin.

[Er enthält die feinsten Stoffe[187], ist unsterblich, beharrt in Gott, ist der Kundige, durchwandelt alles und ist Hüter der Welt. Er herrscht immer über diese Welt. Kein anderer Grund ist für die Herrschaft gefunden.]

Ich nehme Erlösung suchend meine Zuflucht zu dem Gott, der zuerst Gott Brahman schafft und für ihn die Veden entsendet, dessen Licht seine eigene Vernunft ist;

zu ihm, der ohne Teile, ohne Handeln, voll innerer Ruhe, ohne Tadel, ohne Flecken ist, der die höchste Brücke bildet zur Unsterblichkeit und dem Feuer gleicht, dessen Brennholz verzehrt ist.

Erst wenn die Menschen die Luft wie ein Fell zusammenwickeln werden, wird, ohne daß man Gott erkennt, der Schmerz zu Ende sein.

Durch die Kraft der Buße und Gottes Gnade hat Shvetâshvatara, der Kundige, das Brahman, das höchste Mittel der Läuterung, dem Kreise der Propheten willkommen, für die, die die Âshramas überwunden haben, in richtiger Weise verkündet.

Im Vedânta ward vor Zeiten das höchste Geheimnis verkündet. Nicht soll man es einem innerlich Friedlosen, einem Kinder-, einem Schülerlosen überliefern.

Wer die innigste Liebe zu Gott und wie zu Gott zu seinem Lehrer hegt, dem Hochgesinnten leuchten hell die Lehren, die hier verkündet sind, leuchten sie hell. (VI)

MUNDAKA-UPANISHAD

Die Upanishad der ›Kahlgeschorenen‹, die denen verkündet werden soll, die das ›Gelübde des Kopfes‹ erfüllen, war ein beliebter und darum mancherlei Zusätzen und Erweiterungen ausgesetzter Text. Wenn sich, wie in der Bhagavadgîtâ, widerspruchsvolle Ansichten finden, so werden wir das nicht einer Übergangsphilosophie oder wie man es sonst nennen mag, sondern dem stets zu Überarbeitungen geneigten indischen Geist zuzuschreiben haben. Auch unsere Upanishad harrt noch der textkritischen Behandlung, haben wir doch noch nicht einmal eine gute Materialienausgabe. Man wird es darum als zweifelhaft betrachten müssen, welcher Vers als eine Reminiszenz aus anderen Upanishaden nachträglich hinzugefügt ist; der Zweifel wird aber nicht hindern, die Schönheit einzelner Teile zu erkennen.

Der *erste* Abschnitt spricht von den alten Lehrern, die die Wissenschaft überlieferten, sowie von der Unterscheidung des Wissens in ein niederes, das aus den Veden usw. besteht, und in ein höheres, das von dem Unwandelbaren handelt. Das niedere Wissen ist gegenüber dem höheren wertlos; um dieses, um die wahre Welt zu erkennen, soll man einen Lehrer befragen.

Der *zweite* Abschnitt schildert die Entstehung der Welt aus diesem Unwandelbaren; der Darstellung der Schöpfung folgt mit manchen, wohl nicht ursprünglichen Anklängen an andere Upanishaden die Beschreibung des Brahman als Mittelpunkt der Welt wie des Individuums.

Der *dritte* Abschnitt fährt in dieser Schilderung fort und beschreibt danach die Wirkung der Erkenntnis in der Einzelseele sowie deren Verhältnis zum Purusha, der Weltseele, die mit dem Brahman aber nicht ohne weiteres identisch ist; denn in dem Text wird der höchste Âtman, die Weltseele, von dem Brahman und der Stätte des Brahman mehrfach unterschieden, manchmal so, daß es nicht über, sondern unter ihm steht. So am Ende des ersten Abschnitts, der das Brahman als ein Ergebnis des von dem Allwissenden, Allkundigen geübten Tapas ansieht, am Anfange des zweiten Abschnittes, wo *Purusha*, der himmlische, gestaltenlose Geist, von dem *Akshara*, dem Höchsten, Unwandelbaren, unterschieden wird; am Anfange von II, 2, wo von dem Brahman als der großen Stätte gesprochen wird, in die alles Leben eingefügt ist. Am Ende von I, 1; III, 1, 3 ist der Purusha der Ursprung des Brahman: man denke auch an die Brahmastadt II, 2, 7, in der der Âtman wohnt. Es scheint daher, daß das Brahmahaus, in das die Seele des Wissenden nach III, 2, 4 einzieht, die Brahmawelt III, 2, 6, die Brahmastadt II, 2, 7 das Reich, der spirituelle Himmel ist, in dem der Purusha ebenso wie in dem einzelnen Herzen wohnt. Ganz durchgeführt ist die Scheidung nicht; dies Schwanken wird aber weniger dem Autor als der Einfügung von Zusätzen zuzuschreiben sein, die einzelne Mundakalehrer an dem Text vornahmen.

Gott Brahman, der Schöpfer des Alls, der Hüter der Welt, entstand von den Göttern zuerst. Er verkündigte seinem ältesten Sohne Atharva die Wissenschaft vom Brahman, die die Grundlage aller Wissenschaften ist.

Die Wissenschaft vom Brahman, die Brahman dereinst dem Atharvan mitgeteilt hatte, verkündete dieser dem Angir; der verkündete sie, die höhere wie die niedere, dem Bharadvâjasproß Satyavâha, und dieser verkündete sie dem Angiras.

Da begab es sich, daß ein reicher Mann namens Shaunaka in geziemender Weise dem Angiras nahte und die Frage stellte: ›Was muß man erkannt haben, um diese ganze Welt zu erkennen?‹ Der sprach zu ihm: »Es gibt zwei Wissenschaften, die man kennen muß, wie die Brahmakundigen sagen, die höhere und die niedere. Die niedere besteht aus Rigveda, Yajurveda, Sâmaveda, Atharvaveda, Phonetik, Ritual, Grammatik, Auslegung, Verskunde, Zeitrechnung, Sage und Geschichte, Logik, Ritualphilosophie, Recht; die höhere ist die, durch die das Unvergängliche erfaßt wird. Was unsichtbar, unfaßbar, ohne Familie und ohne Kaste ist, was nicht Auge noch Ohr, nicht Hand noch Fuß hat, ewig, alldurchdringend, allgegenwärtig, ganz fein ist, das ist das Unvergängliche, was die Weisen als den Ursprung aller Wesen ansehen[188]. Wie eine Spinne ein Gewebe aus sich herausspinnt und zurücknimmt, wie auf der Erde Kräuter entstehen, Haare auf Kopf und Körper des Menschen bei Lebzeiten, so entsteht hier das All aus dem Unvergänglichen.

Das Brahman wird durch Buße aufgebaut. Daraus entsteht die Speise, aus der Speise Hauch, Verstand, Wahrheit, Welten, und in den Werken Unsterblichkeit. [Er ist ganz

Intellekt, ganz Wissen; seine Buße besteht aus Erkenntnis. Aus ihm entsteht das Brahman, Name und Gestalt (Individualität) und Speise[189].] (I, 1)

Das ist hier die Wahrheit. Die Werke, welche die Weisen in den Mantras erschauten, sind in der Dreiheit der Feuer vielfach ausgebreitet. Die übt ihr ständig aus Verlangen nach der Wahrheit; das ist euer Pfad in der Welt der guten Werke.

Wenn die Flamme im lodernden Feuer leckt, soll er zwischen die beiden Butteranteile die Spenden opfern. Wer sein Agnihotra opfert ohne ein Neu- und Vollmondsopfer, ohne Viermonatsopfer, ohne Opfer der Erstlingsfrüchte und ohne Gastopfer; wer es ungeopfert sein läßt; wer es ohne Opfer an die Allgötter darbringt, wer es ohne Glauben, ohne Regel opfert, dem zerstört es alle Welten bis hin zur siebenten.

Dunkel, furchtbar, geistesschnell, hochrot, hochbraun, funkenreich und allschimmernd-göttlich[190]: so heißen die sieben leckenden Zungen.

Wer beim Leuchten der Feuer vorgeht und die Spenden richtig opfert[191], den führen sie dorthin, wo die Strahlen der Sonne sind, wo der Herr der Götter, die einzige Stätte ist. ›Komm, komm‹, so sagen die leuchtenden Spenden zu ihm und führen den Opferer auf den Strahlen der Sonne; sie sprechen lieblich zu ihm und singen: ›Das ist eure heilige, wohlbereitete Brahmawelt.‹

Dies sind achtzehn undichte Schiffe in Form von Opfern, in denen das niedere Werk befördert ist[192]. Die Toren, die das als besseren Teil begrüßen, die unterliegen abermals Alter und Tod. Im Nichtwissen wohnen die Selbstklugen, sich selbst für gelehrt haltend. Immer wieder geschlagen, wandeln diese Toren umher; wie Blinde, die vom Blinden geführt werden.

Die Schwächlinge, die im Nichtwissen mannigfacher Art sich bewegen, glauben: ›Wir haben unser Ziel erreicht.‹ Was die Werkbeflissenen aus Voreingenommenheit nicht kennen, das bedrückt sie. Ihre Welt geht zu Ende, und sie sinken hinab.

Opfer und gute Werke für das beste haltend, kennen sie kein anderes Heil in ihrer Torheit. Wenn sie auf dem Rücken des Himmels ihre guten Werke genossen haben, gelangen sie in diese oder eine niedere Welt. [Die aber, welche Buße und Glauben im Walde anhängen, friedevollen Herzens, (der Wahrheit) kundig auf ihren Almosengang ausziehen, die gehen durch das Tor der Sonne, frei von Fehl, dorthin, wo der unsterbliche, unvergängliche Purusha (Weltgeist) wohnt[193].] Ein Brahmane, der die durch Werktätigkeit aufgebauten Welten beobachtet hat, dürfte in Verzweiflung geraten. Nicht besteht der ungeschaffene (ewige, Purusha) kraft der Werke. Um der Erkenntnis von ihm willen soll er mit Brennholz in der Hand zu einem Lehrer gehen, der gelehrt und in dem Brahman fest ist. Und dem, der geziemend naht, friedvollen Herzens und voller Ruhe ist, teilt er sachentsprechend diese Wissenschaft vom Brahman mit, daß er den unwandelbaren, wahren Purusha erkenne. (I, 2)

Das ist die Wahrheit. Wie aus einem hellen Feuer zu Tausenden ihm gleiche Funken hervorgehen, so entstehen aus dem Unwandelbaren allerlei Wesen und kehren in ihn zurück. [Im Himmel wohnt der gestaltlose Geist (purusha), der alles Äußere und Innere enthält, der ungeborene; hauchlos, manaslos, rein, höher als das Höchste, unwandelbar[194].] Aus ihm werden Hauch, Manas und alle Sinne geboren, Luftraum, Wind, Licht, Wasser und die Erde, die Trägerin aller Dinge.

Agni ist sein Haupt, Sonne und Mond seine Augen, die Weltgegenden seine Ohren, seine Stimme der offenbarte Veda, der Wind sein Hauch, das All sein Herz, die Erde seine Füße; er ist die allen Wesen innewohnende Seele. (II, 1)

Aus ihm stammt das Feuer, dessen Brennholz die Sonne ist; aus Soma der Regengott Parjanya, die Pflanzen auf der Erde; der Mann gießt seinen Samen in die Frau. Viele Geschöpfe sind dem Purusha entstammt, ihm Rik, Sâman, Yajus, die Weihe zum Somaopfer, die kleinen und großen

Opfer und die Opfergeschenke, das Jahr, der Opferer, die Welten, in denen der Mond strahlt und die Sonne. Aus ihm sind vielfach die Götter entstanden, Halbgötter, Menschen, Tiere, Vögel, Ein- und Aushauch, Reis und Gerste, Kasteiung, Glaube, Wahrheit, heiliges Studium und Gesetz. Aus ihm entstehen die sieben Hauche, die sieben Holzscheite samt den sieben Flammen, die sieben Zungen, die sieben Welten, in denen die Hauche sich bewegen, zu je sieben in der Höhle versteckt; aus ihm die Meere und alle Berge, ihm entströmen die Flüsse aller Art, aus ihm Pflanzen und Säfte . . . Purusha ist das All, ist Werk, Kasteiung, das Brahman jenseits des Todes. Wer das kennt, was in der Höhle (des Herzens) verborgen ist, der löst den Knoten der Unwissenheit, mein Lieber. (II, 1)

Ans Licht gebracht ist die große Stätte, die den Namen ›Geheimweg‹ führt. Dort ist alles, was sich regt, atmet und das Auge schließt, eingefügt. Ihr kennt sie als vorzüglicher denn Sein und Nichtsein. Sie steht höher als die Erkenntnis, ist für die Geschöpfe das Beste, ist glanzvoll, feiner als das Feine. Darauf sind die Welten und die Weltbewohner gegründet. Sie ist das unwandelbare Brahman, sie ist Atem, Stimme, Manas; sie ist das Wahre, Unsterbliche. Das erkenne du, mein Lieber, als Ziel.

Die große Waffe, die Geheimlehre, nehme er als Bogen, lege darauf den durch Meditation geschärften Pfeil, spanne ihn mit dem Herren ergebenen Geiste; in diesem Unwandelbaren erkenne, mein Lieber, dein Ziel. Der Omlaut ist der Bogen, der Pfeil das Selbst, das Brahman das Ziel. Aufmerksam muß man es durchbohren. Wie der Pfeil, so muß man sein.

Ihr kennt diesen, in den Himmel, Erde und Luftraum, das Manas zusammen mit allen Hauchen verwebt sind, als den einen Âtman. Alle anderen Worte gebt preis; er ist die Brücke zur Unsterblichkeit.

Wie Speichen in der Nabe des Rades, so sind in ihm die

Adern befestigt. Er wandelt im Innern umher, mannigfach entstehend. Mit dem Wort Om sinnt ihr dem Âtman nach. Heil euch, auf daß ihr das Ufer jenseits der Finsternis erreichet.

Er ist allkundig und allwissend. Der Âtman, dessen Größe in der Welt sich entfaltet, wohnt in der himmlischen Brahmastadt, im Äther. Er besteht aus Manas, lenkt Hauch und Leib, wurzelt in der Speise. Ihr Herz darauf richtend (?) sehen durch dessen Kenntnis die Weisen das Unsterbliche, was in Gestalt der Wonne leuchtet.

Der Knoten des Herzens wird gespalten, aller Zweifel gelöst, all sein Karman schwindet, wenn einer ihn gesehen hat, der zugleich das Hohe und Niedere ist.

In einer goldenen Burg, in einem Gefäß wohnt fleckenlos und unteilbar das Brahman. Hell, ein Gestirn unter den Gestirnen ist das, was die Kenner des Âtman kennen.

Die Sonne leuchtet dort nicht, nicht Mond noch Sterne. Nicht leuchten die Blitze, noch weniger das Feuer. Alles glänzt dort allein als sein Abglanz; durch seinen Glanz erglänzt dies alles.

Das Brahman ist das Unsterbliche im Osten und Westen, Brahman das Unsterbliche im Süden und Norden; nach unten und oben hat das Brahman sich verbreitet; Brahman ist Alles, ist das Beste. (II, 2)

Zwei Vögel, eng befreundet, umkreisten denselben Baum. Der eine von ihnen ißt die süße Pippalafrucht; ohne zu essen schaut der andere herab[195]. Auf demselben Baum hat der Purusha (Einzelseele) sich niedergelassen und klagt in seiner Verwirrung ob seiner Ohnmacht. Aber wenn er den anderen (die Weltseele) als ihm erwünschten Herrscher sieht und dessen Hoheit, dann weicht sein Kummer.

Wenn er sehenden Auges den goldfarbenen Ursacher, den Herrscher, den Purusha sieht, den Ursprung des Brahman, dann schüttelt er kundig Verdienst und Sünde ab, und frei von Fehl geht er zur höchsten Gemeinschaft ein . . .[196]

Denn durch Wahrheit, durch Askese ist dieser Âtman zu erreichen, durch rechte Erkenntnis und heiliges Studium in Beständigkeit. Ganz Licht, schimmert er im Innern des Leibes; ihn schauen die Asketen, deren Schuld getilgt ist. Die Wahrheit allein siegt, nicht das Unrecht; durch die Wahrheit ist der Götterweg gebreitet, auf dem die Rishis nach Erlangung ihrer Wünsche nahen, wo die höchste Stätte der Wahrheit liegt.

Groß ist er und himmlisch und von unfaßbarer Gestalt und erglänzt doch feiner als das Feine. Er liegt in weiter Ferne und ist hier in der Nähe. Er ruht in einer Höhlung in denen verborgen, die es hier sehen.

Nicht erfaßt man ihn mit dem Auge, nicht mit der Rede, nicht mittels der Götter, mit Askese oder Werk. Der aber, dessen Inneres durch die Klarheit der Erkenntnis gereinigt ist, erschaut den Unteilbaren im Denken. Der Âtman ist unendlich fein, nur mit dem Geiste zu erkennen. In ihn ist der Lebenshauch in fünffacher Form eingegangen. Mit dem Lebenshauch ist der Geist der Wesen ganz verwoben; ist der geläutert, dann entfaltet sich der Âtman.

Welche Welt auch immer ein Mensch von geläutertem Wesen mit seinem Manas beleuchtet, welche Wünsche er immer hegt, diese Welt, diese Wünsche erlangt er. Darum soll der, der gedeihen will, einen Kenner des Âtman verehren.

(III, 1)

Er kennt die höchste Brahmastätte, in der alles ruht und hell leuchtet. Die Weisen, welche ohne Wünsche den Purusha verehren, gelangen über alles Unreine hinaus[197].

Wer Wünsche im Sinne hat und hegt, der wird hier oder dort infolge dieser Wünsche wiedergeboren. Wer aber mit Wünschen abgeschlossen und sein Inneres bereitet hat, in dem schwinden schon hier alle Wünsche.

Der Âtman ist nicht durch Belehrung, nicht durch Opfer, nicht durch viel Gelehrsamkeit zu begreifen. Wen er sich selbst aussersieht, von dem ist er zu begreifen. Ihm offenbart sich der Âtman. Der Âtman ist nicht von dem Schwächling zu gewinnen, nicht durch Unachtsamkeit noch durch ungeeignete Buße. Wer aber kundig mit diesen Mitteln sich bestrebt, dessen Âtman geht in die Brahmastätte ein. (Kâthaka-Up. oben S. 165)

Die Rishis, die zu ihm gelangten, erfüllt mit Erkenntnis, wohlbereiteten Herzens, frei von Leidenschaft, abgeklärt: weise und voll Hingabe ihres Ichs gehen diese, die überall den Alldurchdringenden gefunden haben, in das All ein.

All die Asketen, die durch die Kenntnis des Vedânta sich über ihr Ziel vergewissert und ihr Wesen infolge der Weltentsagung geläutert haben, werden zur Zeit ihres Endes in der Brahmawelt vom Tode frei und erlöst. Die fünfzehn Teile sind geschwunden; alle Götter zu ihrem Ausgang in den entsprechenden Gottheiten zurückgekehrt, alle Werke und der aus Erkenntnis bestehende Âtman werden alle zur Einheit in dem Höchsten, Unvergänglichen.

Wie die dahinfließenden Ströme im Meere untergehen und ihre Individualität verlieren, so wird der Kundige von seiner Individualität erlöst und geht in den himmlischen Purusha ein, der höher als das Höchste ist.

Der, welcher das höchste Brahman kennt, wird selbst zu Brahman; nicht ist in seinem Geschlecht einer, der nicht das Brahman kennt. Er überwindet den Kummer, er überwindet das Übel. Von den Knoten in seinem Herzen befreit, wird er unsterblich. Und so heißt es in einem Verse:

Die an Werken reichen Vedakenner, die im Brahman gefestigt sind, opfern sich selbst im Glauben dem einzigen Rishi. Er soll denen diese Wissenschaft vom Brahman verkünden, die das ›Kopfgelübde‹ nach der Vorschrift vollzogen haben.

Das ist die Wahrheit, die der Rishi Angiras verkündet hat. Keiner studiert sie, der nicht das Gelübde vollzogen hat. Verehrung den höchsten Rishis, Verehrung den höchsten Rishis.« (III, 2)

PRASHNA-UPANISHAD

Sechs Weise nahen als Schüler dem heiligen Pippalâda und gehen ihn, ein jeder in einem anderen Punkt, um Belehrung an. Es waren wieder die Fragen, die im Mittelpunkt der allgemeineren Interessen standen und die Denker der Zeit bewegten: woher das Leben kommt, wieviel Götter ein Geschöpf erhalten, woher der Lebensgeist stammt, das Wesen des Traumes, die Bedeutung der Silbe Om, die sechzehn Bestandteile des Menschen.

Der erste Abschnitt beantwortet die Frage nach dem Ursprung des Lebens. Prajâpati kasteite sich, um ein Elternpaar zu schaffen, das die anderen Wesen erzeugen soll. Das Elternpaar besteht aus zwei Prinzipien, deren Auftreten, wenn auch nicht von einer Vielheit uranfänglicher Seelen gesprochen wird, unsere Upanishad dem Sânkhyasystem recht nahe rückt. Die beiden Prinzipien sind der *Prâna* ›Hauch‹ und *Rayi* ›res‹, ›Materie‹, ›Stoff‹. In der Erörterung wird Prâna mit der Sonne, Rayi mit dem Monde gleichgestellt und weiter gleich der Prakriti im Sânkhya als dem Inbegriff von allem, was gestaltet und nicht gestaltet ist. Prajâpati selbst ist das Jahr oder umfaßt das Jahr, den Monat mit seinen beiden Hälften, Tag und Nacht. Er ist die Speise, aus der der Same kommt, und aus diesem kommen die Geschöpfe. Dieses Jahr zerfällt der Zweiteilung von Prâna und Rayi entsprechend, in zwei Hälften, die Zeit des Nordganges und des Südganges der Sonne, die helle und die dunkle Monatshälfte, Tag und Nacht. Mit Kasteiung und heiligem Studium gewinnt man den nördlichen Weg der Sonne und wird nicht mehr wiedergeboren; mittels der Opfer und frommen Werke den südlichen Weg und wird wiedergeboren. Dieser Teil der Upanishad ist ein Prajâpatigelübde, das nicht die Frage der Wiedergeburt, sondern nur die Entstehung der Wesen aus Prâna und Rayi behandeln will. Die Sonne bringt die Lebensgeister überall hin; die Wesen, der Materie ergeben, üben in Erfüllung des Prajâpatigelübdes den Beischlaf aus.

Sukeshan Bhâradvâja, Shaibya Satyakâma, Sauryâyanin Gârgya, Kausalya Âshvalâyana, Bhârgava Vaidarbhi, Kabandhin Kâtyâyana: all diese hatten, in das Brahman vertieft, im Brahman fest, dem höchsten Brahman nachforschend, mit dem Brennholz in der Hand zu dem heiligen

Pippalâda in dem Gedanken sich begeben: ›Der wird uns alles erklären.‹

Der Rishi sprach zu ihnen: ›Ihr müßt noch ein Jahr in Kasteiung, in heiligem Studium und Glauben verbringen, dann stellt eure Fragen nach Belieben. Sofern ich es weiß, will ich euch alles sagen.‹

Alsdann nahte ihm Kabandhin Kâtyâyana und fragte: ›Heiliger, woher kommen diese Geschöpfe?‹

Er sprach zu ihm: »Prajâpati wünschte Nachkommen und kasteite sich. Als er sich kasteit hatte, ließ er ein Paar entstehen, Geist (›Hauch‹: prâna) und Stoff: diese beiden, so dachte er, werden mir vielfältig Nachkommenschaft bewirken.«

Der Geist ist die Sonne, der Stoff ist der Mond. Stoff ist alles, was geformt und nicht geformt ist. Daher ist die Form selbst Stoff.

Wenn nun die Sonne beim Aufgang nach Osten geht, so trägt sie die Lebensgeister des Ostens in ihren Strahlen, wenn nach Süden, Westen, Norden, die obere Region, die untere, die Zwischengegenden, wenn sie alles erhellt, dann trägt sie alle Lebensgeister in ihren Strahlen.

Als Geist, sich überallhin verbreitend und allgestaltig, geht das Sonnenfeuer auf. Das ist in einem Verse ausgesprochen:

Dem allgestaltigen, goldenen Jâtavedas, dem höchsten Ziel, der als einziges Licht leuchtet –: mit tausend Strahlen, hundertfach sich zeigend, als Geist der Wesen geht da die Sonne auf.

Prajâpati ist das Jahr. Es hat zwei Pfade, den nördlichen und den südlichen. Die, welche Opfer und fromme Werke als ›Tat‹ verehren, die gewinnen nur den Mond zur Stätte. Diese kehren wieder. Darum schlagen die Rishis, die nach Nachkommenschaft verlangen[198], den südlichen Pfad ein. Der Weg der Manen ist der ›Stoff‹.

Aber auf dem nördlichen Pfade, wenn man mittels Tapas,

heiligem Studium, Glauben und Wissen dem Selbst nachforscht, gewinnt man die Sonne. Das ist der Sitz der Lebensgeister, das ist das Unsterbliche, das von Bedrängnis freie, das höchste Ziel. Von dort kehren sie nicht wieder. Das ist das Ende[199].

Prajâpati[200] ist der Monat, dessen dunkle Hälfte der Stoff, dessen lichte Hälfte der Geist. Darum tun die Rishis das, was sie für erwünscht halten, in der hellen Monatshälfte; die anderen das, was sie für erwünscht halten, in der anderen[201].

Prajâpati ist Tag und Nacht. Der Tag ist der Geist, die Nacht der Stoff. Den Geist verschütten die, die des Tages sich in Liebe verbinden; eine Ausführung des Gelübdes aber ist es, wenn sie sich des Nachts in Liebe zusammentun[202].

Prajâpati ist die Speise; aus der Speise kommt der Same; daraus entstehen diese Geschöpfe.

Die, welche das Prajâpatigelübde vollziehen, diese üben Begattung aus. (1)

Die Frage nach der Herkunft des Lebens hat in den Upanishaden zu einer Theorie der Hauche geführt, die als eine Äußerung primitiver Physiologie bezeichnet werden kann. Nach dem Rigveda ist der Wind der Geist der Götter, der Sproß der Welt (X, 168, 4). Das Shatapatha Brâhmana sagt XI, 5, 3, 11, daß alle Wesen in Vâyu, den Wind, eingehen und aus ihm wiederkehren. Deutlicher spricht sich das große, dem Lebenshauch gewidmete Lied des Atharvaveda 11,4 aus, das den Lebenshauch als Gottheit feiert und ihn den Herrn des Alls nennt. Auf ihm beruhe alles. Im Mutterleibe atme der Mensch aus und ein. Wen der Lebenshauch antreibe, der werde wiedergeboren. Wie manchem die Sonne, anderen der Verstand, das Denkorgan, anderen der Raum, so erschien anderen der Prâna als die Quelle, der Ausgang des Lebens, als das Brahman. Wie Ohr, Auge, Manas ihr kosmisches Gegenstück in den Himmelsgegenden, in Sonne und Mond haben, so der Hauch im Winde. An einer Stelle des Brihad-Âranyaka I, 5, 31 nimmt der in Müdigkeit verwandelte Tod alle Sinnesorgane der Reihe nach in Besitz, mit Ausnahme des in der Mitte befindlichen Hauches, der sich damit als der beste von allen ausweist. Ebenso geht es mit allen anderen Gottheiten: Feuer, Mond und Sonne gehen zu Rast, aber nicht der

Wind. Die Vorstellung der im Wind dahinfahrenden Toten ist damit eng verknüpft. Wenn der Geist aus dieser Welt scheidet, heißt es ebendort V, 12, 1, so gelangt er zum Winde, der Anfangsstation seiner durch Sonne, Mond zur kummerlosen Stätte fortschreitenden Wanderung, und ähnlich in der Kaushîtaki-Upanishad, wo II, 14 ein Wettstreit zwischen den verschiedenen Organen geschildert wird, aus dem der Hauch siegreich hervorgeht. Als sie den Körper verließen, vermochte keins von ihnen, weder Stimme, noch Auge, noch Gehör, ihn zu beleben. Erst als der Hauch wieder in den wie ein Stück Holz daliegenden Körper einging, erhob er sich. Da erkannten alle Gottheiten, daß das Vorzüglichste in dem Hauche liege, wurden des Hauches, dessen Wesen Erkenntnis ist, teilhaftig und zogen mit ihm und seinen Abarten aus dem Körper hinaus. Sie gingen in den Wind und, zum Äther (Âkâsha) geworden, in die Himmelswelt ein. Wer das weiß, wer in dem Hauche das Vorzüglichste erkennt und des Hauches, dessen Wesen Erkenntnis ist, teilhaftig wird, zieht mit diesen allen aus dem Körper aus, geht in den Wind ein und, zum Äther geworden, in die Himmelswelt. Er geht dorthin, wo diese unsterblichen Götter sind. Er erreicht das, was die unsterblichen Götter erreicht haben. Es wird unsterblich, wer das weiß.

Sowohl die Vedântalehrer als die Anhänger des Sânkhya haben sich mit dem Hauch und seinen Verzweigungen im Rahmen ihrer Systeme befaßt (*Deussen*, Geschichte der Philosophie I, 2, 238. 248; 3, 70; System des Vedânta 353ff., 359ff.; *Garbe*, Sânkhyaphilosophie S. 256; ^{2}318) und Ansichten geäußert, die nach einem Wort von John Davies nicht wahrer sind, als die von den Lebensgeistern, davon Ärzte und Naturforscher gewöhnlich, selbst im 18. Jahrhundert, sprachen. Die Upanishaden selbst haben den Hauch als den vornehmsten der Sinnesorgane angesehen und das schon angedeutete Bild vom Wettstreit mehrfach angewendet, um damit zu beweisen. Der Wortlaut der Chândogyalehre mag das noch weiter veranschaulichen.

Die Hauche[203] (d. h. hier ›der Hauch usw.‹: die Sinnesorgane) gingen zu Vater Prajâpati und sprachen: ›Heiliger, wer von uns ist der beste?‹ Er sprach zu ihnen: »Der, bei dessen Auszug der Körper sich am übelsten zu befinden scheinen wird. Der ist von euch der beste.«

Die Stimme zog aus. Sie blieb ein Jahr abwesend, kehrte wieder und sprach: ›Wie konntet ihr ohne mich leben?‹ »So, wie die Stummen nicht reden, aber durch den Hauch atmen, mit dem Auge sehen, mit dem Ohr hören, mit dem Verstande denken.« Die Stimme zog wieder in ihn ein.

Das Gesicht zog aus. Es blieb ein Jahr abwesend, kehrte wieder und sprach: ›Wie konntet ihr ohne mich leben?‹ »So, wie Blinde nicht sehen, aber durch den Hauch atmen, mit der Stimme reden, mit dem Ohr hören, mit dem Verstande denken.« Das Gesicht zog wieder ein.

Das Gehör zog aus. Es blieb ein Jahr abwesend, kehrte wieder und sprach: ›Wie konntet ihr ohne mich leben?‹ »So, wie Taube nicht hören, aber durch den Hauch atmen, mit der Stimme reden, mit dem Auge sehen, mit dem Verstande denken.« Das Gehör zog wieder ein.

Der Verstand zog aus. Er blieb ein Jahr abwesend, kehrte wieder und sprach: ›Wie konntet ihr ohne mich leben?‹ »So, wie die Toren nicht denken, aber mit dem Hauch atmen, mit der Stimme reden, mit dem Auge sehen, mit dem Ohr hören.« Der Verstand zog wieder ein.

Da wollte der Hauch ausziehen und, wie ein gutes Roß die Pflöcke seiner Fußfessel herausreißt, so riß er die anderen Hauche mit heraus. Sie kamen alle zu ihm und sprachen: ›Heiliger, komm! Du bist der trefflichste von uns; zieh nicht aus.‹

Sprach zu ihm die Stimme: ›Da ich die beste bin, so bist du der beste‹; sprach zu ihm das Auge: ›Da ich eine Stütze bin, so bist du eine Stütze‹; sprach zu ihm das Gehör: ›Da ich Gelingen bin, so bist du Gelingen‹; sprach zu ihm der Verstand: ›Wie ich eine Grundlage bin, so bist du eine Grundlage.‹

Nicht spricht man von ›Stimme‹, nicht von ›Gesicht‹, nicht von ›Gehör‹, nicht von ›Verstand‹: man spricht von ›Lebenshauchen‹. Denn ›Lebenshauch‹ ist das alles.

(CHÂNDOGYA V, 1ff.)

Prashna (Fortsetzung)

Da fragte Bhârgava Vaidarbhi den Pippalâda: ›Heiliger, wie viele Götter erhalten ein Geschöpf? Welche machen ihn (den Körper) sichtbar? Wer von ihnen ist der vorzüglichste?‹

Der sprach zu ihm: »Der Äther ist der Gott, Vâyu, Agni, Wasser, Erde, Rede, Verstand, Gesicht und Gehör. Diese machen ihn sichtbar und sagen: ›Wir stützen hier den Körper[204] und erhalten ihn.‹«

Zu ihnen sprach Prâna als der vorzüglichste: ›Täuschet euch nicht. Ich habe mich fünffach geteilt, ich stütze hier den Körper und erhalte ihn.‹

Sie verhielten sich ungläubig. Da schien es, als ob er aus Stolz nach oben ausziehen wollte. Und wie er auszieht, ziehen auch alle anderen aus; wie er aber haltmacht, machen alle halt[205]. Wie die Bienen alle hinter dem ausziehenden Weisel her ausziehen, aber wieder haltmachen, wenn er haltmacht, so taten Rede, Verstand, Gesicht, Gehör. Da sind sie zufriedengestellt und preisen den Prâna:

»Er glüht als das Feuer, er ist die Sonne, er ist Parjanya, Maghavan, er ist Vâyu; er ist die Erde, der Gott ist der Stoff, er ist, was ist und was nicht ist und was unsterblich ist. Wie die Speichen in der Nabe, so ruht alles im Prâna: Rik, Yajus, Sâman, Opfer, Krieger und Brahmanenstand. Du wanderst als Herr der Geschöpfe im Mutterleib und wirst wiedergeboren. Dir, Prâna, bringen diese Wesen die Opfergabe, der du mit den Lebensorganen (den Prânas) verweilst. Du bist der beste Opferpriester der Götter, die erste Spende für die Manen, du bist der lautere Wandel der Rishis, der Atharvans und Angiras. Indra bist du, Prâna, durch deine Kraft, Rudra bist du, der Beschützer. Du wandelst im Luftraum als die Sonne; du bist der Herr der Gestirne. Wenn du über sie regnest, dann stehen voll Freude, o Prâna, deine Geschöpfe: ›Nahrung wird uns nach Belieben werden.‹ Du, Prâna, bist ein Wanderer, der einzige Rishi; ein Verzehrer von Allem[206] und ein Herr der Guten. Wir spenden dir Nahrung; du bist Vater des Mâtarishvan. Deinen Körper, der in der Stimme, der im Gehör, der im Gesicht, der im Verstande wohnt, den mache immerdar uns gnädig. Ziehe nicht hinaus. Das alles steht in Prânas

Hand, was in dem höchsten Himmel wohnt. Wie eine Mutter die Kinder, schütze uns. Glück und Weisheit verleihe uns.« (2)

Herkunft des Prâna, seine Verteilung im Leibe unter Nennung der kosmischen Wesen, denen diese Verteilung entspricht, Tod.

Darauf fragte Kausalya Âshvalâyana: ›Heiliger, woher kommt der Prâna, auf welche Weise gelangt er in den Leib, wie verbleibt er dort, nachdem er sich fünffach geteilt hat, wie fährt er hinaus, wie heißt er draußen, wie drinnen?‹

»Du stellst Überfragen; du bist der beste unter den Brahmakundigen, darum sage ich es dir.

Aus dem Selbst entsteht der Prâna. Wie an einem Menschen der Schatten, so haftet an diesem der Verstand. Durch ihn als Boten gelangt er in den Leib.

Wie ein Fürst seine Diener mit dem Auftrage: ›Verwalte diese oder jene Dörfer‹ anstellt, so stellt er einzeln die anderen Hauche[207] an ihren Platz.

Über After und Schoß stellt er den Apâna, den Abhauch. In Auge und Ohr samt Mund und Nase nimmt er selbst seinen Standort. Über die Mitte (herrscht) der Samâna; denn er verdaut die dargebrachte Speise[208], aus ihm kommen die sieben Flammen[209].

Im Herzen aber wohnt der Âtman. Daselbst sind hundert und eine Ader und wieder hundert bei einer jeden von ihnen. Je zweiundsiebzigtausend an Zahl sind die Zweigadern. In diesen wandelt der ›Durchhauch‹. Nun führt auf einer von ihnen der ›Aufhauch‹ für gute Taten zur guten Welt aufwärts, für böse zur bösen, für beiderlei Taten zur Menschenwelt.

Der Prâna geht draußen als Sonne auf; denn diese begünstigt den Prâna im Auge. Die Gottheit, die in der Erde wohnt, stützt den ›Abhauch‹ des Menschen. Der Luftraum zwischen beiden, das ist der ›Mithauch‹. Der Vyâna ist der Wind.

Das Feuer (der Lebenskraft) ist der ›Aufhauch‹. Deshalb geht während des Kreislaufes der Geburten einer, dessen Lebenskraft erloschen ist, zusammen mit den im Manas aufgehenden Sinnesorganen und sein Denken[210] mit ihm in den Prâna ein; der Prâna, verbunden mit dem Feuer der Lebenskraft, führt ihn zusammen mit dem Âtman in die entsprechend seinem Tun für ihn bereitete Welt.

Wer so weiß und den Prâna kennt, dessen Nachkommenschaft geht nicht zugrunde. Er ist unsterblich. So heißt es in dem Shloka:

›Wer die Entstehung, den Eintritt, die Stelle, die fünffache Macht und innere Beziehung[211] des Prâna erkannt hat, erreicht Unsterblichkeit‹, erreicht Unsterblichkeit.« (3)

Dies Kapitel erörtert das Wesen des Schlafes und des traumlosen Tiefschlafes. Wie die Strahlen der Sonne abends in die Sonnenscheibe eingehen und früh beim Aufgang wieder aus ihr hervortreten, so vereinigen sich alle Sinne abends in dem Manas. Der Mensch hört nicht, sieht nicht, schmeckt nicht usw.; der Atem aber mit seinen Unterabteilungen bleibt munter; er hält über dem Körper, der Burg des Brahman, Wacht. Der Text vergleicht drei der Prânas mit den Feuern, die auf dem Opferplatz brennen. Das Gârhapatyafeuer, das des Hausvaters, entspricht der Erde, das Âhavanîyafeuer dem Himmel, das Anvâhâryapacana dem Luftraum. Diese Verteilung benutzt der Autor, um die drei Hauche in gleicher Weise zu verteilen, den Apâna, der ja über die untersten Organe des Körpers gesetzt ist, dem Gârhapatya gleichzusetzen und den Prâna, der über Ohr und Auge gebietet, dem Âhavanîya. Dem Anvâhârya überweist er den Vyâna; wir würden den Samâna erwarten. Für diesen ist aber in dieser Systemspielerei kein rechter Platz. Wie vorher ihm die Verdauung zugewiesen wird, so besorgt er hier das Verdauen der beiden als Opferspenden dargestellten Atemzüge des Ein- und Aushauches. Das Manas wird zum Opferer gemacht. Der Lohn für das Opfer ist der Udâna, der den Opferer, d. h. das Manas, tagtäglich zum Brahman führt, so wie er in Abschnitt 3 als der bezeichnet wurde, der für gute Taten zur guten Welt usw. führt, so wie er als Tejas beim Tode mit dem Prâna den Menschen zu der ihm entsprechenden Welt führt. Im *Traum* erinnert sich das Manas aller seiner Erlebnisse, im *Tiefschlaf* aber, der durch die Übermacht des Tejas bewirkt wird, wird ihm die absolute Wonne zuteil, indem er sich mit dem höchsten Brahman vereinigt.

Da fragte ihn Sauryâyanin Gârgya: ›Heiliger, was ist's, das im Menschen schläft, was ist's, das in ihm wacht? Welcher Gott ist's, der träumt? Wem wird diese Wonne (des Tiefschlafes) zuteil? Auf wen sind sie alle gegründet?‹

Der sprach zu ihm: »Wie die Strahlen der Sonne, wenn sie zu Rüste geht, sämtlich in dieser Glutscheibe sich vereinigen und, wenn sie aufgeht, aus ihr wieder hervorkommen, so wird auch das alles im Manas als dem höchsten Gott zur Einheit. Darum sieht, riecht, schmeckt, fühlt, begrüßt, nimmt der Mensch nicht in Empfang, erfreut sich nicht, entleert sich nicht, geht nicht umher; man sagt eben von ihm, ›er schläft‹.

Die Prânas wachen wie Feuer über dieser Burg. Der Apâna ist das Gârhapatyafeuer, der Vyâna das Anvâhâryapacana; weil der Âhavanîya aus dem Gârhapatya entnommen wird, ist wegen dieses Entnehmens der Prâna das Âhavanîyafeuer[212].

Der Samâna verdaut die in Form von Einatmen und Ausatmen dargebrachten Spenden; das Manas ist der Opferer; der Lohn des Opfers ist der Udâna, der den Opferer Tag für Tag zum Brahman führt.

Da nun im Traum genießt Manas als Gott seine Größe. Was immer er gesehen hat, sieht er wieder, was immer er gehört hat, hört er wieder; was er irgendwo genossen hat, genießt er immer wieder. Was er gesehen und nicht gesehen, was er gehört und nicht gehört, was er genossen und was er nicht genossen, was ist und was nicht ist, alles sieht er; sieht er, der selbst alles ist.

Wenn er vom Tejas überwältigt ist, da hat der Gott keine Träume. Dann entsteht diese Wonne in diesem Körper.

So wie, mein Lieber, die Vögel in ihr Nest auf dem Baume sich begeben, so begibt sich das alles in den höchsten Âtman: die Erde und ihre Bestandteile, das Wasser und seine Bestandteile, das Feuer und seine Bestandteile, der Wind und seine Bestandteile, der Luftraum und seine Bestandteile, das Auge und das Sichtbare, das Gehör und das Hörbare, der Geruch und das Riechbare, der Geschmack und das

Schmeckbare, die Haut und das Fühlbare, die Stimme und das Sprechbare, die Hand und das Greifbare, Schoß und Freude, After und Entleerung, Fuß und Gang, Verstand und Gedanke, Vernunft und Begreifliches, Ichbewußtsein und Ichbetätigung, Geist und Vorstellung, Glut und Glühbares, Hauch und das, was er erhält.

Denn der aus Erkenntnis bestehende Geist ist der Seher, Berührer, Hörer, Riecher, Schmecker, Denker, Begreifer, Täter; er geht in das höchste, unvergängliche Selbst.

Der geht in das Höchste, Unwandelbare ein. Wer das schattenlose, körperlose, blutlose, strahlende Unvergängliche kennt, der weiß alles und wird alles. So heißt es in einem Verse:

›Wer, mein Lieber, das strahlende Unvergängliche kennt, in das der aus Erkenntnis bestehende Geist mit allen Göttern, die Prânas und die Elemente eingehen, der weiß alles und ist in alles eingegangen.‹« (4)

Kapitel V schildert die Bedeutung der mystischen Silbe Om, die in den Upanishaden als der Ausdruck des höchsten Brahman gilt. Das Nachdenken darüber ist gleichbedeutend mit dem über das Brahman. Die spätere Zeit hat sich viel mit ihr beschäftigt und über ihre Bedeutung, Etymologie, Aussprache u. a. eine kleine Upanishad verfaßt, die bei Anquetil Duperron vorhanden und von Bloomfield (Grundriß der Indoar. Phil. II, 1, B, S. 108) als Teil des Gopathabrâhmana nachgewiesen ist. Der Yogaphilosophie ist die Bedeutung der Silbe nicht weniger bekannt (*Garbe*, Sânkhya und Yoga, Grundriß III, 4, S. 50; *Markus*, Die Yogaphilosophie, S. 3). Siehe auch oben S. 98, 164, 183. Die Silbe wird in mehrere Moren zerlegt (a + u + m).

Da fragte ihn Shaibya Satyakâma: ›Wer, o Heiliger, unter den Menschen bis zu seinem Lebensende über den Laut Om nachdenkt, welche Welt gewinnt der dadurch?‹

Er erwiderte ihm: »Der Omlaut ist das höhere und das niedere Brahman. Darum geht ein Kundiger auf dieser Grundlage einem von beiden nach, o Satyakâma.

Wenn er über eine Mora nachdenkt, dann gelangt er, davon belehrt, mit Schnelligkeit zur Erde. Die Verse des

Rigveda führen ihn zur Menschenwelt. Dort genießt er, der Kasteiung, dem heiligen Studium und Glauben hingegeben, Ansehen.

Wenn er mit zwei Moren in das Denkorgan eingeht, dann führen ihn die Sprüche des Yajurveda zum Luftraum, in die Welt des Mondes. In der Welt des Mondes genießt er das Glück und kehrt darauf wieder zurück.

Wer aber mit allen drei Moren, d. h. mit der ganzen Silbe Om diesen höchsten Geist überdenkt, der vereinigt sich mit der Glut, mit der Sonne. Wie eine Schlange sich von der Haut löst, so löst er sich von dem Übel. Die Sâmamelodien führen ihn zur Welt Brahmans. Dort sieht er in seiner Burg den Geist ruhen, der höher ist als die höchste Schar der Einzelseelen[213]. Hier gibt es zwei Verse:

Drei Moren gibt es: miteinander zu eng verbunden oder zu getrennt voneinander angewendet, sind sie vom Tode begleitet[214]. Wenn die äußeren, inneren, mittleren Handlungen richtig vollzogen sind, zittert der Weise nicht.

Durch die Verse des Rik gelangt man zu dieser Welt, durch die Sprüche des Yajus zum Luftraum, durch die Melodien zu der Stätte, die die Weisen verkünden; mit Hilfe des Omlautes gelangt der Wissende zu ihm, zu dem, was frei von Leidenschaft, Alter, Tod, Gefahr und das Höchste ist.« (5)

Der Mensch besteht aus 16 Teilen. Nach Brihad-Âr.-Up. 1, 5, 22 ist Prajâpati als das Jahr sechzehnteilig, seine fünfzehn Teile sind die Nächte, sein sechzehnter ist unveränderlich. In den Nächten nimmt er zu und nimmt er ab. In der Neumondnacht dringt er mit diesem sechzehnten Teil in alles, was lebt, ein und wird darauf wieder am Morgen geboren. Ebenso steht es mit dem Menschen, der solches weiß. Seine Habe sind die fünfzehn, sein Ich der sechzehnte Teil. In bezug auf seine Habe nimmt er zu und ab. Sein Ich ist die Nabe, seine Habe der Radkranz. Die Chândogya-Upanishad erklärt, wie ein Mensch 15 Tage lang nicht ißt und seiner Gedächtniskräfte beraubt wird, und von seinen 16 Teilen nur einer übrigbleibt. Wenn er dann Speise zu sich nimmt, so gewinnt er, weil ihm das Sechzehntel geblieben, seine Kräfte wieder. In unserem Kapitel entspricht der Purusha dem Âtman, dem Geist. Die Darstellung scheint lückenhaft.

Da fragte ihn Sukeshan Bhâradvâja: »Heiliger, Prinz Hiranyanâbha Kausalya kam zu mir und stellte die Frage: ›Kennst du, Bhâradvâja, den sechzehnteiligen Geist (Purusha)?‹ Ich sprach zu dem Prinzen: ›Den kenne ich nicht. Würde ich ihn kennen, wie hätte ich ihn dir nicht verkündet? Samt der Wurzel verdorrt der, der lügt. Darum vermag ich nicht zu lügen.‹ Er bestieg schweigend den Wagen und fuhr von dannen. So frage ich dich: Wo ist jener Purusha?« Der sprach zu ihm: ›Hier, im Inneren des Körpers, mein Lieber, wohnt der Purusha, in welchem die 16 Teile entspringen.‹

Dieser überlegte: »Bei wessen Auszug werde auch ich ausgezogen sein, bei wessen Verweilen werde auch ich verweilen?«

Er schuf da den Prâna. Aus dem Prâna (entstand) Glaube, Äther, Wind, Licht, Wasser, Erde, Sinnesorgane, Denkorgan, Speise. Aus der Speise die Kraft, Kasteiung, Sprüche, Opferwerk, die Welten und in den Welten der Name.

Wie die Ströme in ihrem Lauf zum Meer, wenn sie das Meer erreichen, verschwinden, Name und Gestalt von ihnen vergeht und alles nur Meer heißt, so geschieht es auch, daß diese sechzehn Teile des Beschauers auf ihrem Wege zum Purusha, wenn sie den Purusha erreichen, verschwinden, Name und Gestalt von ihnen vergeht und alles ›Purusha‹ heißt. Er ist es, der ohne Teile besteht und unsterblich ist. Hierzu dieser Vers:

›Wie Speichen in der Nabe des Rades, so ruhen in ihm die Teile. Diesen Purusha sollt ihr erkennen, damit der Tod euch nicht erschüttere[215].‹

Er sprach zu ihnen allen: ›Das ist es, was ich vom höchsten Brahman weiß. Nicht gibt es Höheres als dies.‹

Sie aber verehrten ihn und sprachen: ›Du bist unser Vater, der du uns zum jenseitigen Ufer unsrer Unwissenheit führst. Verehrung den höchsten Weisen, Verehrung den höchsten Weisen!‹ (6)

MAITRÂYANÎ-UPANISHAD

Die hier in ihren ersten Abschnitten übersetzte Upanishad enthält eine Reihe von Belehrungen, die Shâkâyanya dem in tiefer Kasteiung begriffenen Könige Brihadratha erteilt. Woher kommt das Leben? Wie wird der Leib mit Bewußtsein und Bewegung erfüllt? Von dem, der frei von Attributen über allem steht, dem unsichtbaren Purusha, der mit einem Teil von sich in die Körper eingeht und sie zum Leben erweckt. Der Herr der Wesen schuf zuerst viele Wesen, die aber bewußtlos wie ein Stein waren und von ihm durchdrungen wurden. Er teilte sich dabei fünffach und nahm selbst in dem Versteck des Herzens seinen Sitz. Er stieß die Öffnungen des Leibes und genoß durch sie hindurch die Sinnenwelt.

Es beruht wohl auf verschiedener Lehre, wenn unser Text von diesem Âtman, den die Folgen des Karman nicht überwältigen, nun den Einzelâtman unterscheidet, der die Folgen trägt und in einem Mutterschoß nach der Art seines Karman gelangt.

Im dritten Kapitel schildert der Verfasser den Körper und die Verstrickung des Einzelâtman in die Bande der Materie. Er stellt eine Beziehung her zwischen ihm und dem Purusha im Inneren, der jene Einzelseele überwältigt und zum Handeln veranlaßt. Die Einwirkungen der Qualitäten Rajas und Tamas sind es, die sie erfüllen und zu verschiedenen Gestalten führen.

Abschnitt 4 beschreibt die unabwendbaren Folgen des Karman und beantwortet die Frage, wie die Einzelseele die Vereinigung mit der höchsten Seele erlangen kann. Er erklärt ferner die verschiedenen Götter als Erscheinungsformen des körperlosen höchsten Brahman.

Die Upanishad ist formell nicht gut überliefert und scheint viele Zusätze erfahren zu haben. Sie enthält manch tiefen Gedanken. Die Zitate aus verschiedenen anderen Upanishads, der Gebrauch späterer Termini und manche wörtliche Übereinstimmung mit einem Sânkhyatext beweisen, wie Deussen gezeigt hat, ihre spätere Stellung. Dahlmann (Nirvâna S. 165) stellt sie mit der Katha- und Shvetâshvatara-Upanishad zusammen in die zweite Klasse der philosophischen Denkmäler, welche die Grundlinien früherer Anschauungen zu einem in sich abgeschlossenen philosophischen Systeme ausgebaut haben. Ob diese Upanishad Anschauungen vertritt, die der Sonderentwicklung des Sânkhya- und des Vedântasystems vorausgingen oder, nach Garbe (Sânkhya[1] S. 21; [2]32), das Produkt einer Zeit sind, welche der Beeinflussung des

Brahmanismus durch das Sânkhyasystem folgte, läßt sich noch nicht entscheiden.

Am Ende meiner Übersetzung findet sich ein Abschnitt aus dem 7. Kapitel, der von Ketzereien aller Art handelt, von Shûdras, die die Lehrbücher studieren, von Sophisten, die spitzfindig argumentieren, Leugnern des Âtman und anderen Häretikern mehr. Oldenberg hat in seinem Buddha [5]201 mit Recht gesagt, es sei nicht beweisbar, daß die Buddhisten mit einbegriffen werden, aber die Möglichkeit zugegeben. Ich sehe in dem Text nur Anspielungen auf den Niedergang des Âtmanglaubens, auf Bettelmönche, die zu Unrecht die gelbe Robe tragen. Die Upanishad richtet sich gegen die Auswüchse, gegen die negative Seite des Sânkhyasystems, nicht gegen das System, das der Verfasser in seinen Grundlinien herübernimmt und mit der Lehre vom Âtman verbindet. Der Pessimismus gehört zu diesen Auswüchsen. Es ist nicht richtig, daß diese Upanishad den Pessimismus selbst verkündet. Nur der Fragesteller äußert sich in dem Sinne, als er zu dem gelehrten Kenner des Âtman flüchtet und ihn um Unterweisung im Âtman bittet; er kommt aus dem Lager der Pessimisten. Der Lehrer geht 3, 4 nur flüchtig darauf ein, und zwar mit Worten, die diese Äußerung als ein Zitat zeigen; vielleicht sind sie sogar ein späterer Einschub. Der Verfasser betont die Existenz des Brahman, die Notwendigkeit, Tapas zu üben, da es die Vorstufe der Erkenntnis bildet, und die schließliche Vereinigung der Seele mit dem Âtman, dem Purusha. Mit dem Sânkhya teilt er die Lehre von den drei Konstituenten der Materie, von der Verstrickung der Einzelseele in die Materie. Die Upanishad ist wohl das Werk einer besonderen Richtung. Wir müssen damit rechnen, selbständigen anderen Lehrern und Schulen zu begegnen, die in Indien zahlreicher waren, als die scharfumrissenen überlieferten Systeme glauben lassen.

Die Feuerschichtung der Vorfahren war eine Verehrung des Brahman. Darum soll ein Opferer nach der Schichtung der Feuer seine Betrachtung auf das Selbst lenken. Dann fürwahr wird das Opfer vollständig und lückenlos. Wer ist es, auf den man seine Betrachtung lenken soll? Der ist es, der Prâna heißt. Davon erzählt man folgendes.

Ein König mit Namen Brihadratha setzte seinen Sohn in die Herrschaft ein. Er hielt den Körper für vergänglich, entsagte der Welt und zog in den Wald. Er unterzog sich dort der schwersten Kasteiung, blickte in die Sonne und stand da mit emporgestrecktem Arm. Nach Verlauf von 1000 Tagen nahte ihm der Kenner des Âtman, der ehrwürdige

Shâkâyanya; wie ein rauchloses Feuer versengte er gleichsam mit seiner Glut. »Laß ab, laß ab; wähle dir einen Wunsch«, sprach er zum König. Dieser erwies ihm Verehrung und sagte: ›Ehrwürdiger, nicht bin ich des Âtman kundig; du kennst sein Wesen, so haben wir gehört. Verkünde es uns.‹ »Das war einmal. Schwer möglich ist es, diese Frage zu beantworten[216]. Wähle andere Wünsche aus, Sproß aus Ikshvâkus Stamm!« Der König berührte mit seinem Haupt dessen Füße in Verehrung und sprach die Gâthâ:

›Ehrwürdiger, in diesem übelduftenden, wertlosen Leibe, diesem Gemisch von Knochen, Haut, Sehnen, Mark, Fleisch, Samen, Blut, Speichel, Tränen, Augenfluß, Kot, Urin, Galle, Schleim, wer kann darin Freude genießen? In diesem Leibe, den Lust, Zorn, Habsucht, Verwirrung, Furcht, Kleinmut, Trennung von Liebem, Vereinigung mit Unliebem, Hunger, Durst, Alter, Tod, Kummer u. a. peinigen, wer kann darin Freude genießen?

Und all das, sehen wir, ist vergänglich: Fliege, Bremsen u. a., Gräser und Bäume, sie entstehen und vergehen. Aber was besagen die? Andere sind mehr: große Bogenschützen und verschiedene Welteroberer, Sudyumna, Bhuridyumna (usw.), ja Könige wie Marutta, Bharata, mußten angesichts ihrer Verwandten ihre hohe Würde aufgeben und aus dieser in jene Welt gehen. Doch was besagen die? Andere sind mehr: wir nehmen die Vernichtung von Gandharven, Dämonen, Halbgöttern, bösen Geistern (usw.) wahr. Doch was besagen die? Große Meere vertrocknen, Berge fallen, der Polarstern wankt, die Windstricke (an denen die Sterne hängen) reißen, die Erde versinkt, die Götter gleiten von ihrer Stelle. Wer vermag in einem solchen Weltlauf Freude zu empfinden? Und ist man davon gesättigt, so kehrt man mehr als einmal wieder zurück. Darum mußt du mich retten. Wie ein Frosch im leeren Brunnen bin ich in diesem Weltlauf. Ehrwürdiger, du bist mein Heil, du bist mein Heil.‹ (1)

Da sprach der ehrwürdige Shâkâyanya zum Könige sehr befriedigt: »Mahârâja Brihadratha, du Panier des Ikshvâkustammes, du wirst des Âtman schnell kundig und deines Zieles teilhaftig sein; bist du doch unter dem Namen Marut (›Wind‹) weitberühmt. Dieser Âtman, von dem du sprachst[217], ist dein eigener Âtman.«

›Ehrwürdiger, welchen meinst du?‹

Er sagte zu ihm: »Der, welcher ohne den Atem zu hemmen, nach oben austritt und hier und da umherschweifend[218] die Finsternis vertreibt, das ist der Âtman. So sprach der ehrwürdige Maitri.« [So sprach er: ›Wenn diese selige Ruhe (die Seele im Tiefschlaf) aus diesem Körper aufsteigt, in den höchsten Glanz eingeht und in ihrer eigenen Gestalt zur Vollendung kommt, so ist dies der Âtman‹, so sagte er. Das ist das aller Gefahr entrückte Unsterbliche, das ist das Brahman[219].] »Diese Wissenschaft vom Brahman, fürwahr, oder die Wissenschaft aller Upanishads, o König, ist uns vom ehrwürdigen Maitri auseinandergesetzt worden. Ich will sie dir erklären. Man spricht von den sündlosen, gewaltigen, keuschen ›Vâlakhilyas‹. Diese sagten zu Kratu Prajâpati: ›Ehrwürdiger! Ohne Bewußtsein ist dieser Leib wie ein Wagen. Welches übersinnliche Wesen besitzt solche Macht, daß es den so beschaffenen Leib mit Bewußtsein erfüllt, aufrichtet und bewegt? Wenn du davon weißt, Ehrwürdiger, sage es uns.‹ Er sprach zu ihnen:

›Der, welcher nach der Lehre über allem steht, wie die Asketen über den Eigenschaften der Materie, der rein, geläutert, frei von Attributen, in sich ruhig, ohne Atem, ohne Ich, unendlich, unvergänglich, fest, von immerwährender Kraft, frei, in seiner eigenen Größe ruht, von dem ist dieser Körper mit Bewußtsein erfüllt und aufgerichtet worden. Er ist es, der diesen bewegt.‹ Sie sprachen: ›Heiliger, wie ist es möglich, daß der so beschaffene und ganz feine[220] den so beschaffenen Leib mit Bewußtsein erfüllt, aufrichtet, und wie vermag er ihn zu bewegen?‹ Er sprach zu ihnen:

›Dieser feine, unergreifbare, unsichtbare, Purusha genannt, kehrt ohne vorherige Wahrnehmung mit einem Teil von sich in diesen Körper ein; in derselben Weise, wie bei einem Schlafenden ohne vorherige Wahrnehmung das Erwachen stattfindet. Dieser genannte Teil, der aus Geist (cetâ) besteht, individuell[221], des Leibes kundig[222] ist, durch Vorstellen, Entschließen und Ichbewußtsein gekennzeichnet wird und ein Prajâpati mit der Bezeichnung Vishvâ ist, der erfüllt diesen Leib mit Bewußtsein, richtet ihn auf und ist es, der ihn bewegt.‹ Sie sprachen: ›Ehrwürdiger, wenn dieser so beschaffene und ganz feine diesen so beschaffenen Leib mit Bewußtsein erfüllt, aufrichtet und bewegt: wie ist das möglich?‹ Er sprach zu ihnen:

›Prajâpati war anfänglich allein. Er hatte allein keine Freude. Er richtete sein Denken auf sich und schuf viele Wesen. Er sah sie wie einen Stein bewußtlos und leblos dastehen, wie einen Baumstumpf. Daran hatte er keine Freude und dachte, ich will einzeln in das Innere von jedem von diesen eindringen, um sie zum Bewußtsein zu bringen. Er machte sich dem Winde ähnlich und drang in ihr Inneres ein, aber ungeteilt vermochte er es nicht. Er teilte sich fünffach und heißt Prâna, Apâna, Samâna, Udâna, Vyâna.[223] . . .

Er teilte sich fünffach und barg sich in der Höhle (des Herzens). Geist, so heißt es, ist sein Stoff, der Hauch sein Leib, Glanz seine Erscheinungsform, die Wahrheit sein Wollen, der Raum [Äther] sein Selbst[224]. Er hatte seinen Zweck aus seiner Wohnstätte im Inneren des Herzens heraus aber nicht erreicht und wünschte, die Sinnesobjekte zu genießen. Daher stieß er die Öffnungen (Auge, Ohr usw.) und genießt, heraustretend, mit Hilfe der fünf Zügel die Sinnenwelt. Die fünf geistigen Sinnesorgane (Gehör, Gefühl, Auge, Zunge, Geruch) sind seine Zügel, die fünf groben Sinnesorgane (Stimme, Hand, Fuß, After, Schoß) die Rosse, der Körper ist der Wagen, das Manas der Wagenlenker[225], die Welt der Materie die Peitsche. Von ihr angetrieben bewegt sich dieser Leib umher wie ein Rad, das der Töpfer antreibt. Auf diese Weise hat er diesen Leib mit Bewußtsein erfüllt, aufgerichtet und ist er sein Beweger.

Dieser genannte Âtman wird, so wollen die Weisen, von den weißen und schwarzen Früchten des Karman nicht übermannt und schweift in den Leibern umher; weil er unentfaltet, überaus fein, nicht wahrnehmbar, nicht faßbar, frei vom Ich ist, hat er keine Stätte im Unwirklichen, ein Täter, der nicht handelt . . .[226]; er ist rein, fest, unbeweglich, unbefleckbar, unbeirrbar, ohne Begehren und, wie ein Zuschauer verharrend, ruht er in sich . . .; mit einem aus den drei Grundbestandteilen (der Materie) bestehenden Gewande sich verhüllend steht er da, steht er da.‹« (2)

»Sie sprachen: ›Ehrwürdiger, wenn du in dieser Weise die Größe des Âtman schilderst, wer ist jener andere, der niedriger ist[227] als er, (wie er) Âtman genannt, der, von den weißen und schwarzen Früchten übermannt, in einen guten oder schlechten Mutterschoß eintritt und aufwärts oder abwärts wandelnd, von den Gegensätzen (Lust und Schmerz usw.) übermannt, umherwandert?‹

›Es gibt einen anderen, der niedriger ist als er, Bhûtâtman genannt, der, von den weißen und schwarzen Folgen des Karman überwältigt, in einen guten oder schlechten Mutterschoß eintritt und aufwärts oder abwärts wandelnd, von den Gegensätzen übermannt, umherwandert. Man erklärt ihn so:

Die fünf Grundstoffe werden mit dem Namen Bhûta (d. i. Element) bezeichnet und ebenso die (daraus entstehenden) groben Elemente. Ihre Vereinigung heißt ›Körper‹, und das, was in dem Körper wohnt, der *bhûtâtman*, der Elementenâtman, die Einzelseele. Nun ist diese Seele unsterblich, wie ein Tropfen auf dem Lotusblatt (der nicht haftet und sich nicht verbindet), aber sie wird übermannt von den drei Bestandteilen des Urstoffes. Weil sie übermannt wird, verfällt sie dem Irrtum. Weil sie dem Irrtum verfällt, erkannte sie nicht den in ihr wohnenden, ehrwürdigen Ursacher alles Tuns. Von den Wogen der Bestandteile des Urstoffes fortgetragen, beschmutzt, locker, schwankend, befleckbar[228], begehrlich, zerfahren, verfällt sie dem Gedanken an ein Ich, und indem sie wähnt ›das bin ich, das ist mein‹, bindet sie sich durch sich selbst wie durch das Netz der Vogel; von den Früchten ihrer Taten übermannt, tritt sie in einen guten oder schlimmen Mutterschoß ein. Aufwärts oder abwärts wandelnd, von den Gegensätzen übermannt, wandert sie umher.‹

›Was für eine ist das?‹ Er sprach zu ihnen:

›Es heißt auch anderwärts: Der, welcher handelt, das ist die Einzelseele; der, welcher sie zum Handeln durch die Organe veranlaßt, ist der Purusha im Inneren. Wie ein Stück Eisen, vom Feuer überwältigt, von Werkleuten gehämmert, verschiedene Formen annimmt, so nimmt, von dem Purusha im Inneren überwältigt, von den Bestandteilen des Urstoffes gehämmert, die Einzelseele verschiedene Formen an. Eine in vier Gruppen, vierzehn Arten und vierundachtzig Unterarten umgewandelte Schar von Elementen ist das Wesen dieser Verschiedenheit. Diese Elemente[229] werden von dem Purusha bewegt, wie das Rad vom Töpfer. Wie bei der Hämmerung von einem Stück Eisen nicht das Feuer überwältigt wird, so wird nicht jener Purusha, sondern die Einzelseele überwältigt, weil sie in die Elemente verstrickt ist.

Es heißt auch anderwärts: Dieser Leib ist aus Zeugung entstanden, in der ›Hölle‹ des Mutterleibes gewachsen, durch die Pforte des Harns hervorgekommen, aus Knochen erbaut, mit Fleisch bestrichen, mit Haut überzogen, mit Kot, Harn, Galle, Schleim, Mark, Fett, Talg und dazu mit vielen Krankheiten angefüllt, wie eine Schatzkammer mit Kostbarkeiten.

Es heißt auch anderwärts: Verwirrung, Furcht, Verzweiflung, Schlaf, Mattigkeit, Fahrlässigkeit, Alter, Kummer, Hunger, Durst, Geiz, Zorn, Materialismus, Unkenntnis, Mißgunst, Mitleidlosigkeit; Verirrung, Schamlosigkeit, Nachlässigkeit, Hochmut, Ungleichmäßigkeit: das sind die Einwirkungen der Eigenschaft Tamas (Dunkelheit). Verlangen, Liebe, Leidenschaft, Habsucht, Bosheit, Liebeslust, Haß, Verschlagenheit, Neid, Unwilligkeit, Unsicherheit, Wankelmut, Zerfahrenheit, Rechthaberei, Gelderwerb, Umwerbung von Freunden, Abhängigkeit vom Hause, Abneigung gegen unerwünschte Dinge, Zuneigung zu erwünschten Dingen, harte Rede, Prahlerei: das sind die Einwirkungen der Eigenschaft Rajas (Leidenschaft). Von diesen ist die Einzelseele erfüllt, von diesen übermannt; darum nimmt sie verschiedene Gestalten an, nimmt sie verschiedene Gestalten an.‹« (3)

»Da sprachen die Keuschen voll Erstaunen gemeinschaftlich: ›Ehrwürdiger, dir sei Verehrung. Lehre uns. Du bist unsere Zuflucht; eine andere gibt es nicht. In welcher Weise verläßt die Einzelseele diesen Leib und tritt sie in die Vereinigung mit der höchsten Seele ein?‹ Er sprach zu ihnen:

›Auch anderwärts ist gesagt: ›Unabwendbar wie die Wellen großer Ströme ist für die Einzelseele ihr früheres Tun; unaufhaltbar wie die Gezeiten des Ozeans das Nahen des Todes. Von den Fesseln der Folgen guter und schlechter Werke ist sie wie ein Lahmer gehemmt, wie ein Gefangener unfrei; sie lebt inmitten großer Furcht wie einer, der im Reich des Yama wohnt; sie ist vom Rauschtrank der Verwirrung berauscht wie ein vom Rauschtrank Berauschter; sie irrt umher wie ein vom Übel Gepackter; sie ist von den Sinnesobjekten wie von einer großen Schlange gebissen; von Leidenschaften verdunkelt wie tiefe Finsternis; voller Schein wie ein Zauberstück, voll falscher Wahrnehmung wie ein Traum, kraftlos wie eine Bananenfrucht, den Anzug wechselnd wie ein Tänzer im Augenblick, eine trügerische

Freude wie eine Kulisse. Und man sagt: ›Wort, Gefühle usw. haben zwar Bedeutung für den Menschen; sie sind in Wahrheit bedeutungslos. Die Einzelseele, die sich daran hängt, vergißt den höchsten Ort.‹

Für die Einzelseele ist das Heilmittel: Studium des Veda, Befolgung der eigenen Pflicht. Aber wenn man sagt[230]: ›Wandel im eigenen Lebensstand (âshrama), das ist das Gelübde der eigenen Pflicht; alles andere ist wie Halm eines Grasbüschels. Dadurch nimmt einer an dem Höchsten teil, sonst geht er niederwärts. Das ist die eigene Pflicht, die in den Veden vorgeschrieben ist. Bei Hintansetzung der eigenen Pflicht gelangt man nicht in den eigenen Lebensstand, oder ohne Beharren in dem Lebensstand nicht zum Büßertum‹, so ist das unrichtig. Man kann zur Erkenntnis nicht gelangen, die Zeremonien nicht vollenden, ohne Büßer zu sein. Durch Buße gelangt man zur Qualität ›Güte‹ (*sattva*), aus der ›Güte‹ gelangt man zum Manas, vom Manas zum Âtman und kehrt nach dessen Gewinnung nicht mehr zurück.

›Das Brahman *ist*‹, sagt der in der Wissenschaft vom Brahman Erfahrene; ›das ist die *Pforte* des Brahman‹ sagt der, welcher seine Sünde durch Buße tilgt. ›*Om* ist die Größe des Brahman‹, sagt der, welcher darüber unaufhörlich in richtiger Hingabe nachdenkt. Darum erlangt man das Brahman durch Wissen, durch Tapas und Nachdenken. Der, welcher in dieser Erkenntnis mit jener Dreiheit das Brahman verehrt, geht über das (niedere) Brahman[231] hinaus und erlangt »die Göttlichkeit, die über den Göttern steht«, unvergängliches, unbegrenztes, leidloses Glück. Und wenn einer sich von dem befreit, was ihn erfüllt, übermannt und zum ›Wagen macht‹, dann geht er im Âtman selbst in die Gemeinschaft ein.‹

Sie sprachen: ›Ehrwürdiger, du bist ein trefflicher Erklärer, ein trefflicher Erklärer. Wir bewahren das von dir Gesagte im Herzen. Aber beantworte uns noch eine Frage: Agni,

Vâyu, Âditya, der Gott der Zeit, Prâna, Nahrung, Gott Brahman, Rudra, Vishnu: einige sinnen andächtig über den einen, andere über den anderen nach. Welcher bedeutet das Heil? Den nenne uns.‹ Er sprach zu ihnen:

›Das alles sind die vornehmsten Erscheinungsformen des höchsten, unsterblichen, körperlosen Brahman. In dessen Welt erfreut sich hier der, der einer von ihnen anhängt. Denn Brahman ist dieses alles. Über seine vornehmsten Erscheinungsformen soll er andächtig nachsinnen, sie soll er verehren, sie scheuen. Dann wirst du mit ihnen gemeinsam hoch oben in den Welten wandeln und am Ende von allem eingehen in den Purusha, in den Purusha.‹« (4)

»Und so lautet ein Loblied des Kutsâyana:

›Du bist Gott Brahman, du bist Vishnu, du bist Rudra, du bist Prajâpati, du Agni, Varuna, Vâyu, du Indra, du der Mond; du die Speise, du Yama, du die Erde, du das All, du der Unerschütterliche. Das Ziel des Individuums und das der Natur ist Beharrung in dir[232]. Du bist Herr über alles. Verehrung dir; du bist die Seele von allem, du bist der, der alle Werke tut. Du genießest alles, du bist alles Leben, Herr über jeglich Spiel und Lust. Verehrung dir, dessen Seele in Frieden ist, Verehrung dir, dem Tiefstverborgenen, dem Nicht-auszudenkenden, Nicht-zu-ermessenden, der ohne Anfang und ohne Ende ist.‹

Anfänglich war hier allein das Dunkel. Das dürfte in dem Höchsten ruhen. Von dem Höchsten angeregt, verfällt es in den Zustand der Ungleichheit. Diese Erscheinungsform ist das Rajas. Dieses Rajas aber, angeregt, verfällt in den Zustand der Ungleichheit. Das ist die Erscheinungsform des Sattva. Das Sattva aber, angeregt, floß aus als Essenz. Das ist der Teil, der aus Intelligenz besteht, individuell und des Leibes kundig ist[233], durch Vorstellen, Entschließen und Ichbewußtsein gekennzeichnet und Prajâpati mit der Bezeichnung Vishvâ ist. Seine Erscheinungsformen sind oben genannt worden. Der Anteil, der aus dem Dunkel stammt, der, ihr Brahmaschüler, ist Rudra; der Anteil, der aus dem Rajas stammt, der, ihr Brahmaschüler, ist Gott Brahman; und der Anteil, der aus dem Sattva stammt, der, ihr Brahmaschüler, ist Vishnu. Jener Eine hat sich dreifach geteilt, achtfach, elffach, zwölffach oder ins Unendliche. Er trat hervor, und weil er hervortrat (udbhûta), wandelt er als Wesen (bhûta) in den Wesen, in die er einging. Er wurde der Oberherr der Wesen: das ist der Âtman innen und außen, innen und außen.« (5)

Über den Yoga

»So ist die Methode: Beschränkung des Atmens, Zurückziehung der Sinnesorgane, Kontemplation, Festlegung des Denkorgans, Selbstprüfung, Versenkung, das sind die sechs Teile, die man Yoga nennt. Durch ihn, so sagt man, geschieht es, daß einer, sehend geworden, den Goldfarbigen, Schöpfer, Herrn, Geist, den Quell des Brahman erblickt und, zur Kenntnis gekommen, dann jenseits von Gut und Böse alles zur Einheit in dem Höchsten, dem Unvergänglichen macht. ›Wie auf einem flammenden Berg Tiere und Vögel nicht verbleiben, so bleiben die Sünden nicht in denen, die das Brahman kennen.‹

Und anderwärts heißt es: ›Wenn einer, der kundig ist, von außen den Geist zurückhält, die Sinnesgegenstände in dem Prâna[234] aufgehen läßt und dann ohne Wollen verharrt, der wird, weil aus dem Nicht-prâna hier die Prâna genannte Einzelseele hervorgegangen ist, seinen eigenen Prâna in dem Prâna, den man die höchste Geistigkeit nennt[235], bewahren. So sagt man: auf das vom Denken freie, in der Mitte des Denkens sich Befindende, Unausdenkbare, Geheimnisvolle, Höchste soll er sein Denken richten und sein (auf die Außenwelt nicht sich stützendes) Eigenwesen[236].‹

Und anderwärts heißt es: ›Es gibt noch eine höhere Festlegung. Wer die Spitze der Zunge gegen den Gaumen drückt und Stimme, Manas, Prâna hemmt, erblickt vermittels prüfender Erwägung das Brahman. Wenn er nach dem Schwund des Manas durch sein Selbst das Selbst sieht, das feiner als das Feine ist und hell leuchtet, dann nach Erblickung des Selbst durch sein Selbst wird er frei von seinem eigenen Selbst, und infolge der Befreiung ist er als unerwägbar und ursprunglos zu denken. ›Merkmal der Erlösung‹, so nennt man dieses höchste Geheimnis. So sagt man: ›Durch Frieden des Geistes vernichtet er alles Karman, sei es gut oder böse. Wer friedevollen Geistes in sich (im Âtman) verharrt, erlangt unendliches Glück.‹

Und anderwärts heißt es: ›Eine Ader, Sushumna genannt, steigt empor. In ihr bewegt sich der Prâna. Sie ist vom Gaumen unterbrochen. Auf ihr, die mit Prâna, Omlaut und Manas verbunden ist, soll er emporsteigen. Wenn er die Zunge gegen den Gaumen umgebogen und seine Sinne von der Außenwelt abgelenkt hat, sieht er als Größe die Größe und gelangt zur Befreiung von seinem eigenen Selbst. Weil er von seinem eigenen Selbst befreit ist, nimmt er an Freude und Schmerz nicht teil; er gelangt zum Unbedingten.‹« (6, 18)

Über den Frieden des Geistes

»Wie ein Feuer ohne Brennholz erlischt, so erlischt der Geist in sich, wenn die Sinnestätigkeit ruht. Der Geist, der in sich erloschen ist, hegt den Wunsch nach der Wahrheit[237]. Wenn er aber von den Sinnesgegenständen betört ist, hegt er die Lüge, die im Dienst des Karman steht. Mit Sorgfalt soll er den Geist – denn der ist dem Samsâra[238] untertan – läutern. Wie eines Geist ist, so ist er selbst: das ist ein altes Geheimnis. Durch den Frieden des Geistes macht er alles Werk, sei es gut oder böse, zunichte. Wer friedevollen Herzens im Selbst beharrt, erreicht unendliches Glück. Wenn das Herz[239] eines Menschen so, wie es an der Sinneswelt haftet, am Brahman hinge, wer würde da nicht von seiner Fessel frei! Der Geist[240], sagt man, ist zwiefach: rein und unrein. Unrein ist er infolge der Berührung mit den Wünschen, rein, wenn er von Wünschen befreit ist. Wenn einer seinen Geist von Trägheit und Unachtsamkeit befreit und wohlbefestigt hat und dann zum Nichtsein des Geistes gelangt ist, so ist das die höchste Stätte. Solange mußt du im Inneren deinen Geist zügeln, bis er zunichte ist[241]. Das ist Wissen und Erlösung; alles andere Bücherweisheit. Wessen Geist durch Versenkung rein geworden und in den Âtman eingedrungen ist, erfährt ein Glück, das mit Worten nicht zu beschreiben ist und nur im Herzen verstanden wird. Er sieht im Wasser nicht mehr Wasser, im Feuer nicht mehr Feuer, im Raum nicht den Raum. Wessen Geist in dieser Weise geschwunden ist, der wird befreit. Der Geist ist für die Menschen die Ursache von Fessel und Freiheit. Zur Fessel dient das Haften an der Sinneswelt, die Abkehr von ihr zur Freiheit.« (6, 34)

Gegen die Ketzer

»Wir kommen jetzt zur ›Trübung‹ der Erkenntnis, o König. Das ist der Ausgangspunkt des Netzwerkes der Verwirrung, daß man mit des Himmels Unwürdigen sich gemeinsam an niederes Buschwerk klammert, obwohl vorher ein Baum (aus dem Garten) des Himmels[242] verheißen ist. Manche sind stets ausgelassen, parfümiert[243], gehen beständig betteln, leben beständig von ihren Künsten, andere betteln in der Stadt, opfern für Unwürdige, nehmen sich Shûdras in die Lehre oder sind selbst Shûdras, die die heiligen Lehrbücher kennen, andere sind Verleumder, Schwätzer[244], Schauspieler, Söldner, Landstreicher, Gaukler, im Königsdienst Gescheiterte (usw.), andere schützen den Dienst der Halbgötter, Dämonen usw. vor und sagen, ›wir wollen sie besänftigen‹, andere tragen mit Unrecht gelbe Gewänder, Ohrringe, Schädel; andere wünschen durch falsche Beweise, Beispiele, Betrug, Zauber unter den Vedakennern sich zu spreizen. Mit diesen soll er nicht zusammen leben. Offenkundig sind das Diebe und des Himmels unwürdig. So spricht die heilige Überlieferung:

›Durch betrügerische Reden, die den Âtman leugnen, durch falsche Beispiele und Gründe betört, kennt die Welt nicht den Unterschied zwischen Veda und gewöhnlicher Wissenschaft.‹

Brihaspati nahm zum Schutz Indras die Gestalt des (Asuralehrers) Shukra an und zum Verderben der Asuras schuf er diese Nichtwissenschaft, kraft deren sie das Gute als schlecht, das Schlechte als gut lehren. Sie sagen: ›Man studiere eine Lehre, die den Veda und die anderen Lehrbücher umstürzt.‹ Nicht soll sie einer studieren. Sie ist verkehrt. Sie ist unfruchtbar. Nur die Lust ist ihr Lohn für sie wie für einen vom rechten Wandel Abgefallenen. Daher soll man sich mit ihr nicht befassen.

Die Devas und Asuras verlangten danach, den Âtman kennenzulernen, und begaben sich in die Nähe Brahmans. Sie erwiesen ihm Verehrung und sprachen: ›Ehrwürdiger, wir wollen den Âtman kennenlernen. Verkünde ihn uns.‹ Er dachte darauf lange nach und meinte: ›An einen anderen Âtman denken die Asuras.‹ Daher ist ihnen etwas anderes gesagt worden. Dem leben diese in Verwirrung nach, hängen dem Irdischen nach, zerstören das Fahrzeug, sagen die Unwahrheit und sehen wie bei einem Blendwerk das Unwahre für Wahrheit an. Darum ist das, was in den Veden gesagt ist, wahr; dem leben die Wissenden nach. Darum soll ein Brahmane nichts Unvedisches studieren. Das würde der Erfolg sein.« (7, 8–10)

KAIVALYA-UPANISHAD[245]

Die Upanishad schildert den Zustand des Samnyâsin, des Weltflüchtigen, der der Welt gänzlich entsagt hat und sich nur noch als eins mit dem Ursprung aller Wesen fühlt. Sie endet in der Verherrlichung dieses Sicheinswissens durch einen Bekenner.

Der Weg zur Erlösung und sein Ziel

Âshvalâyana nahte dem erhabenen Herrn aller Herren und sprach: ›Verkünde, Erhabener, die beste, geheimnisvolle Wissenschaft vom Brahman, die die Guten stets verehren, damit nach Tilgung allen Übels der Kundige zuletzt in den Purusha eingeht, den alles überragenden.‹

Der Urvater sprach zu ihm: ›Vernimm infolge deines Glaubens, deiner Liebe und deiner Vertiefung: Nicht durch fromme Werke, nicht durch Nachkommenschaft, nicht durch Reichtum, sondern durch Entsagung haben manche Unsterblichkeit erlangt.‹

Jenseits des Himmelsgewölbes, in einer Höhlung verborgen[246], erglänzt das, wohin die Asketen gehen[247], die Asketen, die durch Kenntnis des Vedânta über ihr Ziel gewiß und infolge der Aufgabe der Welt reinen Wesens sind.

An einem einsamen Orte, in gutem Sitz, rein, Hals, Kopf, Körper in gleicher Lage, im letzten Âshrama[252], halte er alle seine Sinne nieder, verehre er in Liebe seinen Lehrer, sinne er über den staublosen, reinen, in seiner Mitte hellen, von Kummer freien Lotos in seinem Herzen nach, den unausdenkbaren, nicht geoffenbarten, unendlich gestalteten, milden, friedevollen, unsterblichen Schoß des Brahman.

Wer in diesen, der ohne Anfang, Mitte und Ende ist, sich versenkt hat, in den alleinigen Herren, der aus Denken und Wonne besteht, den gestaltlosen, wunderbaren, den Gefährten der Umâ, den höchsten Herren, [den mächtigen, dreiäugigen, blauhalsigen, friedevollen,] der Muni geht in den, der der Ursprung aller Wesen, der Zeuge aller Dinge ist, jenseits des Dunkels ein.

Er ist Gott Brahman, er ist Shiva, Indra, der unvergängliche, höchste Herrscher. Er ist Vishnu, er ist der Lebenshauch, er ist das Feuer der Zeit, der Mond.

Er ist alles, was entstanden ist und was sein wird in alle Ewigkeit. Wer ihn erkannt hat, überwindet den Tod; nicht gibt es einen anderen Weg zur Erlösung.

Wer in allen Wesen sich und in sich alle Wesen sieht, der geht, nicht aus einem anderen Grunde, in das höchste Brahman ein.

Sein Selbst mache der Weise zu dem unteren, den Omlaut zum oberen Reibholz, und durch eifriges Quirlen mit dem Rührstock der Erkenntnis vernichtet der Weise das Übel.

Wessen Selbst durch die Mâyâ (Täuschung) verwirrt worden ist, der nimmt einen Körper an und betreibt allerlei Werk. Durch mannigfache Genüsse, wie Weiber, Speise, Trank, gelangt er im Wachen zur Befriedigung.

Im Traum aber empfindet seine Seele Freude und Leid in einer durch ihre Illusion bereiteten Welt. Zur Zeit des Tiefschlafes geht sie, wenn alles versunken ist, vom Tamas überwältigt, in den Zustand der Freude ein[248].

Das höchste Brahman, die Seele von allem, die große Stütze der Welt, feiner als das Feine, das immer Seiende, das bist du, das bist du.

Was sich im Wachen, Traum, Tiefschlaf usw. ausgebreitet zeigt, das Brahman bin ich: wer das weiß, wird von allen Banden frei.

Was in den drei Wohnstätten genießbar, Genießer und Genuß sein mag, davon abgewandt bin ich, ein rein geistiger Zeuge, immer im Frieden.

In mir ist alles entstanden, in mir ist alles gegründet, in mir geht alles zur Vernichtung ein. Dieses zweitlose Brahman bin ich.

Ich bin feiner als das Feine; ebenso bin ich groß; ich bin das mannigfache All. Ich bin der Purusha der Vorzeit, der Herrscher; ich bin der goldene, ich bin von friedvoller Gestalt.

Ohne Hände bin ich und ohne Füße, von unausdenkbarer Kraft; ich sehe, ohne zu sehen, und höre, ohne zu hören; ich bin ein Wissender in Einsamkeit, nicht ist einer, der mich kennt. Ich bin immer Gedanke.

Durch die vielen Veden bin ich erkennbar; ich bin der Vedavollender, ich bin der Vedakenner. Nicht Verdienst oder Sünde haftet an mir, nicht Verderben, nicht Geburt, Körper, Sinne, Wahrnehmung.

Für mich gibt es nicht Erde, nicht Wasser, nicht Feuer, nicht Wind, nicht Luft. Wer so den Unteilbaren, Zweitlosen erkannt hat, der die Gestalt des höchsten Âtman trägt und in der Höhlung wohnt, der geht ein zu dem, der Zeuge aller Dinge ist, der von Sein und Nichtsein befreit ist, zu dem Reinen, der die Gestalt des höchsten Âtman trägt.

Wer das Shatarudriya studiert, der wird durch Feuer gereinigt, der wird durch Wind gereinigt, der wird durch den Âtman gereinigt, der wird vom Branntweintrinken gereinigt, der wird vom Brahmanenmord gereinigt, der wird vom Golddiebstahl gereinigt, der wird vom Tun und Nichttun gereinigt. Darum stütze er sich auf den Unerlösten (jenseits von Erlösung und Nichterlösung wohnenden). Wer in einem Âshrama steht, soll es immer oder einmal flüstern. Dadurch erlangt er die Erkenntnis, die den Samsâraozean vernichtet. Darum erlangt der, welcher also ihn erkannt hat, die Stätte absoluter Befreiung.

So schließt im Atharvaveda die Kaivalya-Upanishad.

BRAHMA-UPANISHAD

Dieser Text führt in seinen letzten Kapiteln die Pflichten eines weltentsagenden Büßers vor, der nicht auf die Shikhâ, den regelrecht hergestellten Haarschopf und die Opferschnur Wert legt, sondern die wahre Opferschnur und den wahren Haarschopf in der Erkenntnis des Brahman sieht. Das erste der vier Kapitel bildet keinen sicheren Bestandteil des Textes; es wird in einigen Manuskripten weggelassen; von *C. Formichi*, Il primo capitolo della Brahma-Upanishad, Kiel 1897, ist es sachentsprechend behandelt worden, doch scheint es mir nicht wichtig genug und auch noch nicht hinreichend gesichert. Z. B. sind die Worte *yathâ kham* bis *brûte* nur die Erläuterung eines Schreibers zu *sushupe shyena – âkâshavat*, ebenso wird *jalaukâvat* durch das dort folgende erläutert.

Die vier Zustände des Âtman

Der Purusha hat vier Stätten: Nabel, Herz, Kehle, Kopf. Dort erglänzt das viergeteilte Brahman: im Wachen ist es Gott Brahman, im Schlaf Gott Vishnu, im Tiefschlaf Gott Rudra, als Turîya (»als Viertes«) ist es das Unversiegliche. Es ist Âditya und Vishnu und der Herr; es ist Purusha, der Hauch, Leben, das wachsame Feuer, was in dieser (vier) Mitte als das höchste Brahman selbst glänzt, manaslos, ohrlos, handlos, fußlos, ganz Licht[249]. Dort sind Welten nicht Welten, Götter nicht Götter, Veden nicht Veden, Opfer nicht Opfer, Mutter nicht Mutter, Vater nicht Vater, Schwiegertochter nicht Schwiegertochter, Cândâla nicht Cândâla, Asket nicht Asket, Büßer nicht Büßer, einzig erglänzt dort das höchste Brahman als Wonne. In dem Raum des Herzens wohnt es als Erkenntnis[250] ... Nicht üben dort Götter, Propheten, Manen die Herrschaft. Allkundig ist der Erweckte. Im Herzen wohnen alle Götter, auf das Herz gründen sich alle Hauche, im Herzen ruhen Âtman und Licht und die dreifache große Opferschnur [›im Herzen‹: im Intellekt ruht sie].

Er lege die Opferschnur an, das höchste Mittel der Läuterung, mit Prajâpati zusammen einst entstanden, das Leben gewährende, beste, reine. Die Opferschnur sei Kraft und Glut. Nachdem er sich bis auf den Schopf geschoren, mag ein Weiser die äußere Opferschnur ablegen. Das unversiegliche höchste Brahman ist die Opferschnur, die er anlegen soll ... Wer *diese* kennt, ist ein Weiser, der den ganzen Veda studiert hat. Alles ist in sie verwoben, wie Perlen in eine Schnur. Der Yogin, der den Yoga kennt und die Wahrheit erschaut, soll sie tragen. Die äußere Opferschnur mag der ablegen, der dem höchsten Yoga sich hingibt. Wer die Vertiefung in das Brahman als Opferschnur anlegt, ist einsichtig; nach deren Anlegung kann er nicht mehr befleckt und unrein werden. Die, die die Kenntnis als Opferschnur tragen und die Opferschnur im Herzen bewahren, das sind in der Welt die wahren Kenner der Lehre[251] und die Träger der wahren Opferschnur ... Diejenigen Brahmanen u. a., die sich den vedischen Zeremonien hingeben, die sollen die gewöhnliche Opferschnur tragen; denn sie wird als Teil des Werkdienstes gelehrt. Wer einen Schopf aus Erkenntnis und eine ebensolche Opferschnur trägt, besitzt, wie die Brahmakundigen wissen, das ganze Brahmareich. Diese Opferschnur ist das höchste Gut; der dessen Kundige ist der Träger der wahren Opferschnur, der ist das Opfer, den kennt man als Opferer.

Der einzige Gott ist in allen Wesen verborgen, durchdringt alles und wohnt als Seele in allen Wesen, er wacht über alle Werke, wohnt über allen Wesen, ist Zeuge, Wächter, ganz für sich allein und frei von den (drei) Grundbestandteilen (guna) (= Shvet. VI, 11, S. 176). Der einzige Herr wohnt in allen Wesen; er macht die eine Form vielfach. Die Weisen, die ihn in ihrem Inneren wahrnehmen, haben ewiges Glück, nicht andere (= Shvet. VI, 12).

Er mache sein Ich zum Unterholz, den Omlaut zum Oberholz und durch eifrige Anwendung der als Reibholz dienenden Versenkung wird er den Gott, wie das verborgene Feuer gewahren (= Shvet. 1, 14). Wie das Öl in Sesamkörnern, wie Butter in der Milch, wie Wasser im Stromlauf, wie Agni in den Reibhölzern, so entsteht in dem individuellen das bedingungslose Selbst, wenn man mittels Wahrhaftigkeit und Askese seinen Blick darauf richtet. Wie eine Spinne die Fäden aus sich spinnt und wieder in sich zurücknimmt, so geht und kehrt die Seele wieder im Traum und Wachen. Im Auge ruht sie beim Wachen, in der Kehle beim Schlaf, im Herzen beim Tiefschlaf, im Haupt als Turîya (als Zustand reinster Geistigkeit). Vor dem die Worte samt dem Verstande, ohne ihn zu erreichen, versagen, das ist der Wonnezustand der Einzelseele, nach dessen Erkenntnis der Weise Erlösung findet. Der Âtman, der alles durchdringt und, wie Butter in der Milch, in der Erkenntnis des Selbst und in dem Tapas wurzelt – das ist das Ziel der Brahma-Upanishad, das ist das Ziel der Brahma-Upanishad. (II)

BRAHMABINDU-UPANISHAD

Die Abkehr von der Sinneswelt ist die Vorstufe zur Erlösung, das Mittel zur Abkehr der Yoga und damit verbunden das Nachdenken über die Silbe Om. Losgelöst von ihrem Vokal oder ihren Vokalen und zum bloßen *m*, den man als Punkt (*bindu*) schreibt, verflüchtigt, vermag sie die Erkenntnis des höchsten Brahman vorzubereiten. Dieses höchste Brahman steht über Entstehen und Vergehen. Alle Seelen sind ein Reflex von ihm, wie der Mond sich in unzähligen Gewässern spiegelt. Es wohnt in dem einzelnen Körper wie die Luft im einzelnen Gefäß. So wenig diese zugrunde geht, wenn das Gefäß zerbricht, weil sie eben nur ein Teil der alles durchfließenden Luft ist, so wenig geht die Einzelseele mit dem Aufhören des einzelnen Leibes zugrunde. Die wahre Erkenntnis bleibt die eine unveränderliche, so verschieden die sein mögen, die sie erwerben. Sie ruht in jedem Wesen verborgen wie die Butter in der Milch. Mittels des Verstandes, der als Quirl dient, und der Erkenntnis, die als Strick dient, ist die wahre Erkenntnis hervorzubringen.

Der Geist, sagt man, ist zwiefach, geläutert oder nicht. Nicht geläutert ist er in Verbindung mit Wünschen[252], geläutert, wenn er von Wünschen befreit ist. Der Geist ist für die Menschen die Ursache von Knechtschaft und Erlösung; von Knechtschaft, sobald er an der Sinneswelt hängt, von Erlösung, wenn er frei von ihr ist.

Darum, weil man die Befreiung des von der Sinneswelt freien Geistes wünscht, muß der Erlösungsuchende beständig seinen Geist von der Sinneswelt frei zu machen trachten.

Wenn man den Geist unter Aufgabe aller Hinneigung zur Sinneswelt im Innern zügelt und zur Freiheit von ihm gelangt, so ist das die höchste Stätte.

Er ist so lange zu zügeln, bis er im Inneren zunichte ist. Das ist Erkenntnis und Erlösung. Alles andere Bücherweisheit.

Es ist nicht denkbar und doch nicht undenkbar. Es ist undenkbar und doch denkbar: Frei von Zu- und Abneigung vollendet sich dann das Brahman.

Mit dem Vokallaut (Om) soll er den Yoga verbinden; ohne seine Vokale das Höchste (das Brahman) zustande bringen; durch den vokallosen Bestand[253] wird Sein, nicht Nichtsein erstrebt.

Dieses selbige Brahman ist ungeteilt, allem Zweifel entrückt, frei von allem Fehl. Wenn er erkannt hat, ›das Brahman bin ich‹, vollendet sich das Brahman mit Sicherheit.

Als allem Zweifel entrückt, unendlich, frei von Argument und Beispiel, unbeweisbar, anfangslos hat er das Höchste in seiner Güte erkannt.

Bei ihm gibt es weder Vergehen, noch Entstehen, weder Knechtschaft, noch Herrentum, weder Streben nach Erlösung, noch Erlösung: also lautet die höchste Wahrheit.

Als eine Einheit ist der Âtman in Wachen, Traum und Tiefschlaf zu denken. Wenn er diese drei Zustände überwunden hat, wird er von der Wiedergeburt frei.

Die Seele der Geschöpfe ist eine Einheit, nur von Geschöpf zu Geschöpf verteilt; eine Einheit und Vielheit zugleich, wie der Mond sich in vielerlei Gewässern spiegelt.

Die mannigfachen Formen sind wie ein Gefäß. Das Gefäß kann immer wieder zerbrochen werden; es weiß nichts davon, wenn es zerbrochen ist. Aber Er weiß davon beständiglich[254].

Solange die Seele von der Mâyâ (Täuschung) der Worte umhüllt ist, weilt sie im Lotus des Herzens. Wenn aber die Dunkelheit weicht, nimmt sie die eine Einheit wahr[255].

Zwei Wissenschaften, das im Wort sich offenbarende und das höchste Brahman, muß man kennen[256]. Wer in das im Wort sich offenbarende Brahman tief eindringt, erlangt das höchste Brahman.

Ein kluger Mann, der um der Kenntnis, Erkenntnis und Wahrheit willen ein Buch studiert hat, mag es insgesamt aufgeben, wie einer, der Korn wünscht, das Stroh.

Die Milch von Kühen ganz verschiedener Farbe hat ein und dieselbe Farbe. Wie mit der Milch steht es mit der Kenntnis, und den Kühen vergleichen sich die Asketen.

Wie die Butter in der Milch verborgen ist, wohnt in jedem Wesen die Erkenntnis. Immer muß man mit dem Verstand als Quirlstock quirlen.

Mit der Kenntnis als dem Seil reibe man von da ab das Feuer, das ungeteilte, fleckenlose, stille (Brahman), von dem es heißt: ›Dies Brahman bin ich.‹

Es dient allen Wesen zur Wohnung und wohnt in allen Wesen. Vermöge seiner Gnade gegen alle bin ich Vâsudeva dieses, bin ich Vâsudeva dieses.

PARAMAHANSA-UPANISHAD

Hansa, der ›Wandervogel‹, bezeichnet hier den von Ort zu Ort heimatlos wandernden Asketen und *paramahansa* diesen Asketen in seiner höchsten Vollendung. Häufig wird auch die Einzelseele wie die Weltseele in den Upanishads wie in den späteren Texten als *hansa* bezeichnet, und noch in neuester Zeit hat Gangâdharashâstri in einem schönen Gedicht (Hansâshtaka Kâshî 1961) die Geschicke des Râjahansa und des Âtman mit feinen Parallelen beschrieben. Der Stil dieser Upanishad ist knapp; nach meiner Ansicht nicht primitiv, sondern abgerissen und öfter unkonstruierbar; stellenweise aphoristisch. Die Übersetzung folgt im wesentlichen der Schraderschen Ausgabe.

Nârada ging zu dem Herrn und sprach: ›Welches ist der Weg der höchsten Yogins (Hansas)? Wo nehmen sie ihren Stand?‹ Zu ihm sprach der Herr: »Der Weg der höchsten Yogins ist in der Welt schwer zu finden. Nicht ist er für die Menge. Wenn einer allein ist, verharrt er beständig in Reinheit, er ist ein ›Mann des Veda‹ in der Meinung der Wissenden, ein großer Mann. Sein Geist bleibt immer in mir allein; deshalb bleibe ich immer in ihm. Seine Söhne, Freunde, Gattin, Verwandte u. a., Haarschopf und Opferschnur, Vedastudium und alle Werke muß er aufgeben, die Welt verlassen, zu Lendenschurz greifen, zu Stab und Decke; (dies) zum Gebrauch für seinen Leib und zum Frommen für die Welt.

Aber das ist nicht der höchste der Yogins. Und wenn du fragst, welches der Höchste ist, so höre, das ist der:

Ohne Stab, ohne Haarschopf, ohne Opferschnur, ohne Decke wandelt der höchste Yogin. Er fragt weder nach Kälte noch Hitze, weder nach Glück noch nach Schmerz, weder nach Ehre noch nach Unehre, vermeidet die sechs Wellen [des Samsâra: Hunger, Durst, Kummer, Wahn, Alter, Tod]; gibt Tadel, Hochmut, Eifersucht, Trug, Dünkel, Wünsche, Feindschaft, Glück und Schmerz, Begehren, Zorn, Habgier, Verblendung, Freude, Überdruß, Selbstsucht usw. auf und betrachtet seinen Leib als Leichnam. Verworfen hat er den Leib; von dieser Ursache des Zweifels, der Verkehrtheit und falschen Erkenntnis hat er sich für immer abgewandt. Er wohnt für immer in Reinheit. (In dem Gedanken): ›das (Reine)[257] hat in sich selbst seinen Stand‹, (weiß er): ›das Beruhigte, Unbewegliche, die Fülle von ungeteilter Freude bin ich. Das ist meine höchste Wohnstätte, das ist mein Haarschopf und meine Opferschnur.‹ Dadurch, daß er die Einheit von der höchsten Seele und seinem Selbst erkennt, wird die Trennung beider beendet[258]. Das ist die richtige Dämmerung[259].

Alle Wünsche gibt er auf und nimmt seinen höchsten Stand in dem zweitlosen Brahman. Wer den Stab der Erkenntnis führt, den nennt man den ›Einstab‹. Wer aber den Stab aus Holz führt, von allen seine Nahrung nimmt, bar an Kenntnis ist, der geht in die schrecklichen Höllen und besonders in die, die man ›große Brüllerin‹ nennt. Wer diesen Unterschied kennt, ist der höchste Yogin [Paramahansa].

Das Gewand des Bhikshu sind die Himmelsgegenden; er kennt nicht den Namasruf für die Götter, noch den Svadhâruf für die Manen, nicht das Loblied, nicht den Vaushatruf bei der Spende, nicht die Einladung der Götter am Anfang der Opfer, noch die Aufgabe des Gelübdes am Schluß der Opfer, nicht den Opferspruch, nicht die Versenkung, nicht andächtige Verehrung, nicht das Sichtbare, noch das Unsichtbare, nicht das Besondere, noch das Ungesonderte, nicht Tag und Nacht, nichts. Er hat kein Heim. Auch soll der Bhikshu kein Gold usw. nehmen oder ansehen. Und wenn einer einwendet, ›durch bloßes Ansehen schafft er doch kein Hindernis‹, so lautet die Antwort: ›Ja, er schafft ein Hindernis.‹ Wenn ein Bettler[260] Gold voll Leidenschaft ansähe, so würde er ein Brahmanentöter sein; wenn ein Bettler Gold voll Leidenschaft berührte, würde er ein Paulkasa (eine Art Shûdra) sein; wenn ein Bettler Gold voll Leidenschaft ergriffe, würde er den Âtman töten. Wenn aber ein Bettler Gold mit Leidenschaft weder ansähe noch berührte noch ergriffe, so vermöchte er alle in seinem Herzen befindlichen Wünsche zu vertreiben. Unbeweglich im Unglück, ohne Verlangen im Glück, entsagend in der Leidenschaft, weder an Schönes, noch an Unschönes sich hängend, hegt er weder Haß noch Freude. Die Bewegung aller Sinne kommt zur Ruhe. In der Erkenntnis nimmt er seinen festen Stand. Seine Seele bleibt immer in der Weltseele. Er heißt ein Yati, ein Yogin, ein Wissender. In dem Gedanken, ›das Brahman, das vollkommene Wonne und alleiniges Wissen ist,[261] bin ich‹, hat er sein Ziel erreicht.«

ANMERKUNGEN

1) *Winternitz*, Geschichte der indischen Literatur, Band I, S. 227, Leipzig 1908.
2) Siehe T. W. *Rhys Davids*, The theory of ›Soul‹ in the Upanishads. Journal of the Royal Asiatic Society London 1899, S. 71.
3) Siehe den Artikel *Brahman* in *Hastings*, Encyclopedia of Religion and Ethics vol. II. Neuerdings *Oldenberg*, GGN 1916, S. 715 ff., der nicht ›Wort und Ritus‹, sondern die Vorstellung des heiligen Wortes zugrunde legt.
4) Buddha[5], S. 33; Upanishaden S. 55.
5) Indische Literatur und Kultur S. 219.
6) So jetzt auch *Oldenberg*, Lehre der Upanishaden S. 52. Ausführlich über Prâna Arthur H. *Ewing*, The Hindu conceptions of the functions of breath JAOS 22, 2.
7) Über die Auffassung Shabarasvâmins siehe *Jacobi*, »Über die ältere Auffassung der Upanishadlehren« (Festschrift für Ernst Windisch, S. 153, Leipzig 1914).
8) Dîgha Nikâya XI, 6. 7 (Kevaddhasutta).
9) *Winternitz*, GIL I, 221.
10) Brihad-Âranyaka-Up. IV, 4, 28.
11) Ebenso urteilt *Oldenberg*, Lehre der Upanishaden S. 90, der zu der Frage ausführlicher Stellung nimmt und nachweist, daß der wirkliche Textbestand den illusorischen Charakter der Welt nicht bezeugt.
12) III, 9, 1; V, 2, 3. 4; VI, 1, 1. Im RV. in *vi vo made* zu einem Triller gebraucht.
13) Brih.-Âr.-Up. I, 4, 22.
14) In einem Sûtratexte besitzen wir eine Beschreibung der äußeren Formen, in denen Studium und Belehrung der Mahânâmnîtexte und der anschließenden Upanishad vor sich ging. Diese Formen scheinen pedantisch und umständlich, mögen auch der Allgemeingültigkeit entbehren, haben aber doch den indischen Anschauungen entsprochen. Âshv.-Shrauta-Sûtra 8, 14, 1: »einen Schüler, der das [im Vorhergehenden erklärte] weiß und nicht vergißt, lasse er mindestens ein Jahr das Gelübde vollziehen, frage ihn danach und sage dem tugendhaft erfundenen den nächstfolgenden Tag [den Tag des Mahâvrata] an. 2. Zuerst die Mahânâmnîverse. 3. In der zunehmenden Jahreshälfte, in einer hellen Monatshälfte, koche der Schüler *außerhalb* des Dorfes eine mit Sesamkörnern gemischte Speise und melde sie dem Lehrer. 4. Sobald er benachrichtigt ist, fragt er nach

Verstößen gegen das Gelübde, und wenn solche aus geringfügiger Ursache oder versehentlich passiert sind, opfert er, vom Schüler berührt, mit den Sprüchen: ›ins Feuer eingegangen wandelt Agni dahin, der Sohn der Rishis, der Oberherr –‹. 5. Nach dem Opfer sagt er: ›iß die ganze Speise.‹ 6. Nach der Mahlzeit läßt er ihn seine Hände mit Wasser füllen und die Sonne verehren. – 7. Nachher schließe er seine Augen und verhalte sich schweigsam, die Zeit erwartend, wo er mit seinem Lehrer zusammenkommen wird. 8. Entweder eine Nacht hindurch wegen der Unterweisung im heiligen Text. 9. Oder während dreier Nächte (wenn er) durch andauerndes Studium (während vieler Tage lernen kann). 10. In Abwartung der Zeit umhüllt der Lehrer dreimal den Kopf des Schülers einschließlich des Mundes von links nach rechts mit einem frischen Gewande und sagt: ›verbleibt so diese Zeit (eine oder drei Nächte), ohne zu schlafen.‹ 11. Er verbringe diese Zeit ohne Schlaf. 12. Wenn die Lesung beginnen soll, bringe er (außerhalb des Dorfes) ein Feuer auf einen Platz im Norden, legt nördlich davon die drei Dinge Messer, Wasserkrug und Stein nieder und bindet im NW in Nichthörweite eine Färse an. 13. Hinter dem Feuer läßt sich der Lehrer auf einem Graslager mit dem Gesicht nach Norden nieder. 14. Der Schüler entfernt von sich alle Unreinheit, umwandelt das Feuer und den Lehrer von links nach rechts, umfängt in Verehrung seine Füße und setzt sich hinter dem Lehrer mit dem Gesicht nach Südwesten auf dasselbe Graslager. 15. Rücken an Rücken lehnend sage er für sich: ›die Mahânâmnîverse sage, o Herr, her‹. 16. Nachdem der Lehrer wiederum (in bezug auf Verstöße gegen das Gelübde) ihn gefragt hat, sage er dem tugendhaft erfundenen mit geschlossenen Augen dreimal die Verse samt den Ergänzungen her. 17. Immer nach dem Hersagen löse er die Binde und lasse ihn in die Sonne sehen –. Nach Abschluß des Mahânâmnîstudiums folgt in gleicher Weise (das Studium des Mahâvrata und der Upanishad), doch bleiben die Verrichtungen (von dem Kochen der Speise bis zum Wiederanblicken der Sonne) fort. 19. Das ist für die beiden Vratas (Mahâvrata und Upanishad) die Studienvorschrift.«

15) *Hillebrandt*, Rituallitetatur S. 153, 154.

16) *Hillebrandt*, Über indische Sâdhus ›Nord und Süd‹, Band 122, S. 298 ff.

17) Strabon 713, 714.

18) Majjhimanikâyo 57: *Acelo kukkuravatiko.*

19) Beiträge zur indischen Kulturgeschichte S. 1 ff.

20) Kâtyâyana 12, 4, 21: *prajâpater agunâkhyânam*, d. h. *nirgunasya parasya brahmanaḥ – kathanam nirûpanam.*

21) III, 17, 6.

22) R. *Garbe*, Indien und das Christentum, Tübingen 1914, S. 218.

23) K. *Geldner*, Religionswissenschaftliches Lesebuch, Tübingen 1908, S. 176; T. W. *Rhys Davids*, Buddhist India 1903, S. 26. –

Berriedale *Keith*, Ait. Âranyaka, Oxford 1909, S. 45 ff., ist geneigt, die Aitareya-Upanishad für die älteste zu halten, und zwar 600 oder 550 als die späteste Grenze anzusehen. Die spätere Zeit schuf immer weitere Traktate derart, so daß ihre Zahl 200 überstieg und wir sogar eine Allah-Up. zu verzeichnen haben. In der Anordnung der Texte bin ich *Deussens* Vorschlägen gefolgt. (Allgemeine Geschichte der Phil. I, 2, S. 23 ff.) Zumeist besteht darüber Übereinstimmung, daß die ältere Schicht durch Brihad-Âranyaka und Chândogya, vielleicht Katha, eine jüngere durch Shvetâshvatara, Maitrâyanîya gebildet wird (*Garbe*, Sânkhya[2] 28 ff.; *Oldenberg*, Die Lehre der Up., S. 203. 341; GGN 1917, 221 ff.) Die Unbekanntschaft oder Bekanntschaft mit dem Sânkhya und etwaige Beziehungen zur buddhistischen Lehre sind für diese Unterscheidung ein wesentlicher Faktor. Über die Metrik als Hilfsmittel handelt *Oldenberg*, GGN 1915, 490; über die Benützung der jüngeren Upanishaden durch das Mahâbhârata W. *Hopkins*, The great epic S. 27 ff. Vom Standpunkt grammatischer Untersuchung sind die Arbeiten von *Liebich* (Pânini), *Wecker* und *Fürst* wichtig. Die von mir am Schluß gegebenen Upanishaden darf man als eine noch jüngere, dritte Schicht ansehen.

24) Chândogya IV, 4, 1.

25) Vinaya Pit. I, 6, 7.

26) Chândogya IV, 14, 2 (und vorher 9, 2).

27) *Oldenberg*, Buddha[5] S. 199.

28) *Tylor*, Anfänge der Kultur I, 433 (nach Cranz). Siehe ferner J. G. *Frazer*, The golden bough II (Taboo and the perils of the soul), S. 36 ff.: The soul absent in sleep may be prevented from returning.

29) Edward *Clodd*, Animism, London 1905, S. 34.

30) *Tylor*, I, S. 433.

31) Geschichte der indischen Literatur I, S. 217; *Tylor*, I, 422 ff.; Fritz *Schultze*, Psychologie der Naturvölker, S. 247 ff.; J. G. *Frazer*, The golden bough II, S. 92: »As some peoples believe a man's soul to be in his shadow, so other (or the same) peoples believe it to be in his reflection in water or in a mirror.«

32) ZDMG. 68, 579; 69, 104; 71, 313; 74.

33) *Boyer*, Journal Asiatique, IX. Séries, vol. 18, 1901, pag. 451.

34) *Eggeling* bemerkt hierzu auf Grund des indischen Kommentars, daß die 36000 Feuer = 100 × 360 = der Zahl der Tage eines Lebens von voll hundert Jahren sind und jeder Tag des Lebens sein geistiges Opferfeuer, seine geistige Tätigkeit hat. – 10800 = 360 × 30 (dreißig Muhûrtas = Tagesstunden).

35) Ich kürze den Text ausnahmsweise ab.

36) Man beachte den hier zutage tretenden Zweifel an dem Inhalt der mythologischen Überlieferung.

37) »Das Sicherfreuen an Einem nur.«

38) Ich suche durch das Wort »ich frage« die in *eva* liegende Verschärfung nachzuahmen. Der Text findet sich auch Brihad-Âr.-Up. III, 9.

39) Die Etymologie hier wie im folgenden ist willkürlich und wertlos.
40) Der Text hat das Wort *rajas*, das »Dunstkreis« und »Leidenschaft« bedeutet. Der Kommentar erklärt es als den von Leidenschaft erfüllten Samsâra, die ununterbrochene Folge von Geburt und Tod.
41) Einige Abschnitte sind weggelassen.
42) Wertlose Etymologie.
43) Text nicht sicher.
44) Der Rigveda-Vers ist sehr künstlich herbeigezogen.
45) Das erste *svâm yonim* ist zu streichen.
46) Ich kann mit der im Text stehenden Form *âshansate* nichts anfangen. P. W. übersetzt: »sucht oder hofft zu bemeistern«. Halten wir an *â* + *shans* fest, so dürfte es ein juristischer Terminus sein: »beklagen« oder »vor Gericht fordern«.
47) §27 ist eine wohl hinzugefügte Einschränkung des Vorhergesagten zugunsten brahmanischer Ansprüche.
48) Ein zweiter Janaka an Freigebigkeit.
49) »Männchen«, »Geist«.
50) Statt *tân* (auf Prâna bezüglich) steht *tâni* da; es bezieht sich auf alle im folgenden genannten Organe.
51) Es folgen die gleichen Äußerungen über die anderen Atemzüge Udâna usw. siehe *Ewing* a. a. O.
52) Über das Bersten des Kopfes und die Gefährlichkeit der Redeturniere siehe Hanns *Oertel*, Studien zur vgl. Literaturgeschichte VIII, 1, 121.
53) Diese Wendung wiederholt sich zwar beständig; ich habe den Text aber doch unverkürzt gegeben, weil er sonst von seiner Eigenart verliert.
54) In der ersten Frage steht nur *kasmin*, in der zweiten *kasminn eva*, ich versuche, die Schattierung durch »sage« wiederzugeben.
55) Shat.-Brâhm. X, 5, 2, 9: »Die Person im rechten Auge ist Indra, die andere Indrânî.« Siehe auch Chând.-Up. VIII, 7, 4.
56) Man übersetzt das hier eigentlich unübersetzbare *neti neti* in der üblichen Weise mit »nicht, nicht«; meine Einwendungen dagegen habe ich ZDMG. 69, 105 zum Ausdruck gebracht; es liegt ein Wortspiel vor, das an den Doppelsinn von *na* = »ja« (für *nai*, veraltet) und = »nicht« anknüpft und den deutelustigen Theologen willkommen war.
57) Nach einer anderen Erzählung hatte der König sich allen Brahmanen überlegen gezeigt und den Y. in die Geheimnisse des Agnihotra eingeweiht.
58) Brihad-Âr. II, 1, oben S. 60.
59) Prashna 6, 2.
60) Prashna 4, 3.
61) An seinen Äußerungen beim Träumen.
62) *âyatam* wird sonst mit »plötzlich« wiedergegeben; ich halte das nicht für richtig.

63) Für *svapnânte* lies *svapne*.
64) Prashna 4, 6. Siehe hierzu Betty *Heimann*, ZfB, NF. I, S. 255 ff.
65) Siehe *Caland*, Festschrift für Kuhn, S. 72.
66) Verachtete Kasten.
67) Ich vermute *sa kila* s. ZDMG. 69, 105.
68) Diese Worte, die die Steigerung vermindern, sind nach meiner Meinung Zusatz (ebenso die Worte *ye karmanâ devatvam abhisampadyante* zu *karmadevânâm*). Seite 136 scheint mir der Sachverhalt anders.
69) Zusatz; einer früheren Stelle (S. 79) nachgebildet.
70) Siehe S. 58 mit Anm. 49 und S. 75 mit Anm. 55.
71) Die Neigung bestimmt das Werk und dessen Qualität. Von anderen anders übersetzt.
72) Îsha 12. Über die verschiedenen Deutungen dieser Stelle siehe *Garbe*, Sânkhyaphilosophie, ²S. 30ff. In einer anderen Version steht für Werden und Vergehen: »Wissen« und »Nichtwissen«.
73) Siehe oben Anm. 56.
74) Die Upanishad wiederholt hier die beim Tiefschlaf schon gegebene Schilderung; ich habe sie, dem Text folgend, wieder aufgenommen und auf eine Rückverweisung verzichtet, weil durch solche Verweise der Zusammenhang leidet.
75) Es handelt sich um den Gegensatz zum rein rituellen Wissen der Veden usw., das der Vater seinem Sohn beizubringen gewußt hatte.
76) Der Sinn ist: daß dieses Wissen bisher nur in Kriegerkreisen wohnte und keiner sie euch mitteilte, wird hoffentlich nicht auf ein Vergehen von euch gegen uns zurückzuführen sein. Jedenfalls aber bist du der Mitteilung wert.
77) Die Verbrennung wird nicht nur hier als eine Opferung angesehen.
78) *dishtam* lasse ich als zweifelhafte Lesart weg.
79) Bei vielen Silben ist Zwei- oder Dreimorigkeit der Vokale vorgeschrieben, die sich gar nicht oder nur durch Zerdehnungen andeuten ließe: »Wir wollen e-essen, wir wollen tri-inken.« Die Sonderbarkeit dieses Stückes wird dadurch noch erhöht.
80) Die Bezeichnung unklar.
81) Lies *prânishu*. Eine eindringende Besprechung der Stelle von *Lüders*, Sb KPAW 1916 278 ff. Hier bei der Korrektur noch benutzt.
82) Seele-Geist.
83) Ich verstehe das so, daß eine Veränderung in der Flamme die Mißbilligung der Feuer über die Lüge andeutet und der Meister es erkennt.
84) Folgt die Mitteilung.
85) Man erwartet *aprakshyas*; siehe Taitt.-Brâhm. III, 10, 9, 5: *atyaprakshyas, mûrdhâ te vyapatisyat*.
86) »Ein-vieles-werden.«
87) *Böhtlingk*: »mit dem Selbst, dem Lebensorgan«, *Deussen*: »mit dem lebenden Selbst«.

88) Wortspiel, unübersetzbar und wertlos.
89) Wortspiel, unübersetzbar und wertlos.
90) Siehe vorige Anmerkung.
91) Der Text schiebt hier den Satz ein: »Dieser feinste Stoff durchzieht das All, das ist das Wahre, das bist du, Shvetaketu.« So bedeutungsvoll der Satz ist, so gehört er doch noch nicht hierher, sondern durchbricht den Gang der Darstellung und ist aus dem Folgenden, wo er am Platz ist, herübergenommen.
92) Sic! Hier ist *sat*, nachher dagegen *tad* zu lesen, wie es dem Sinn an beiden Stellen entspricht. In betreff der Worte: »das, was hier der feinste Stoff ist usw.« siehe die vorige Anmerkung.
93) Siehe Anmerkung 91.
94) Siehe S. 111 f.
95) Die Wiederholung hier wie an anderen Stellen bedeutet das Ende eines Abschnitts und hat den Zweck, das Ende dem Lernenden zu verdeutlichen.
96) *nistishthati* wie VI, 9, 1 transitiv.
97) Das ist »Mehr-als-alles-sein«: höchstes Gut.
98) »Umherwandeln nach Belieben.«
99) Glosse.
100) Etymolgisierende falsche Erklärung.
101) Dasselbe. Siehe hierzu Anm. 112.
102) Brihad-Âranyaka IV, 4, 24.
103) = Paradies.
104) Siehe meine Bemerkung ZDMG. 69, 104.
105) Siehe Anm. 65.
106) Ich lese für *samastaḥ*, das schwer verständlich ist, *sama-sthaḥ*.
107) Ich schlage zu lesen vor *evam san praty âtmânam*.
108) *tatra* = *tasmin* = *sharîre*: Ich weiche von der Übersetzung meiner Vorgänger ab und beziehe das »dort« – im Gegensatz zu den Worten unmittelbar vorher – auf den Aufenthalt im Körper, durch den das Selbst, der höchste Geist, alles genießt; nicht auf die Zeit, wo es den Körper verlassen hat. Es sieht, riecht, schmeckt durch die körperlichen Organe.
109) *purusha* = *âtman*.
110) Anders Brahma-Upanishad.
111) Auch diese Upanishad zerlegt mißbräuchlich *satyam* in *sat tyam*, »Seiendes« und »Dieses«, wie Brihad-Âr. II, 3, 1, wo *Böhtlingk* übersetzt »eine seiende und eine durch diese bezeichnete« Erscheinungsform. Meine Übersetzung schließt teilweise an den Kommentar sich an, der Intelligent und Unintelligent einander gegenüberstellt, und ist, sowie die anderen, ganz unsicher.
112) Gemeint ist wohl nicht *satyam*, sondern *sat-tyam*, den Gegensätzen entsprechend.
113) Ich lese: *etasminn u daram* und sehe in *daram* ein Synonym von *bhaya*, das dem *abhaya* des vorhergehenden Satzes entspricht.
114) Nach meiner Ansicht ist dieser Satz eingeschoben.

115) Ein Hinweis auf die drei Wohnstätten: im Auge beim Wachen, im Manas beim Träumen und im Herzen beim Tiefschlaf.
116) Der Text ist verdorben. Alle Versuche, auch der von Berriedale Keith, Ait. Âranyaka, S. 231: »as the most widely extended brahman«, die Stelle zu erklären, ob nun als *brahmatatamam* oder *brahma tatamam*, scheinen fehlgeschlagen.
117) Durch die verschiedenen Weihen während der Schwangerschaft.
118) Sein »Selbst«, der Sohn.
119) Falsch verstandener und angewendeter Vers.
120) Das zeigt, daß die dritte Geburt auf sein Eingehen im Himmel zu beziehen ist. Erste Geburt: Empfängnis; zweite: durch die Weihen und wirkliche Geburt; dritte: in der Himmelswelt.
121) Der Wortlaut scheint nicht in Ordnung: *ko 'yam âtmeti* ist eine zitierte Frage, auf die die Antwort nur andeutungsweise und unvollständig gegeben ist. Zu *vayam upâsmahe* erwarten wir eine weitere Auskunft. (Eine solche andeutungsweise gegebene Antwort, die den Erklärer voraussetzt, steht auch oben I, 3: »Das und das und das ist die Wohnung«.) Die weitere Frage ›welcher von beiden‹ setzt eine solche genauere Antwort voraus. Auch die Übersetzung: »Wer ist er?« »Als Âtman verehren wir ihn«, »Welcher von beiden ist der Âtman?« führt nicht zur Klarheit.
122) Die Wiedergabe der einzelnen Worte unterliegt manchem Zweifel; einige Bedeutungen sind dem Kommentar entnommen. Vgl. hierzu Berriedale *Keith*' Bemerkung Aitareya Âranyaka, S. 234: »That these terms, which remind us of the later meaningless Buddhist repetitions, had ever any definite meanings is most improbable.«
123) *Böhtlingk*, SBKSGW 1895; besser jetzt *Hertel*, Weisheit der Up. S. 156, dessen Vorschläge ich annehme. Ein Fehler steckt noch in *samvritam*; *Deussen* übersetzt: »Abschluß« (der Seelenwanderung).
124) Nach dem Taitt.-Brâhm. I, 5, 10, 5 führt der Mond die Bezeichnung ›fünfzehnfach‹: der Mond ist fünfzehnfach (hat 15 Tage); am 15. Tage nimmt er ab; am 15. Tage füllt er sich.
125) Einige zweifelhafte und unklare Worte weggelassen. *Windisch*, SBKSGW 59 (1907), hat der Stelle eine eingehende Besprechung gewidmet; die Bedeutung ist auch jetzt noch nicht klar. Die Türhüter sind die Jahreszeiten, wie W. richtig bemerkt.
126) Im Text steht hier eine Aufzählung der Dinge in Brahmans Welt, sie ist aber nur eine Zusammenstellung aus dem folgenden Kapitel und vermutlich eingeschoben.
127) Nach dem Kommentar Hitze und Kälte, Freud und Leid usw.
128) Die schöne Stelle wird durch die Etymologie entstellt.
129) Text unsicher.
130) Die Aufzählung der Taten Indras, die die Mythologie verzeichnet, gehört nicht hierher.

131) *Deussen*: ›das Bewußtsein – Selbst‹; Berriedale *Keith*: ›the intelligent self‹.
132) Er stirbt nicht, solange er atmet. Man erwartet *amushmin* für *asmin*. Durch Weglassung des Satzes würde der Text glatter.
133) Eine falsche Etymologie, die den Hauch in Beziehung zu einem Hymnenzyklus setzen will, der unter dem Namen Uktha geht.
134) Das Verbum *abhivisrijante* macht Schwierigkeiten. Aus der Verwendung Kâthaka-Samh. 25, 2; 26, 2; 28, 2 folgt, daß es in der Bedeutung von ›auf-hin‹, ›auf-los‹ gebraucht wird. Behält man den Wortlaut bei, so muß nach m. A. wörtlich übersetzt werden: ›als Rede kehren in ihn die Namen ein‹. *Deussen*: ›als Rede werden in ihn alle Namen hineingeschüttet‹. B. *Keith*: ›Speech and all names are deposited in him‹.
135) *Cowell*: ›Were there no rudimentary elements, there would be no rudiments of prajnâ; were there no rudiments of *prajnâ*, there would be no rudimentary elements . . . there is no division of this union.‹ *Deussen*: ›denn wenn die Wesenselemente nicht wären, so würden auch die Bewußtseinselemente nicht sein, und wenn die Bewußtseinselemente nicht wären, so würden auch die Wesenselemente nicht sein . . . noch auch ist dieses eine Vielheit.‹
136) Hanns *Oertel*, The Jaiminîya or Talavakâra (Upanishad-Brâhmana) JAOS 16, 215 ff. (lies *ya u prânasya prânaḥ*).
137) Wörtlich: ›wodurch das Hören gehört ist‹, daß wörtlich zu übersetzen sein kann, ist bei dem Schematismus der Aufzählung nicht ausgeschlossen.
138) Der Text ist nicht in Ordnung; statt *matam* vermute ich *yad tad* und lese zur Beseitigung der überzähligen Silbe *amritam* für *amrtatvam*. ›Erweckung‹, sonst ›Gnade‹ (*prasâda*).
139) Siehe zur Stelle ZDMG. 68, S. 580. Der Charakter des Opfers bedingt, daß es sich nicht nur um Kühe handelt. Der Opferer verschenkt all sein Hab und Gut.
140) N. sieht, daß alles Eigentum fortgeführt wird, was ihm unzureichend scheint, um den höchsten Lohn zu sichern, und bietet in heiligem Eifer sich an.
141) Denen, die noch sterben werden, geht er als erster voran; zahlreich sind die, die mit ihm sterben; zahlreich die, die schon vorausgegangen sind. Vorwärtsblickend siehst du die Vorausgegangenen; rückwärtsblickend die Späteren.
142) Agnis ›Versteck‹ ein der älteren Mythologie geläufiger, aber hier philosophisch umgewerteter Begriff.
143) ›Lohn‹ = *srinkâ*, unsicher.
144) Vater, Mutter, Lehrer?
145) Opfer, Studium, Almosen?
146) ZDMG. 68, S. 580.
147) Von 16–18 schon von Max *Müller* beanstandet; 16a ist eine Wiederholung von 15d; 16c deckt sich mit 19c; die genauere Darstellung des Feuers mit seiner mystischen Beziehung ist eine

spätere, doktrinäre Ergänzung zu der Erzählung in 15: *agnim uvâca*. Die Ausgabe der Ânandâshrama SS schiebt nach 18 noch einen Vers ein.

148) Auch das ist ein eingeschobener Vers, der den Sinn des vorhergehenden umschreibt. Durch Weglassung dieses und der früheren drei Verse wird diese Vallî auf den Umfang der zweiten gebracht.

149) *Whitney*, Transactions of the American Philological Association 21, 97 schlägt *shvo 'bhâvâs* vor, was annehmbar ist und auch in der Punaer Ausgabe steht.

150) ›Wir werden Besitzlosigkeit erlangen‹: *'vittim* für *vittim* schlägt *Geldner* vor.

151) ZDMG. 68, 579ff.

152) Weil er immer wieder geboren wird.

153) *atarkyam = aprameyam.*

154) Das Feuer steht im Gegensatz zu den anderen, vergänglichen Schätzen und ist die Vorbereitung zum höchsten Wissen.

155) So mit *Geldner*: *naciketa(ḥ) sammanye.*

156) Wörtlich ›wird nicht zu irgendwem‹.

157) Vereinigung der Gegensätze: Wonne der reinen Erkenntnis und Nichtwonne der geschaffenen Welt.

158) Hier liegt eine Übertragung alter, Naturvorgänge schildernder Bilder auf philosophische Begriffe vor. Diese Bilder haben ihren Ursprung in RV. I, 144, 3. 4; 164, 20, besonders Atharvaveda VIII, 9: ›woher sind die beiden entstammt? Welches ist die Welthälfte? Aus welcher Welt? Aus welchem Lande?‹ Gemeint sind die beiden Âtman.

159) *buddhi* cf. *vijnâna* v. 9.

160) Dieser Vergleich des menschlichen Körpers öfter z. B. Ait. Âr. II, 3, 9; Shvet. II, 9.

161) Vishnus Ort, in alter Zeit Sitz der Frommen, der mit dem Selbst und seiner Befreiung gar nichts zu tun hat, ist eine Übertragung mythologischer Dinge auf diese Philosophie.

162) Nicht sicher; während das *âvâsyam* meist zu *vas* gestellt wird, ziehe ich es zu *ava-as*: ›auf den Herrn zu werfen‹, ›hinzugeben‹. Dadurch wird *tyaktena* verständlich: gib alles in der Welt auf und freue dich des Aufgebens.

163) *bhuj* in der älteren Literatur mit dem Instr. des Objektes.

164) Weder das Gute, das er vollbrachte, noch das Schlechte, das er unterließ, berühren ihn; Brihad-Âr.-Up. IV, 4, 27 (S. 87. 135).

165) Ich lese mit Vâj. Samh. 40 *na vicikitsate.*

166) Das Selbst entfaltet sich mittels des Îshvara, der aus dem Selbst hervortritt. v. 8. 9.

167) Für *pary agât* lese ich *pary ahât*, ZDMG. 69, 104.

168) Bhagavadgîtâ 8, 9: ›Wer an den uralten Seher, den Leiter, der feiner ist als das Feine, den Erhalter des Alls – denkt.‹

169) Die Irrlehre derer, die an ein bloßes Vergehen, und derer,

die an ein bloßes Werden glauben. Brih.-Âr.-Up. IV, 4, 13 (oben S. 85).

170) Der Schluß ist das Gebet eines Yogin in der Sterbestunde. (Vâj. Samh. 40, 15 Komm.) Er ruft Pûshan an, der die Seele geleitet und hier seine alte Sonnennatur zeigt. Man denkt hierbei an die soeben zitierte Stelle Bhagavadgîtâ 8, 9, 10: ›Wer an den uralten Seher, den Leiter, der feiner ist als das Feine, den Erhalter des Alls, dessen Gestalt nicht vorzustellen ist, den Sonnenfarbigen jenseits des Dunkels gedenkt in der Zeit des Dahinscheidens...‹

171) Vorschläge zu Verbesserungen einzelner Verse haben wir demselben Autor zu verdanken: SBSGW. 43, 91ff. (I, 1–3); 49, 99 (IV, 18); 51, 39ff. (V, 1–3; VI, 13.)

172) *Böhtlingk*, SBSGW. 1891, S. 4. Ich lese *sapratishthâḥ*.

173) *Röer*: ›It is not the union of them, because the soul remains; the soul (the individual soul) also is not powerful‹ usw. *Deussen:* ›Denn ein Selbst ist! Doch auch das Selbst schafft frei nicht Lust und Unlust.‹ Ich beziehe *na tu* auf den ganzen Satz, in dem *âtman* im Gegensatz zur Einzelseele steht. *na tu na* (in *anîsha*), Bejahung; sicher ist auch diese Deutung nicht.

174) Die Dreiheit: der Genießer, die Sinnesobjekte und der Ursacher, Schöpfer d. h. Einzelseele, Welt und Gott.

175) Weltseele und Einzelseele gegeneinander gestellt.

176) Materie und Weltseele gegeneinander gestellt.

177) *âptaḥ kâmaḥ* dürfte die geringste Änderung sein, die in dem Text vorzunehmen ist.

178) *tattva* eigentlich ›Prinzipien‹ (*Garbe*, Sânkhya 137; [2]195).

179) Das Bild ist, wie manches in diesem Abschnitt, einem anderen Text entlehnt und sehr gesucht.

180) Ziege = Ungeboren = Materie; die drei Farben die Gunas; der eine Bock die unerlöste, in die Bande der Materie noch verschlungene Seele; der andere die befreite Seele.

181) Die Stelle ist wichtig, weil sie den Kapila nennt, der als Gründer des Sânkhyasystems betrachtet wird. Es scheint kein Grund, diese Angabe zu unterschätzen. Siehe auch *Hopkins*, Journal American Or. Soc. 22, 384ff. Aber ich schlage statt *rishim prasûtam* zu lesen vor *rishiprasûtam*, wobei *prasûtam* klar wird. *bibharti* scheint Hörfehler für *piparti*, der durch Tendenz begünstigt war.

182) *Röer:* ›Tugend, Laster, Kenntnis‹; *Deussen:* ›Weg der Götter, Manen, Erlösung‹.

183) Siehe oben über die Herabkunft auf dem Wege durch den Regen und Essen der Speise S. 96.

184) Ich lese vermutungsweise *âttavivriddhijanmâ* statt *âtmavivriddhijanma*.

185) *samyogaḥ*.

186) Ich habe viel Zeit darauf verwendet, die folgenden, hier ausgelassenen Verse zu bearbeiten, bin aber doch an den Zwei-

feln über die Richtigkeit des Textes und einzelnen Schwierigkeiten gescheitert.

187) Ich setze *tanmaya* = *tanmâtramaya*.

188) Siehe Shvetâshvatara 3, 7ff. Die Ausgabe in der Ânandâshrama Sanskrit Series hat hier noch einen zusätzlichen Vers: ›Es gibt nichts Höheres als dies, nichts Feineres, nichts Stärkeres. Wie ein Baum steht der Eine fest am Himmel, vom Purusha ist das All erfüllt‹; ein Zeichen, wie die Erweiterungen entstehen.

189) Die Worte *yaḥ sarvavid*, charakteristisch schon durch den Wechsel des Geschlechts, sind wohl nur ein Zusatz, der als Parallele hinzugefügt ist. Das zweimalige Erwähnen der ›Speise‹ weist ebenfalls darauf hin.

190) Die Übersetzung bleibt gezwungen und besagt noch weniger als die Namen im Original.

191) Text unsicher.

192) Besser vielleicht statt *uktam* zu lesen *ûdham* (*ashtâdashodham*).

193) Einschub, der dem folgenden vorgreift und Reminiszenz eines Lehrers ist, der dem eben Gelesenen gegenüber sich oder seine Schüler auf die wahre Erkenntnis voraus hinweisen will. Er unterbricht hier den Zusammenhang.

194) Die kleiner gedruckten Sätze enthalten nur eine weitere und wiederholende Ausführung des vorher Gesagten. Einzelne Sätze finden sich auch TÂr, X. 10.

195) Der Vers ist hier in anderem als dem ursprünglichen Sinne (siehe V. Myth. I, 466) verwendet.

196) Der ausgelassene Satz nicht verständlich an dieser Stelle.

197) Lies *ashukram*.

198) *eke* die Punaer Ausgabe; aber *ete* ist richtig.

199) Der Geburten, *janmanirodha*. Shvet.-Up. 3, 21.

200) Den nicht hierhergehörigen und hier bedeutungslosen Rätselvers RV. I, 164, 12 lasse ich weg.

201) Da vorher die lichte Hälfte des Jahres mit Prâna verbunden wird, so scheint es nicht richtig, daß die Rishis in der lichten Hälfte des Monats ihre Ishti vollziehen, die dem Rayi entsprechen würde; ich lese mit der Ausgabe der 108 Upanishad und der der Ânandâshrama *ishtam*, von *ish*, nicht von *yaj* abzuleiten. Die seltene Verbindung von *ishtim* und *kar* nach der Zeit der RV. spricht gegen *ishti*; die Rishis vollziehen ihr *ishta*: *tapas*, *brahmacarya* usw.; die anderen *ishtâpûrte* (Opfer und Geschenke).

202) Zur Übersetzung siehe ZDMG. 68, S. 581.

203) Dieselbe Erzählung Brih.-Âr.-Up. VI, 2.

204) *vânam* ist unklar. *Deussen* übersetzt ›Röhrenwerk‹, was kaum richtig ist und ebenso wie *Böhtlingks* weitgehende Korrektur *asmadvâsam* angezweifelt werden muß. Ich bleibe bei der Bedeutung ›Rohr‹. Wie die oben angeführte Stelle Kaush. 2, 14 zeigt, wird der Körper ohne die Lebenskräfte als ein ›dürres Holz‹ bezeichnet. Die Lesart *vânam* kommt auf dieselbe Anschauung hinaus.

205) Ich folge Böhtlingks Konjektur. Vgl. dazu Prashna 6, 3.
206) D. h. du bist ein *annâda*, ein Speiseesser, ein Herr.
207) Die verschiedenen Abarten des Hauches, nicht, wie gelegentlich, die verschiedenen Sinne.
208) ›Führt zur Gleichheit‹: Wortspiel mit dem Namen *samâna*, der mittels *samam nî* erklärt wird.
209) Das ›Verdauungsfeuer‹: *jâtharâgni*.
210) Citta = Manas.
211) Siehe § 1: *bâhyam*: der kosmische *Prâna*; *adhyâtmam*: der im Inneren.
212) Eine auf eine falsche Etymologie (*pranayana*, *prâna*) gegründete Wortspielerei.
213) Zweifelhaft. Die Lesart *jîvaghanât parât* ist kaum richtig.
214) Vermutungsweise übersetzt.
215) *Böhtlingk*, ZDMG. 41, 667. Text verdorben.
216) Text ist entstellt.
217) *vâva khalu*.
218) *vyayamânovyayamâno*, nicht: *'vyayamâno*.
219) Ein Zitat aus der Chândogya 8, 3 (siehe oben S. 124); das aber schwerlich von Maitri selbst gegeben wird, sondern eine in den Text geratene Randglosse eines Exegeten ist, der diese Stelle vergleichend hinzuschrieb.
220) *Cowell*: ›abiding aloof‹; *Deussen*: ›gar nicht (dem Welttreiben) angehörig‹.
221) Individuell: der einzelnen Person angehörig.
222) Bhagavadgîtâ 13, 1 ff.
223) Über die fünf Hauche siehe oben S. 139 f. Die Erklärung der einzelnen Hauche ist in unserem Texte etwas anders; sie ist als hier unwesentlich weggelassen worden.
224) Shat.-Br. X, 6, 3, 1; Chând. III, 14, 2 oben S. 40, 99.
225) Anders Kâthaka III, 3–4.
226) Der Text teilweise unsicher.
227) *aparaḥ*.
228) Nach dem Vorgange von *alepyo* 2, 7 ist hier statt *lupyamâno* *lepyamâno* zu lesen oder aber eben *lepyo*.
229) Lies *bhûtâni* für *gunâni*.
230) Die Betonung der ›eigenen Pflicht‹ muß schon mit diesem Satz beginnend angenommen werden. Diese Ansicht wird abgelehnt und auf die Buße als die Hauptsache hingewiesen.
231) In der Stelle 6, 22 unterscheidet unsere Upanishad zwei Arten des Brahman, das Wort und das Nichtwort: Und es ist anderwärts gesagt: ›Über zwei Arten des Brahman muß man in Andacht nachsinnen; über das Wort und das Nichtwort. Durch das Wort wird das Wortlose offenbar. Das Wort lautet Om. Durch Om emporgestiegen, gelangt man im Nichtwort zum Ende.‹ Und weiter: ›Das ist der Heilsweg, das das Unsterbliche, das die Vereinigung und Befreiung. Wie eine Spinne am Faden emporsteigt und die Freiheit gewinnt, so steigt der Andächtige

mit Hilfe der Silbe Om empor und gelangt zur Unabhängigkeit (von der Sinnenwelt usw.)‹.

232) Unsicher.

233) Siehe 2, 5 oben S. 203.

234) Statt *prâne* lies Loc. *prâne*; Prashna-Up. 3, 9: *indriyair manasi sampadyamânaih*.

235) *prâno* als Nom. unverständlich. – Wörtlich: ›in dem, was man das Vierte nennt‹. Es ist, um *Deussens* Erklärung zu geben, ›der höchste Zustand reiner Geistigkeit‹, das keinen Worten und Begriffen mehr erreichbare ›*Vierte*‹.

236) Zu dieser Übersetzung von *linga* ist die Rechtfertigung bei *Garbe*, Sânkhya, S. 265, 266; ²328 zu lesen.

237) Lies: *satyakâmatâ* N. sg.

238) Lies adj.: *samsâri*.

239) ›*cittam*‹: in unserem Fall entspricht am besten die Übersetzung mit ›Herz‹.

240) *manas* und *cittam* sehe ich hier als Synonyma an.

241) Brahmabindu-Up. 5.

242) Für *svargasyaisha* lies *svargasyaiva*.

243) Zu lesen: *pravâsita*.

244) Oder *jada*, ›Dummköpfe‹?

245) *kaivalya*: ›Isoliertheit‹, von *kevala*, allein, abgesondert.

246) Taitt.-Up. II, 1, 1: *yo veda nihitam guhâyâm parame vyoman*.

247) Je einer der Halbverse scheint hier und im folgenden überflüssig. Die in einem von ihnen befindliche Erwähnung *Rudras* dürfte ebenso wie der Schluß der Upanishad durch einen Rudraverehrer in den Text gelangt sein; er ist darum klein gedruckt.

248) Nach Analogie der Prashna-Up. würde man für *tamas* verwerten: *tejas* (S. 195). Die ausgelassenen Sätze sind z. T. unverständlich. 14. ›Wiederum infolge der Werke einer anderen Geburt schläft dieselbe Einzelseele nach Erwachen. Und die Einzelseele, welche in den drei Burgen spielt, kommt von da zu dem wohlgeschaffenen, unteilbaren, mannigfachen, 15. dem Träger der Wonne, dem ungeteilten Erkennen, in dem die drei Burgen zur Ruhe kommen (!), daraus entsteht Prâna, Manas, alle Sinne, Luftraum, Wind, Licht, Wasser und die Erde, die alles trägt.‹

249) *Schrader* liest, was ich nicht für richtig halte, *varjitam* für *viditam*: ›als Licht bekannt‹.

250) Ich lasse einige Worte aus; die Lesarten in der *Schraderschen* Ausgabe scheinen teilweise aus Glossen zu bestehen. Die Worte *yasminn idam sam ca vicarati* usw. sind aus dem Verse *yasminn idam sam ca vi caiti sarvam sa otah* usw. VSamh. 32, 8; Katha (L. *v. Schroeder-Bühler*, Wien 1898) und ähnlich Taitt.-Âr. X, 1, 3 entlehnt; *tat sushiram â-kâsham* ist eine Glosse zu *âkâsham*. Ich wage die verstümmelten Sätze nicht wiederzugeben.

251) Sûtra: Wortspiel; Sûtra ist ebensowohl ›Opferschnur‹ als Lehre (»Leitfaden«).

252) Lesart falsch. Maitr.-Up. VI, 34 zeigt, daß statt *samkalpam* etwa *samparkam* zu lesen ist.
253) Om: ohne die Vokale nur *m*; vgl. Amritanâda-Up. 4: *asvarena makârena padam sûkshmam hi gacchati* und 24. Der Omlaut mit seinen Vokalen wird als ein Wagen bezeichnet. Man benutzt ihn, solange man auf der Fahrstraße sich befindet. Dann entläßt man den Wagen und läuft.
254) Mir scheint das so zu verstehen: der einzelne Topf ist nur ein Beispiel; der Gegensatz ist die Idee des Topfes, die unzerstörbar ist. Oder man könnte an die von dem einzelnen Tôpf umschlossene Luft denken, die bei dem Zerbrechen des Topfes unverändert bleibt als Teil des Ganzen. Das letztere besagt ein in der Ausgabe der 108. Up. folgender Vers.
255) Der folgende, hier ausgelassene Vers ist unklar.
256) Siehe Maitr.-Up. VI, 22.
257) Ich beziehe *tasya* auf *pûta.*
258) *eka* lasse ich mit der Ausgabe der 108. Up. weg.
259) Wie Tag und Nacht in der Dämmerungszeit ineinander verfließen, so verlaufen Selbst und Weltseele bei der richtigen Erkenntnis ineinander.
260) Statt des falschen und unkonstruierbaren *bhikshuḥ* ist durchweg *bhikshoḥ* zu lesen.
261) *pûrnânanda* + *ekabodha* = *advayânanda* + *vijnânaghana*, oben.

Erklärung der Abkürzungen für Zeitschriften usw.

GGN	=	Göttingische Gelehrte Nachrichten
JAOS	=	Journal of the American Oriental Society
KPAW	=	Sitzungsberichte der Kgl. Preußischen Akademie der Wissenschaften in Berlin
SBKSGW	=	Sitzungsberichte der Kgl. Sächsischen Gesellschaft der Wissenschaften in Leipzig
ZDMG	=	Zeitschrift der Deutschen Morgenländischen Gesellschaft

INHALT